WIE WIR IM NORDEN SEGELN.

Eine Liebeserklärung
an Watt, Gezeit und Siel.

millemari.

Widmung.

Am Anfang steht eine Idee. Dann folgt die Hand, die den Strich auf dem Zeichenbrett zieht, das Eisen formt, die Planke hobelt, den Pinsel mit Epoxidharz auf die Matte streicht. Mir gefällt der Gedanke, dass auch Boote „geboren" werden. Und dass sie eine Seele haben, die ihnen ihre Baumeister auf die Kiele legen – durch ihre Ideen, ihre Mühen, ihre Träume. Schon der Gedanke, ein Boot haben zu dürfen, einen ganz persönlichen Fluchtpunkt, beruhigt. So ist doch jedes Boot zugleich eine Arche, in deren Bauch man dem Alltag entschwinden kann.

Ein schwimmendes Refugium weiterzuentwickeln kann allumfassendes Glück bedeuten. Es wird vollkommen, wenn wir damit segeln, möglichst oft, zu immer neuen Zielen. Dazu haben uns all die kreativen Geister und Handwerker verholfen, die uns nachblicken, wenn Kräne „ihre Kinder" in die Fluten setzen, um in unseren Händen ihrer Bestimmung zu folgen.

Dieses Buch ist den Bootsbauern gewidmet, den Handwerkern, Elektrikern, Hafenmeistern und Händlern – ob Männer oder Frauen –, die den Traum zu segeln erst möglich machen. Danke für eure geschickten Hände, die nicht nachließen, damit wir das Meer und seine Ufer erkunden können.

Inhalt.

Prolog.

Ich habe 20 Jahre gebraucht, um zu erkennen, dass das Ei des Kolumbus nicht in der Karibik liegt, sondern das Frühstücksei ist, das ich im Cockpit in der Frühlingssonne verspeise. Ob das Boot auf einem Fluss, an der heimischen Küste oder in der Südsee ankert, spielt dabei keine Rolle. Seit ich für mich entdeckt habe, dass nicht ein weiteres Ziel auf dem Meer die Passion des Segelns ausmacht, sondern die Gedankenflüge während des Bordlebens, macht mich das Warten auf den Tag des Ablegens zur großen Fahrt nicht mehr wehmütig. Wenn mich etwas traurig gestimmt hat, dann war es eher der Krantermin im Herbst, auf den monatelanges Warten bis zur neuen Saison folgte. Ein Boot, das an Land steht, ist weder bewohnbar noch bewegt es sich im Wind. Also habe ich das geändert und ließ erst *Paloma* und dann ihre Nachfolgerin *Fuchur* auch im Winter im Wasser – Freiheit kennt keine Saison. Wenn wir wollen, können wir jedes Wochenende auf Wangerooge oder Spiekeroog verbringen, eben weil wir ein Boot haben, das für das Wattenmeer geeignet ist. Wir sind zu Gastinsulanern geworden, segeln einfach hin. Mit einem Wohnmobil wäre es nicht möglich, diese besonders schönen Inseln zu besuchen. Sie sind autofrei.

Mehr als 20 Prozent steigende Übernachtungsbuchungen werden 2016 registriert –, wohl dem, der mit eigenen Kojen einfach anlegen oder ankern kann. Seit Jahren sind mir nicht mehr so viele Neusegler mit gebrauchten Booten begegnet. Diejenigen, die noch unentschlossen sind, möchte ich mit diesem Buch an die Hand nehmen und sie ein Stück bei der Entscheidungsfindung begleiten.

Ein paar Jahre habe ich direkt an einem Ostseestrand in der Nähe von Grömitz leben dürfen, aber wie wunderbar sind die unendlich erscheinenden Strände an den Seeseiten der Nordseeinseln! Unser Alltag wird zum Urlaub, weil wir an so vielen Tagen an den Steg zurückkehren können, auch wenn wir aus beruflichen Gründen noch einen weiteren Wohnsitz haben, 200 Kilometer von der Küste entfernt. Ich lebe schon jetzt an rund 300 Tagen im Jahr an Bord. Es dauert nicht mehr lange, dann wird auch die kleine Wohnung überflüssig – das Haus wurde längst verkauft. Wir haben unsere Passion gefunden, sind im Geist und im Alltag frei: Dann sind wir an jedem Ort zu Hause, wo unser Boot schwimmt.

Um die Freiheit auf dem Wasser zu erleben, muss es kein teures Boot sein. Ein gebrauchtes Boot kann man bereits für ein paar Hundert Euro kaufen. Segeln geht auch mit kleinem Budget. Alle Fahrten, die in diesem Buch beschrieben werden, lassen sich mit beinahe jedem Boot durchführen, sofern dessen Tiefgang es ermöglicht. Und auch Gefahrenpunkte, wie etwa die Sicherheit in Seegatten, sind ein Thema dieses Buches.

Ich möchte in *Wie wir im Norden segeln* überwiegend von den emotionalen Highlights erzählen, die wir an heimischen Gestaden erleben können, denn darüber wird selten berichtet, obwohl doch die meisten von uns hier ihr ganzes Wassersportleben verbringen. Ob wir einen großartigen Sonnenuntergang im Wattenmeer bestaunen oder feststellen, dass Kühe den Bugkorb des eigenen Schiffes lecker finden – die ungewöhnlichsten und schönsten Segelreviere liegen manchmal direkt vor unserer eigenen Haustür. Bevor ich dort buchstäblich aufkreuzte, wurde die Aller als fast vergessene Schifffahrtsstraße von keiner Segelyacht befahren. Mit einer Elvström 22, einer Neptun 22 und einer Hai 710 aber war das möglich. Weiße Segel zwischen Feldern und Kühen, den Flüssen folgend bis in die Weite der Nordsee … Hier werden Segelträume wahr. Auch die Menschen an unseren Küsten haben Erstaunliches, Schönes und Spannendes zu berichten.

Zuhauf. Man muss sich nur Zeit lassen, dieses Revier und seine Menschen zu entdecken, ohne sich zu enge Törnziele zu setzen. Dann kann auch ein Törn zuhause aufregend und tief beeindruckend sein. Nicht ohne Hintergedanken schildere ich in diesem Buch Routen und Touren mit den unterschiedlichsten Booten, die ich im Laufe der Jahre gepaddelt, mit Hilfssegel ausgestattet oder ganz gesegelt bin. Sie sollen dazu anregen, heimische Küsten und Binnenreviere im Norden auf eigenem Kiel und nach eigenem Gusto zu erkunden.

Aller statt Amazonas? Hier gibt es keine Stromschlaggefahren durch Zitteraale, wohl aber durch Stromleitungen, wenn der Mast des eigenen Bootes zu hoch ist. Wie prüft man also die Befahrbarkeit eines Flusses? Kann man auch mit angeschlagenen Segeln den Mast während der Fahrt legen? Und gibt es noch Schleusenwärter, die sich freuen, wenn nur ein einzelnes Sportboot einfahren möchte? In diesem Buch gibt es Antworten auf diese und zahlreiche andere Fragen. Und dann entdecken Sie vielleicht ein neues Segelrevier ganz in Ihrer Nähe.

Wer das Fahrtensegeln auf besonders flachen Gewässern erleben möchte, die selten zuvor unter Segeln angesteuert wurden, der wählt ein Faltboot. Wie wäre es etwa mit dem Segeln im Urstromtal, das sich nur bei Überflutungen entdecken lässt?

Wer dagegen zum Weihnachtsmarkt segeln und sogar im Eiswasser leben möchte, der findet praktische Lösungen für die typischen Winterfragen an Bord in meinem Buch *Mein Boot ist mein Zuhause*, das ebenfalls im Verlag millemari. erschienen ist.

Abgesehen davon, dass meine Frau und ich als Eltern noch nicht auf Dauer die Leinen loswerfen können: Facettenreicher als unser Wattenmeer mit seiner dreidimensionalen Wasserwelt kann es woanders auch nicht sein. Und um mein ehemaliges Heimatrevier nicht zu vergessen: Auch die Ostsee mit ihren Inseln und unterschiedlichen Anrainerländern bietet Segelabenteuer für ein ganzes Leben. Ich möchte meine Leser unterstützen, genau diese Abenteuer zu erleben. So wünsche ich viel Spaß beim Entdecken unserer Reviere im Norden und beim Kennenlernen der Menschen, die dort leben.

Ihr Holger Peterson

Die Blaue Balje aus der Luft, das Seegatt zwischen Minsener Oog und Wangerooge-Ost.

1
Wo wir im Norden segeln.

Die Farben des Nordens.

Ein Herbsttörn zu den ostfriesischen Inseln

Manche meinen, dass der Sommer in Deutschland viel zu kurz sei, um das Bordleben zu genießen. Doch ehrlich gesagt freue ich mich über jede Jahreszeit an Bord unseres Bootes. Der Frühling mit seinen zunehmend grünen Ufern verheißt Licht und Wärme – die ganze Saison liegt vor uns. Der Sommer ist eine Kombination aus Inselleben und neuen Reisezielen. Abgesehen davon, dass wir auch im Winter gerne an Bord sind und die Weihnachtsmarktstimmung in die Kajüte tragen, wird ein Törn in den Herbstferien zu einer Reise voll Licht und reich an Farben.

Doch jetzt schimpfe ich auf Poseidon: „Eine wunderschöne Saison 2013 lang hast du uns zusammen mit Helios, dem Sonnengott, auf warmen Wogen in Sicherheit gewogen, um uns im Oktober auf der 10-Meter-Linie vor Baltrum zu vermöbeln? Bei lächerlichen 6 Beaufort jagst du die Gischt deiner wilden

Wüteriche bis über die Saling, zwingst mich gewürgreizt in die Horizontale und duschst mich mit kalter See? Wie kannst du uns dein „Wind-gegen-Strom-Martyrium" vor den Sandriffen von Baltrum nur so gnadenlos ausbaden lassen?"

Aber wenigstens stelle ich fest: Unser Kahn ist dicht. Frau und Tochter werden auch heute nicht seekrank – sie sind wieder einmal seefester als ich. Unter Deck harren sie tapfer aus, bis der Hafen in Sicht kommt. Zusammengekuschelt liegen sie in der Koje und schauen sich Videofilme an, während mir im ungeschützten Cockpit kaltes Wasser durch die undichte Jacke sickert. Was hat frieren mit Sport zu tun? Seit 20 Jahren gab es immer mal wieder diese Verhältnisse, weil ich die Saison früh beginne und gerne im November enden lasse. Ich spüre, dass ich das nicht mehr mag. Handeln ist geboten: Entweder neues Ölzeug – oder ein neues Boot mit Wetterschutz. Doch Verkaufsgedanken tun weh. Ich liebe dieses Einhorn, meine traditionelle *Paloma* mit ihrem Klüverbaum. Ich liebe sie auch heute – drei Jahre nach diesem Törn, ihrem Verkauf und dem Wechsel auf die komfortablere *Fuchur* – immer noch. Sie liegt eben tiefer im Wasser, die schwere Stahlyacht. Zerschneidet mit ihrem Löffelbug die Wellen, statt über sie zu gleiten. Und irgendwo muss die Gischt dann abregnen, gerne im Cockpit. So folgt auf Feuchtigkeit die Kälte. Hätte ich doch gleich den Überlebensanzug genommen, bevor ich ausgekühlt und klitschnass geworden bin. Kleine Fehler bei der Wahl der Garderobe haben Folgen – hier bei uns – auf See, hoch oben im Norden.

„Okay, wir wissen nun, wo der Meeresgott den Most holt. Ich hab's ja verstanden. Bist du zufrieden?" Ich bin ein Warmduscher geworden. Und ja, ich trage selbst die Schuld an der Törntaktik des Tages. Anfängerfehler, Wunschdenken. Im langen Sommerurlaub hätten wir einfach noch zwei Tage länger auf Westwind zum Heimatkurs von Norderney zur Jademündung gewartet, aber in den kurzen Herbstferien sieht die Sache anders aus. Zeitfenster werden mit schwindendem Tageslicht erheblich kürzer. Enge Fahrwasser mit Pricken sind für tiefgehende Kielboote bei Dunkelheit nicht befahrbar. Mit Ausnahme der Vollmondnächte. Im Sommer konnten wir zwischen 04:30 Uhr und 22:30 Uhr im Wattenmeer unterwegs sein.

Oft bescherte uns die Tide zwei Flutzeitfenster, in denen wir Bänke hinter den Inseln übersegeln konnten. Nun müssen wir enger rechnen. Erst gegen 8 Uhr wird es hell, schon um 19 Uhr ist es zappenduster. Nebelbänke stehen lang und kehren früh zurück. Es stimmt verdrießlich, wenn der Klüverbaum im Dunst verschwindet. Will man nicht riskieren, an steiler Kante trockenzufallen oder wegen Festkommens zur höchsten Flut für ein paar Wochen auf einem Sandhügel zu wohnen, gibt es bei schlechter Sicht nur eine Regel: Sieht man nichts, fährt man nicht. So segeln wir im Tidenrevier, weil uns der Strom doch immer wieder versetzt und Kartenplotter nicht so genau die tatsächlichen Fahrrinnen wiedergeben.

Aber wir wollen den Törn trotzdem genießen. Noch einmal das Gefühl der Freiheit des Fahrtensegelns in uns aufsaugen. Es ist ein Unterschied, an Wochenenden die immer gleichen Kurse des Heimatreviers abzuschippern oder frei die Tage zu gestalten. Und außerdem wollten wir Danke sagen. Danke für den tollen Segelsommer. Danke an alle guten Geister, die wir in der Winterzeit nicht mehr treffen werden. Danke, dass sie den Segelsport wieder mal ermöglicht haben: die Schleusenwärter, Hafenmeister, Seenotretter, Tonnenleger, Prickenstecker. Vielleicht auch Danke an die Segelschulen, weil uns kein Neusegler gerammt hat.

Und so legen wir noch einmal ab zu einem Herbsttörn im Oktober. Uns locken farbintensives Fotolicht und jede Menge freie Liegeplätze. Viel Zeit bleibt nicht, wollen wir nicht rostige Kajen hinaufklettern: Denn ab dem 15. Oktober werden viele Stege abgebaut.

Schleuse Hooksiel, Freitagnachmittag, leichter Ostwind

Paloma ist das einzige Boot in der Kammer. Drei Wochen zuvor wäre die Schleuse mit zwölf Booten rappelvoll gewesen. Heute teilen wir uns den Schwimmsteg nur mit ein paar Hundert vertrockneten Seesternen. Ein paar Seemeilen weiter kommen wir an der Landzunge von Minsener Oog an einer Vogelparty vorbei.

An der Telegraphenbalje von Wangerooge-Ost stand früher eine Telegraphen-station, der Beginn einer Kette von Türmen mit Lichtzeichen bis hinauf nach Bremen, die die Signale der ankommenden Schiffe weiterleitete. Nicht nur für Paloma ist es ein traumhafter Platz zum Ankern und Trockenfallen.

Die Vögel schlagen sich die Bäuche voll, bevor sie in den sonnigen Süden starten. Die eine oder andere fliegende Eins von Kranichen hat uns schon links liegen lassen: „Ätsch, wir fliegen in die Sonne und ihr müsst hierbleiben." Kurs Süd, das wäre es jetzt. Der Dunkelheit und dem Eis den Heckspiegel zeigen. Aber es ist zu spät. Die Herbststürme der Biskaya schieben ihren Riegel vor spanische Gestade. Die Route durch die Kanäle? Kurze Tage, Frühnebel, eingeschränkte Schleusenzeiten. Bis man die 286 Schleusen bis zum Mittelmeer passiert hätte, wäre es wieder Frühling.

Der Sonnenuntergang heute ist unglaublich schön, er vertreibt die Gedanken an den Süden und wird zu einem Fest für Fotografen. Diese goldenen Gezeiten sind kurz, denn umgehend nach Sonnenuntergang folgt die Herbstmelancholie. Nur noch ein letztes Mal Trockenfallen oder lieber die heißen Duschen genießen, bevor das Clubhaus abgeschlossen wird?

Wir entscheiden uns für die Dusche. Von querab des Hafens weht ein köstlicher Duft herüber: Wir durchsegeln Grillrauch, legen hart Steuerbord an – und gehen hinein. Die Seeleute eines Plattbodenpäckchens tragen ihre Grillmeisterschaft an vier Holzkohlenfeuern aus. Zugleich zieht milde Luft von See herein. Die Nordseewärmflasche funktioniert noch. Zwar haben wir kein Badethermometer an Bord, aber 15 Grad Wassertemperatur schließen ein Bad nicht völlig aus. So überrascht es uns nicht, dass bei Dunkelheit zwei Seekajakfahrer ihre spargelschlanken Boote auf den Strand ziehen. Sie machen also auch noch nicht Schluss. Als wir in der Vorschiffskoje liegen, wandert der Blick den Mast hinauf in den Sternenhimmel: „I don't want to say good-bye, for the summer…"

Ein traumhafter Ankerplatz: die Lagune des Westends von Spiekeroog

Eine Insel weiter lockt die Ankerlagune von Spiekeroog-West, geschützt durch eine gigantische Sandbank. Vor drei Jahren war sie noch nicht so hoch. Jetzt ist ein neuer Naturhafen entstanden, der selbst bei Nordwind ruhiges Wasser aufweist. Man kommt allerdings nur hinein, wenn man mutig die längste Buhne ansteuert. Das zeigt die folgende Luftaufnahme. Es ist ein Beispiel für Revierkenntnis, die man nicht auf Seekarten findet, sondern durch Gespräche mit Hafenmeistern, anderen Seglern und durch das Herantasten mit dem Echolot erwirbt.

Die Navigation im Watt ist eigentlich gar nicht so schwer, aber gerade bei solchen Fragen hilft der Schnack auf dem Steg durchaus weiter. Wir ankern direkt am Old Laramie, einer liebenswerten Musikkneipe. Zu Pfingsten spielt hier immer Jonny Glut seine eingerockten Shantys, die Pfingstpartys sind Kult. Am Pfingstsonntag findet eine Regatta und abends der Seglerball statt. Alle Boxen des Hafens sind dann belegt. Anstatt im Päckchen zu liegen, werden wir künftig nur noch in der Westlagune in direkter Bühnennähe ankern.

Ostwind setzt sich durch. Im Watt wird es nun zu flach, um innen über den Prickenweg der Baltrumer Berge in den Hafen von Baltrum oder weiter nach Norderney zu gelangen. Halbmond am Tage? Alles klar. Oder doch eher: „Olln's klor", wie

Ankerlagune Spiekeroog-West, anzusteuern von Nordwest direkt auf den Kopf der langen Buhne.

man hier sagt. Nipptide und zunehmender Wind senken die maximale Wassertiefe querab Baltrum auf unter einen Meter. Alles schreit nach einem Kurs außen herum und nicht innen über das Wattenmeer: „Go west" – gleich nach Norderney. 25 Seemeilen, raumschots und bei Ebbstrom, lassen sich mit 7 Knoten schnell abreiten. Bei der Ansteuerung von Norderney überqueren wir pünktlich mit einsetzender Flut die ziemlich tiefe Barre.

Dies muss ich kurz erklären: Manche Seegatten sind tief, andere sollte man nur um Hochwasser herum ansteuern. Die Passage zwischen Baltrum und Norderney ist nicht betonnt, alle anderen Seegatten schon. Im Seegatt der Harle von Wangerooge, insbesondere bei der „Schicksalstonne H4", hätten wir die Durchfahrt bei Niedrigwasser nicht gewagt. Doch im Seegatt von Norderney ist das einfach. Mehr Tipps zum Segeln im Norden finden Sie in den Kapiteln 14 bis 18.

Wohlbehalten erreichen wir den Hafen. Freie Liegeplätze finden wir trotz Sonnenschein und Herbstferien problemlos. Im Juli gab es manchmal nur Päckchenplätze. Ein Tipp, um mit Sicherheit einen freien Stegplatz zu bekommen: Die Fahrt so planen, dass man drei Stunden vor Hochwasser ankommt. Das ist die Zeit, wenn andere Schiffe zur Überquerung eines Wattenhochs ablegen, um zur nächsten Insel zu wechseln.

Hafenmeister Jörg Pauls (55) winkt aus dem Fenster des Segelvereins Norderney. Ich spreche mit ihm über seine Arbeit. Weil er kassieren muss, kann er meinen Fragen nicht ausweichen. *Paloma* hat er seit 2006 im PC gespeichert. Wir sind per Du. Auf der Insel ist jetzt die Partyjahreszeit. Volle Kneipen und leere Stege – wie passt das zusammen? „Insulaner haben vier Wochen Herbstferien", klärt er mich auf. „Wegen der gastronomischen Saison können die meisten Mitglieder den Sommer über nicht mit ihren Kindern verreisen. Das wird auf den Herbst verschoben. Viele holen vorher ihre Boote raus und pausieren per Flugreise." Dann hat Jörg Pauls auch monatelang frei? „In der Saison arbeite ich eine Woche durch und habe dank meiner Kollegen Bibo Visser und Wilhelm Nejinhuis eine Woche frei. Die Dienstzeiten sind lang. Sie gehen von 07:30 bis 23 Uhr, je nach Tide. Im Winter stehen Reparaturen an, die Stege kommen dann raus. Zum Arbeitsplatz gehört auch das große Clubhaus mit den Sanitäranlagen. Als gelernter Schlosser schweiße ich mithilfe vieler Vereinskameraden kaputte Aluminiumstege selbst."

Mit Fahrrädern erreichen wir im Sonnenschein das Szenelokal „Weiße Düne". Sektkühler, Weißwein und Weißbiergläser stehen bevorzugt auf den Tischen. Es sieht für mich so aus wie an der Sansibar auf Sylt. Wer hat hier wen kopiert? Draußen sind alle Tische belegt. Jeder hat eine Sonnenbrille auf dem Kopf, selten auf der Nase – es herrscht Aprè-Sail-Atmosphäre. Daneben meditiert ein Buddha auf der Düne. Netter Kontrast. Uns gefällt es auch innen. Wir lümmeln uns in ein Ledersofa. Die Wurzelstock-Lampen klauen und einfach abhauen? Ach ne, besser im Winter wiederkommen. Offen ist hier ganzjährig.

Norderney kennen wir im Sommer als Familieninsel. Gleichzeitig kann man hier die Atmosphäre der Badekuren aus Kaiser-Zeiten spüren. Das ist im Herbst ganz anders. Ruhrpott-Slang überwiegt in den Gassen des Nachts. Von den Leinen gelassene Männerhorden treffen auf angesäuselte Damengruppen. Darunter mischen sich Fußballgesänge bei Bundesligaspielen, per Beamer auf Kneipenleinwände geworfen. Vielleicht geht es den Nachtschwärmern wie uns Seglern? Wollen sie auch noch einmal Sommerfeierlaune genießen, bevor der Winter Einzug hält? Das ist heute aber nicht das, was wir suchen. So landen wir bei Powers Fischkiste am Yachthafen, da brennt auch noch Licht.

Am nächsten Morgen besuchen wir den ehemaligen DDR-Dampfer Deutsch-Sowjetische Freundschaft. Aufgeschweißte Buchstaben wurden in Weiß übermalt, bis nur noch ein unpolitisches Freundschaft in Rot leuchtete. Jürgen de Buhr (60) bittet an Bord. Seit mehr als 30 Jahren leitet er den Segeltreffpunkt Norderney. In diesen Tagen übergibt der Segellehrer das Ruder an seine Nachfolgerin Doris Teriete (39). „Normalerweise haben wir eine bessere Kamera dabei", entschuldigen wir die spontane Fotosession. „Normalerweise habe ich eine bessere Frisur", kontert sie lachend. Ihr 60-jähriger Mentor wirkt sportlich und topfit. Warum hört er auf? „34 Jahre als Segel-Sisyphos sind genug. Seit 1992 unser Dampfer als schwimmendes Segelhotel dazukam, war es ein Fulltime-Job. Wir versorgen ja stets ein buntes Gemisch aus 15 bis 20 Gästen. Sie wohnen in den Kajüten. Die Pantry bleibt selten kalt. Dazu haben wir für Kinder die Opti-Station. Vier hauptberufliche Segellehrerinnen und -lehrer gehören zur Crew. Doch längst nicht alle Gäste machen den Segelschein. Manche schippern ein wenig mit und genießen einfach nur das Hafenkino." „Aber im Winter ist doch keiner da?" „Dann verlegen wir das Schiff nach Emden und unterrichten an Bord für die theoretischen Prüfungsteile." Und was macht ein Segelpauker mit dem Elan eines Jürgen de Buhr im Ruhestand? Fahrtensegeln! Ein Boot, so um die 10 Meter. Bretagne, England, Schottland – da will er hin.

Herbsttörn im Busetief

Das Fahrwasser von Norderney zum Festland ist gut betonnt und verhältnismäßig breit. Bei Niedrigwasser ist das Seegatt tief, aber das abzweigende Busetief zum Festlandshafen von Norddeich scheint durch mehrere Sandbänke immer flacher zu werden. Auf dem Echolot wechselt die Anzeige ständig – teilweise haben wir nur 30 Zentimeter unter dem Kiel. Deswegen folgen wir einer Fähre im Kielwasser nach Norddeich. Bei 5 Beaufort aus Ost reicht das gereffte Klüversegel. Der frische

Wind treibt Schaum über das Wasser. Heute Morgen gibt es davon reichlich – wir segeln in einer Badewanne.

200 Tage Dienst am Stück hat er hinter sich – der Hafenwart von Norddeich, Uwe Scharmberg (59), ist von April bis Oktober im Yacht Club Norden für Segler da. Er hatte mir den entscheidenden Hinweis zum Liegeplatz der legendären Weltumsegleryacht *Kairos* gegeben. Ich fand das Boot aus Hundeleben in Herrlichkeit, geschrieben von Ernst-Jürgen Koch, in Nordenham und besuchte Elga Koch zum Interview auf La Palma. Viele meiner Reportagen entstehen aus so einem Gespräch heraus.

Aber warum hat der Hafenwart über ein halbes Jahr lang keinen freien Tag? „Ich habe mich vor zwei Jahren mit maritimen Dienstleistungen selbstständig gemacht. Sozusagen ‚Rent a harbourmaster'. Es läuft, aber erwirtschaftet keinen Gewinn für einen zweiten Mann." Ohne Vertreter hat der 59-Jährige viel zu tun. Zeitweise betreut er noch den Hafen von Greetsiel. Leider hat sich der leidenschaftliche Segler durch so viel Arbeit selbst das Wasser abgegraben und besitzt einstweilen kein eigenes Boot mehr. Dafür kann er endlose Meeresgeschichten erzählen. Keiner würde vermuten, dass er 31 Jahre bei einer Bank gearbeitet hat. Als Opfer von Stellenkürzungen hat er seine maritime Leidenschaft zum Beruf gemacht. Aber vom Nachmachen rät er jedem ab, der keinen toleranten Partner hat.

Und was macht er im Winter? „Unsere Schwimmstege bleiben zwar im Wasser, sind aber gesperrt und die Brücke zum Mittelsteg wird abgebaut. Gelegentlich kommen Clubmitglieder und hacken das Eis von den Rollen. Ich kann endlich den Reparaturstau an Haus und Garten ausgleichen, leckeren Fisch im eigenen Ofen räuchern – und einfach mal nichts tun." Vier Segelsaisonzeiten will er noch durchhalten. Und dann? Endlich segeln gehen. Bis weit hinter den Horizont nach Westen, woher seine fernen Kunden auf der Durchreise zur Ostsee kommen.

Wir zahlen 52,80 Euro und lassen unser Boot vier Tage in seiner Obhut. Im Vergleich zu Mittelmeerpreisen ist das Segeln in Deutschland günstig. Ein Tag auf Wangerooge kostete uns zurzeit rund 20 Euro. Wenn wir ankern, eben gar nichts. Würden wir per Fähre dort ankommen, Hotel und Restaurantessen bezahlen müssten, wären mindestens 150 Euro fällig.

Am nächsten Tag müssen wir leider kurz zurück an den Schreibtisch. Von Norddeich Mole fährt der Zug gleich gegenüber ab. Im Regionalexpress sind viele Inselpartygänger noch immer in Feierlaune: Sektflaschen kreisen, Bierdosen werden aufgerissen, hie und da ein Abschiedskuss nach einem Flirtwochenende.

Als wir zurückkehren, bläst der Ostwind immer noch kräftig. Er drückt das Wasser aus der Deutschen Bucht. Eigentlich wäre nun weiter der Westkurs nach Juist geplant. Aber bei rund 1 Meter weniger Wasser bei Hochwasser und engem Zeitfenster streichen wir diesen Plan. Über das Watt kommen wir bei Ostwind auch nicht nach Borkum. Mit einer Männercrew oder bei warmem Sommerwind wäre ich durch Osterems außen herum gesegelt, aber nicht bei anhaltender Kälte mit Frau und einem achtjährigen Mädchen an Bord. Trockenfallen wäre zwar kein Problem, aber nachts haben wir in diesen Tagen nur rund 5 Grad. Wir wollen nicht länger als vier Stunden segeln und danach zur Belohnung am Steg auch Strom für den Heizlüfter zapfen, denn *Paloma* hat keine eigene Heizung. Viele Segler geben als Geheimtipp an, einen umgedrehten Blumentopf auf den Kocher zu stellen. Aber das mögen wir nicht – zu viele Abgase in der Kajüte.

Daher: Auf nach Langeoog. Von Norddeich 6 Seemeilen über das Busetief, bei halbem Wind. *Paloma* läuft mit 6 Knoten gegen das auflaufende Wasser. Dann außen an Norderney entlang 10 Seemeilen am Wind, aber mit dem Strom bei Südost von 6, in Böen 7 Beaufort. Letztlich ist das eine dumme Idee: Der Wind dreht genau auf Ost, ich habe den Zeitplan zu knapp gerechnet. Man lernt doch nie aus. Die Strafe folgt auf See – wir stampfen uns immer wieder fest, teilweise erreichen wir nur 2 Knoten über Grund.

Zwei Stunden später als geplant stehen wir vor der Hafeneinfahrt von Langeoog. Unser sorgenvoller Blick gilt der Segelyacht Yucatan. Auf Legerwall liegt der Langkieler in der Brandung am Strand auf der Seite. Keine Seele zu sehen. Von Hafenmeister Joke Pouliart (45) erfahren wir später, dass alles gut ging und die Yacht wieder freikam. Wir hatten uns eben noch drei Stunden nach Hochwasser durch eine Schlammbank geschoben. Direkt an den Stegfinger kamen wir in dieser Tide nicht, aber über den hohen Klüverbaum konnten wir dank strammer Landleine per Seiltanz hinunterkrabbeln. Das Baggerschiff muss im nächsten Frühjahr wieder ran.

Stegwart Joke trägt eine bunte Karibikmütze. Nur mühsam bändigt sie seine lange Haarpracht. Er hat belgische Vorfahren. Sein Leben hat der Tischler voll und ganz dem Meer verschrieben. „Die Saison über bin ich täglich im Hafen. Nebenbei entwerfe ich kleine Kunstwerke aus Treibholz, genannt ‚Salzholz'. Im Winter skippere ich drei Monate eine Yacht aus Hooksiel in der Karibik. Daher stammt auch die gestrickte Jamaica-Mütze. Mein eigenes Plattbodenboot liegt einstweilen an Land."

Mit der Inselbahn fahren wir in den Ort. Ganz im Sinne unserer Tochter tauschen wir zwei Tage lang das Seepferd gegen ein Landpferd und zwei Drahtesel. 40 Pferde aller Größen sind auf dem Reiterhof Ton Peerstall in Bahnhofsnähe buchbar: Longe, Unterricht oder Ausritte in der Gruppe zum Strand. Auch das ist Familiensegeln – das Boot ist unser eigentliches Zuhause, das ganze Jahr bleibt es im Wasser, aber mit ihm entdecken wir, was es an Land zu sehen gibt.

Um die westlichen Inseln doch noch zu sehen, buchen wir einen Rundflug: Ein Volltreffer: So toll sehen die Sandbänke an der Kachelotplate bei Ebbe aus? Und dann die Lagune von Borkum-West vor der Partypromenade? Ein Fischkutter ankert darin, dann passt es auch für mein Schiff. Warum sollten wir noch in den Hafen, kilometerweit entfernt, wenn wir direkt vor der Promenade geschützt ankern können? Die vorgelagerte Bank muss höher geworden sein. Auf Wiedersehen im nächsten Jahr.

Am zweiten Tag starten wir zum Fotowettbewerb. Wer entdeckt die tollsten Motive? Schon am frühen Morgen verzaubert violettes Licht das Watt. Statt Seemeilen zu fressen, nehmen wir uns Zeit zum Entdecken. Auch das ist die Erfahrung eines Herbsttörns: Das Boot ist mehr Ferienunterkunft als Seetransporter. Nie zuvor haben wir so viele neue Facetten von Langeoog entdeckt.

Ein Hafenhaus steht unter den Silberpappeln; ihr lateinischer Name lautet *Populus Alba*. Aus orangefarbenem Sanddorn und roten Eberescherbeeren in den Dünen könnten wir Marmelade kochen. Deichsymmetrie für die Linse bieten Heulinien. Wie bitte mäht man am Hang so exakt? Und das sogar auf der steilen Seite? Der Golfplatz steht im Kontrast zu wilden Dünen. Heute landen schnatternde Wildgänse darauf. Die Natur gehört jetzt der Vogelwelt.

Gegenüber hat die Globalisierung auch an der friesischen Strandpromenade Einzug gehalten. Neben dem gelben Schild des Mekong-Restaurants strahlt das grüne Schild jeverschen Biers. Es ist schön bunt hier. Und das macht Spaß. Am Weststrand bekommen wir es dagegen mit der Angst: Der Boden vibriert. Klickende und dumpfe Geräusche aus der Tiefe. Droht eine Methangaseruption? Reißt der Sand auf und verschluckt uns? Naht ein Tsunami? Wir sind nicht die Einzigen, die sich wundern. Viele verlassen verunsichert den Bereich. Erst in den Dünen herrscht wieder Ruhe. Einen Tag später löst sich das Rätsel: Aus der Accumer Ee wird Sand gesaugt und am Nordufer der Insel aufgespült. Die meterdicken Rohre verlaufen unterirdisch dorthin – wir standen direkt darüber.

Der Wind dreht endlich auf West. Es wird wärmer. Nachts ist das Heizen nicht mehr notwendig. So kann es bleiben. Am liebsten möchte ich noch mal bis in die Ostsee, wie ein paar Wochen zuvor. Ist das schon wieder so lange her? Wolken halten die Wärme am Boden. Der Wind pustet uns bei kinderfreundlich glatter See mit 3 Beaufort über das tiefe Wattfahrwasser an der Routeplate nach Neuharlingersiel, dem Fährhafen für Spiekeroog. Zugleich ist es ein wunderschöner Hafen mit alten Häusern um das innere Becken. Ich freue mich, dass nun auch die beiden Damen wieder an Deck sind und das Ruder übernehmen. Im Sommer war es selbstverständlich, dass wir uns abwechselten. Bei der kalten Ostlage der ersten Herbsttage hat es aber gereicht, wenn nur einem kalt wurde. Als Skipper ist man bei schlechtem Wetter froh, wenn die Familie ihren Spaß am Törn behält. Eingemummelt in Schlafsäcke unter Deck werden sie vor jeder Ansteuerung wieder munter, helfen beim Anlegen und zaubern leckere Gerichte, während sich der müde Held in die Koje verzieht.

Unter Segeln laufen wir im Blitzlichtgewitter fotografierender Touristen in den inneren Kutterhafen von Neuharlingersiel ein. Festmachen dürfen wir hier nicht, doch solche Segelmanöver in engen Häfen haben die gewünschte Wirkung

– sie sind die beste Werbung für unseren Sport. Wegen der Windabdeckung durch Kaje und Häuser ist das ungefährlich. Einige Leute fallen beim Knipsen beinahe ins Wasser. Mit Angeben hat das nichts zu tun. Emotionale Bilder sind das Pfund, mit dem die Segelszene wuchern sollte. Vereine täten gut daran, Regatten zu organisieren, deren Wendebojen touristennah liegen.

Natürlich sind am Yachtsteg um diese Jahreszeit viele Liegeplätze frei. Zum Bezahlen gehen wir zum Fähranleger. Doch man will unser Liegegeld nicht kassieren. „Ab dem 1. Oktober ist die Steganlage frei", lächelt der Mann am Tresen.

An der Ostseite von Spiekeroog passieren wir unseren geliebten Seehundtreffpunkt. Dieses Jahr sind viele Jungtiere dabei. Wahrscheinlich wurden in diesen Tagen einige der aufgepäppelten Heuler von der Aufzuchtstation Norddeich ausgewildert und müssen nun lernen, für sich selbst zu sorgen. Alle Tiere liegen zwar zusammen, aber sie bleiben Einzelgänger. Es sind auch ein paar große Kegelrobben dabei – darunter ein besonders großer Bulle, bestimmt 300 Kilogramm schwer.

Und so folgen wir nicht unserem natürlichen Impuls nach dem besten Foto, auf das Rudel der rund 100 Seehunde zuzuhalten, sondern bleiben im Fahrwasser auf Parallelkurs. Einige Tiere heben die Köpfe, was bereits ein Zeichen einer Störung ist. Fährt man auf die Sandbank zu, flüchten alle Tiere ins Wasser. Das muss man einfach wissen und vermeiden, denn im Miteinander von Wassersport und Naturschutz hält man Abstand, wenn es die Wassertiefe zulässt. Ich habe aber den Eindruck, dass sich die neugierigen Tiere auch an Boote gewöhnen, manche schwimmen sogar darauf zu. An manchen Stellen, wie vor Varel, führt das Fahrwasser tatsächlich nur wenige Meter an den Seehundbänken vorbei – da flüchtet kein Tier mehr ins Wasser. Sie sind eben auch lernfähig. Die Anwesenheit von Menschen bedeutet nicht unbedingt Beeinträchtigung.

Tschüss, Jungs und Mädels, wir werden euch vermissen. Wie ihr hier sogar nachts zur eisigen Winterzeit auf der Sandbank überlebt, ist für uns Menschen schon erstaunlich.

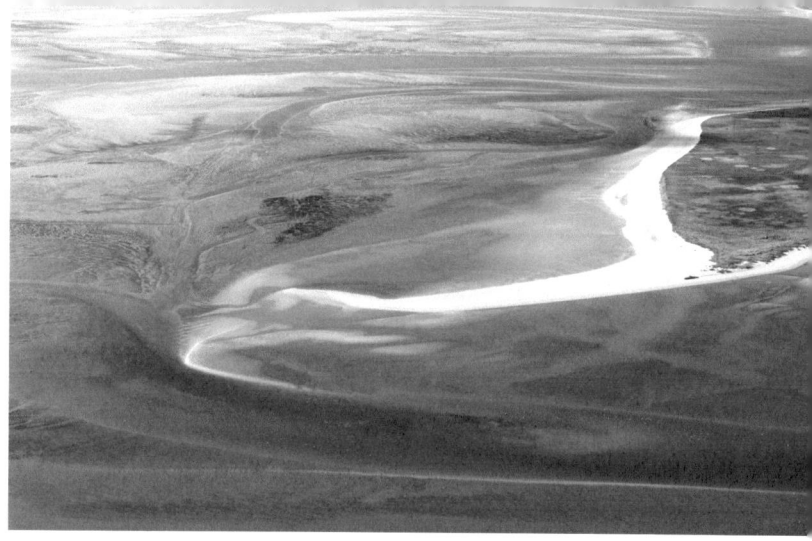

Südflanke Minsener Oog / Wangerooge im Hintergrund. Bei Hochwasser stehen gut 2 Meter Wasser über den Bänken. Bis maximal 1,30 Meter Tiefgang kann man abkürzen, aber nur wenn man weiß, wo die hohen Bänke liegen. Im Juni 2016 wurde der Prickenweg wieder unmittelbar am Strand der Westflanke neu gesteckt – die Fahrt ist ein besonderes Naturerlebnis.

In einem Rutsch schippern wir nun vorbei an Wangerooge zur Jade. Dank der Luftbilder haben wir neue Wattenwege zum Abkürzen entdeckt, an die wir uns vorher nicht herantrauten. Als wir am Wattenhoch der Telegraphenbalje noch 1,40 Meter unter dem Kiel haben, setzen wir eine Stunde vor Hochwasser direkten Kurs über alle Bänke auf Schillig, beachten aber die Schutzgebietszonen. Und tatsächlich haben wir an den flachsten Stellen komfortable 40 Zentimeter unter dem Kiel. Was Mittelmeersegler gruselt, lässt Wattenschipper entspannt vorausschauen. Jedenfalls mit einem stählernen Langkieler.

An der Seenotstation Horumersiel treffen wir Vormann Günter Ihnken vom Seenotrettungsboot Baltrum. Zwei Jahre zuvor hatten wir die Suche nach einem abgetriebenen Kitesurfer vor Schillig ausgelöst, als wir einen herrenlos treibenden Kite-Drachen entdeckten. Per Rettungshubschrauber wurde der Vermisste geborgen. Wir fischten seinen Drachen heraus und übergaben ihn an die Crew der Baltrum. Seit 45 Jahren ist der 60-Jährige ehrenamtlicher Seenotretter. Wie freiwillige Feuerwehrleute engagieren sich die Seenotretter vorbildlich bei der

25

Rettung von Menschen. Zahllose Einsätze hat Günter hinter sich. Sein 8,5 Meter langes Boot weist stolze 215 PS auf. 13 Freiwillige gehören zur Mannschaft. Bei einem Einsatz sollten mindestens zwei Seenotretter an Bord sein. „Manchmal hole ich Spezialisten meiner Crew an Bord: Mal einen Arzt, dann einen Schlosser." Er selbst ist ein Mann des Meeres und hauptberuflich Krabbenkutterkapitän. Die Hilfe seiner Kollegen hat er selbst schon mal benötigt, als das Netz seine Schraube blockierte. Dramatische Rettungseinsätze für Segler sind dagegen relativ selten geworden. „Unsere Tidensegler sind erfahren und gut ausgestattet", sagt er. „Als dicksten Fisch hatten wir mal eine 23 Meter lange Tjalk im Schlepp." Die Seenotretter von Horumersiel haben ein neues Mitglied aufgenommen: Seit einem Jahr gehört mit der 20-jährigen Jaqueline Rödel erstmals eine Frau zum Team. Ihr Vater fährt selbst seit Jahrzehnten hinaus. Er ist ihr Vorbild. „Gebraucht werden. Helfen können. Einfach so. Das ist für mich Lohn genug", sagt die junge Frau.

Wollen wir schon zurück nach Hooksiel? Livemusik im Hellrock-Romantik-Musikcafe hören? Och nö. Erst nächstes Wochenende. Wir möchten noch nicht Boote ohne Masten sehen, auf die bereits die Kräne lauern, um sie dem Wasser zu entreißen. Lieber noch ein letztes Mal trockenfallen. Eintauchen in Strandzeit, Traumzeit, Auszeit.

Nach jedem Urlaub folgt unweigerlich die Rückkehr an den Arbeitsplatz. Und ebenso pünktlich kommt auch die Flut. Der idyllische Strand, an dem wir eben noch gebadet haben, füllt sich. Die auflaufende Tide läutet ihn ein, unseren Abschied vom Müßiggang. Wir wollten nicht „Good bye" sagen, als uns der Sommer verließ. Es sollte unser letzter Törn mit *Paloma* werden, auf der ich drei Jahre gelebt habe. Die kalte Gischt, die mich vor Baltrum im Cockpit stundenlang getroffen hat, ließ Gedanken an einen geschützten Steuerstand aufkommen. So würde ich die Saison früher beginnen und später enden lassen können. Vier Wochen später verkauften wir das Boot und wechselten auf *Fuchur*.

Warum entschied ich mich für *Fuchur*? Im Norden ist es frisch. Das ideale Boot sollte daher trockenfallen können und gleichzeitig Wetterschutz bieten, ohne zu sehr wie ein Motorseg-

26

ler zu wirken. Das Boot hat die guten Eigenschaften der *Paloma*, kann aber noch mehr.

Mit 12 Metern passt *Fuchur* gerade noch an alle Fingerstege und bei 3,46 Meter Breite auch in schmale Boxen. Der Tiefgang von 1,30 Meter mit zwei Kielen erlaubt das Trockenfallen, das Befahren von Flüssen und gleichzeitig unbeschränktes Hochseesegeln. Aluminium ist pflegeleicht und schützt sich selbst, sofern die Elektrik richtig verlegt ist, die richtigen Opferanoden und nur für Aluminium zugelassene Antifouling-Farben verwendet werden. Ihr heller Decksalon mit 1,60 Meter breitem „Fernsehsofa" und die Badewanne schaffen Wohnlichkeit, um auch im Herbst und Winter an Bord zu leben. Zwar hängt die Freude auf dem Wasser nicht mit der Bootsgröße zusammen, aber alle an Bord sollen sich wohlfühlen.

Ein Faltboot, vier Trailerboote und drei Hochseeyachten, die ich im Laufe der Jahre besaß, hatten alle ihre Vorzüge. Noch heute freue ich mich, wenn ich irgendwo eine Hai 710 entdecke, und fühle mich an Bord sofort wieder heimisch. Egal ob großes oder kleines Boot – wenige Stunden genügen, um sich Wohnraumverhältnissen an Bord anzupassen. Man braucht kein großes Boot, um die Gewässer des Nordens zu erkunden. Nicht ohne Hintergedanken schildere ich in diesem Buch daher Routen und Touren mit den unterschiedlichsten Booten, mit denen ich im Laufe der Jahre unterwegs war. Egal ob Sie mit einem Paddel, mit Hilfssegel ausgestattet oder unter Segeln unterwegs sind – ich hoffe, dass meine Schilderungen auch meine Leser dazu anregen, die heimischen Küsten und Binnenreviere im Norden auf eigenem Kiel und nach eigenem Gusto zu erkunden.

Vom Faltbootfahren.

Zwischen meinem ersten Faltboot und der 12 Meter langen *Fuchur* liegen Welten – oder doch nicht? Man kann sein ganzes Leben auf der Suche nach dem richtigen Segelboot sein: Die „perfekte Wanne" wird man nicht finden. Jedes Boot bleibt ein Kompromiss. Egal welche Verbesserungen man einbaut und wie sorgfältig man arbeitet, ein Schiff wird nie ganz fertig werden. Je nach den persönlichen finanziellen Möglichkeiten kann man sich vielleicht das schönste und technisch leistungsfähigste Boot bestellen, doch mit dem Glück auf dem Wasser hat das wenig zu tun. Weder die Länge eines Bootes noch sein Alter oder Zustand sagen etwas darüber aus, wie glücklich man an Bord sein wird. Nachdem ich mehrfach von kleinen zu großen Booten und wieder zurück gewechselt bin, bin ich mir in diesem Punkt absolut sicher. Wir passen uns dem schwimmenden Untersatz und seinen Möglichkeiten an, sind auf kleinen Booten dem Wasser manchmal sogar näher, erleben es anders, vielleicht auch intensiver.

Ein wenig vom Faltboot steckt auch in *Fuchur*: Sie kann auf einem Strand trockenfallen, hat einen moderaten Tiefgang und bietet eine Sitzposition beim Steuern mit Blick voraus und bequemer Rückenlehne, wobei alle Schoten in Griffweite sind. Und: Ich kann beide Boote mit den Füßen steuern und habe die Hände für die Kamera frei.

Blicke ich zurück, dann habe ich unvergessliche Fahrten mit den kleinsten Booten gemacht. Besonders mit einem Faltboot und einer Zeltausrüstung. Gebrauchte Boote mit Segeln kann man schon für rund 500 Euro erwerben. Mein Faltboot rüstete ich ähnlich aus, wie Hannes Lindemann es tat. Nur wollte ich nicht über den Atlantik. Zum Steckmast mit Groß- und Focksegel, den Seitenschwertern und einer Überlebenstonne montierte ich einen Kompass auf einem Brett vor meinen Füßen. Und so paddelte und segelte ich wechselseitig Aller und Weser hinunter bis nach Bremerhaven. Wenn ich mir Jungsegler wie Sebastian Janotta mit seinem Schlauchsegelboot *BEA* ansehe, dann weiß ich, dass dieser Traum noch immer aktuell ist. Die Schleusenwärter haben auch heute noch allesamt Mitleid, wenn man in der Sommerhitze mit einem vollgepackten Spielzeug-Bötchen ankommt. Sie schleusten mich und, wie ich von Sebastian hörte, auch ihn problemlos durch. Eben wie die großen Sportboote. Ein seltsamer Anblick. Da warten 160 Meter lange und 10 Meter breite Schleusenkammern seit mehr als 30 Jahren vergeblich auf die Binnenfrachtschiffe, die hier einstmals fuhren, und dann kommt ein Paddler mit seinem 85 Zentimeter breiten Faltboot daher. Allerdings werden Schleusenwärter an rein touristischen Gewässern immer seltener. Viele Kammern werden auf Selbstbedienung umgestellt. Dann ist das auch für Kleinstboote selbstverständlich.

Ich schlug mein Zelt an den Flussstränden auf und blieb über Nacht, wo es mir gefiel. In einem kleinen Heidedorf hörte ich Schützenfestmusik. Nachdem ich den ganzen Tag allein an Bord verbracht hatte, war ich nun in Partylaune. Das Boot versteckte ich im Schilf. Gegen 21 Uhr lief ich in die Richtung, woher die Musik kam. Nach einem Kilometer hatte ich den Festplatz erreicht und mischte mich unter das Volk. Schießbude, Losbude, Autoskooter, Kettenkarussell. Dabei die unvermeidlichen Bier-, Fisch- und Pommesbuden. Frauen und Männer Arm in Arm und nach einem feierseligen Nachmittag gut drauf. Ich guckte mir eine fröhliche Gruppe meines Alters aus. Ich erzählte, dass ich zufällig mit meinem Boot hier vorbeigekommen sei. So war ich drin. Ich war plötzlich kein Fremder mehr, sondern der neue Kumpel mit seinem spannenden Gefährt. Zumindest für diesen Abend. Das Seemannsleben der alten Zeit – das Ankommen und Feiern – erlebt man auch mit einfachsten Mitteln.

Eine Schwimmrunde in der Aller machte mich am nächsten Morgen munter. Ihr Wasser hat die Gewässerstufe 2. Es war Sommer und es hatte seit drei Wochen nicht geregnet. Das Wasser war so klar, dass man seine Füße am Grund sah. Überall feinster Sandstrand. Das hier war ein Stück vom Paradies – in Deutschland – und ich war mittendrin.

Mit meinem Paddelboot fuhr ich das erste Mal durch Bremen. Als ich an der senkrechten Spundwand der Kelloggs-Werke vorbeisegelte, überholte mich ein Ausflugsdampfer, der eine hohe Heckwelle hinter sich herzog. Seine Wellen wurden zwischen der Spundwand und dem gegenüberliegenden Steindamm reflektiert – um mich herum war plötzlich ein Chaos aus aufsteigenden Wellenköpfen, die kreuz und quer durcheinanderliefen. Das Boot machte Bocksprünge. Beinahe wäre ich gekentert. Das Reisen an Bord eines kleinen Bootes hat eben auch seine Tücken.

Vor dem Sportboothafen Hasenbüren sah ich den ersten Seehund meines Lebens in freier Natur. Fast zum Streicheln nah kam er bis ans Boot. Er hatte einen großen Fisch gefangen und verspeiste ihn gerade. Welch seltsamer Gegensatz der Eindrücke: Das Weserufer hat in diesem Bereich nichts Natürliches. Steinschüttungen liegen an beiden Seiten. Die qualmende Klöcknerhütte, ein Stahlwerk, prägt die Uferkulisse. Eine Hochspannungsleitung führt über die Weser. Und mitten drin ein einsamer Seehund. Er schien sich hier wohlzufühlen. Noch Jahre später sah ich ihn immer wieder in diesem Abschnitt des Flusses, denn am Ufer des Stahlwerks gibt es einen winzigen Sandstrand mit überhängenden Büschen, der dem einsamen Gesellen als Ruhebank dient.

Nach der Einmündung der Lesum wird der Fluss breiter. Alles wirkt maritimer. Man ahnt, dass es bis zur Nordsee nicht mehr weit sein kann. Steinböschungen weichen zurück. Hier hat die Weser noch natürliche Ufer. Ich besuchte Brake, kampierte am Weserstrand oder trieb auf flachen Rinnsalen zwischen wogenden Schilffeldern. In Nordenham übernachtete ich bei einem Seglerverein. Ich berichtete den Seebären, dass ich vielleicht nach Helgoland wollte. „Um Gottes willen, Jung', doch nicht mit dieser Nussschale! Du hast keine Ahnung, was dich ab Bremerhaven erwartet." Die Segler waren ehrlich um meine Sicherheit besorgt.

Ein typisch nordischer Zug, will man fast sagen. Segler, das weiß man hier, halten zusammen. Auch dann, wenn sie sich nicht kennen. Natürlich stimmte es, was sie sagten. Von den starken Querströmungen und Wellen auf der Außenweser hatte ich keine Ahnung. Ich wäre zwar nur bei Flaute gefahren. Aber das wäre auch mit einem moderneren Boot keine gute Idee. Wenn es auch nur mittleren Wind aus nördlichen Richtungen gibt, herrscht 25 Seemeilen vor der Küste extremes Kabbelwasser.

Hier fährt man als Greenhorn ohne Begleitboot einfach nicht hinaus – ich hätte mich bestenfalls an der Küstenlinie Richtung Wilhelmshaven orientieren können. Als ich Bremerhaven erreichte, gab es Nordwestwind mit Windstärke 6. Die Wellen schlugen gegen den Kai der Geestemündung und eine Seemeile stromabwärts schießt der Strom mit 4 Knoten am fünf Kilometer langen Containerhafen mit bis zu 396 Meter langen Riesenpötten vorbei, wo die Schlepper zusätzliche Wellen aufwerfen – bei Wind gegen Strom ist das ganz übel für ein Kleinstboot.

Noch am selben Tag holte ich meinen Wagen, verzurrte das Faltboot auf dem Dachgepäckträger, fuhr an die Ostseeküste und segelte von Travemünde aus weiter.

Heute weiß ich, dass Paddelboote in den großen Flussmündungen der offenen Nordsee nichts zu suchen haben. Besonders wenn Wind gegen Strom herrscht, wäre ein solches Vorhaben ein Himmelfahrtstörn. Auch wenn Flaute herrscht, kann man niemals sicher sein, dass das in sechs Stunden, wenn die Tide kippt, auch noch so ist und sich der Wind fern von der Küste weiterhin moderat verhält. Trotzdem bietet gerade die Nordsee auch für Kleinbootfahrer sichere Reviere. Die folgenden Ziele sind daher besonders lohnenswert für Segeleinsteiger in Nussschalen.

Paddeln im Wattenmeer:
von Neuharlingersiel nach Spiekeroog

Wer etwa zwei Stunden vor Niedrigwasser auf diesem Kurs los-fährt, befindet sich auf der sicheren Seite. Man setzt den Kurs mit direkter Sicht auf die ostfriesische Insel ab. Der Ebbstrom hat seine größte Kraft verloren und zieht einen jetzt sanft hin-aus. Auf den Prielen zwischen den hohen Sänden segelt man geschützt. Keine Wellen, die das kleine Boot gefährden.

Dann ein kurzer Weg über das tiefere Wasser des großen Priels vor jeder Insel, der an das Seegatt anschließt. Herrscht nicht gerade Nordwestwind, der durch Seegatten bläst und rup-pige Wellen bis vor die Hafeneinfahrt schieben kann, erreicht man sicher die ostfriesischen Inseln zwischen Norderney und Wangerooge.

Nur die westlichen Inseln Juist und besonders Borkum liegen schon so weit vom Festland entfernt, dass sich nur ge-übte Seekajakfahrer dahin wagen sollten. Auch der Weg über die Ems ist für Kleinboote zu lang, denn der Wind jagt seine Wellen bei nördlichen Richtungen ebenso ungehindert in die Ems wie in Weser und Elbe. Wer mit der Fähre hinfährt, kann jedoch auf der Wattenseite sorglos paddeln oder sich mittels ei-nes Hilfssegels vorwärtsschieben lassen. Denn auch dafür ist ein Faltboot bestens geeignet: Man muss es nicht mal im Auto transportieren.

Reviersuche: „Nimm zuerst ein kleines Boot".

Ein kleines Boot mit Krabbelkajüte kann ebenso glücklich machen wie eine luxuriöse, neue 13-Meter-Yacht. So eine Hochseeyacht gehört aufs Meer. Oder wenigstens auf den Bodensee. Doch was ist, wenn man beispielsweise in Göttingen lebt und eine Familie mit Kindern hat? Wäre man dann nicht vielleicht auf den Northeimer Kiesseen mit einem kleinen Kajütboot glücklicher? Und vor allen Dingen: Wären dann nicht auch die Kinder glücklicher, im kleinen Boot in der Nähe zu segeln und in einem Zelt oder in einer kleinen Kajüte zu schlafen, als nur einmal im Jahr einen Chartertörn im fremden Boot zu erleben? Vielleicht besteht die eigentliche Emotion des Segelns darin, in einer Kajüte zu übernachten. Segeln, ja… Aber während wir im Cockpit liegen und auf das Wasser blicken, entknittert sich die Seele. Welches Boot darf's sein, wenn man im Norden segelt? Das hängt von vielen Faktoren ab, aber auch von der Frage, wie schnell man den Liegeplatz erreichen kann.

Die „Drei-Stunden-Regel"

Die Entfernung zum Boot, das ja auch Pflege und Wartung benötigt, ist ein wichtiges Kriterium bei der Wahl von Revier und Boot. Drei Stunden Autofahrt sind die absolute Höchstgrenze, damit die Familie nicht streikt und man die eigene Motivation erhält. Nur so kann man möglichst jedes Wochenende an Bord verbringen.

Es reicht für die Bootssuche nicht aus, einen Radius von 250 Kilometern um den Wohnort zu ziehen. Der Straßenverlauf und die Verkehrsdichte spielen eine entscheidende Rolle. Vergessen Sie dabei alle Argumente von Bedenkenträgern, die Ihnen sagen, dass man sich mit kleinen Booten zu größeren hochdienen müsste und sich von Binnenseen an das Meer herantasten sollte. Das Wattenmeer ist nicht unsicherer als die Ostsee und die Müritz kann durch ihren lebhaften Verkehr ebensolche Herausforderungen an den Wassersportler stellen wie das Ijsselmeer oder das Steinhuder Meer. Auch die vermeintlich geschützte Elbe mit ihren dicken Pötten kann gerade zwischen Brunsbüttel und Cuxhaven mehr fordern als der weitere Törn nach Helgoland. Wer in der Lübecker Bucht unterwegs ist und bis unter die Ufer tiefes Wasser vorfindet, wird sich wundern, was für steile Wellen ihn bei Westlage auf der Fahrt von Heiligenhafen Richtung Kiel erwarten. Dagegen ist die Jade bis zur offenen Nordsee ein Kinderplanschbecken, falls nicht gerade Wind gegen Strom steht – nur fordert sie wieder einen zuverlässigen Motor, weil die Tidenströme ordentlich schieben. Dann sind bei bis zu 10 Knoten schnelle Fahrten möglich, was den Radius innerhalb bestimmter Zeitfenster erweitert. Alles ist relativ.

Gleiches gilt beim Segeln: Kinder mögen den Aufenthalt an Bord selten länger als drei Stunden am Stück, wenn es kein Urlaubstörn mit neuen Zielen ist. Im Norden ist das Wetter nur an wenigen Wochenenden so gut, dass man auf dem Vorschiff liegen kann. Bis Ende Mai bläst die Gischt an Deck und damit ist auch die Luft an vielen Tagen noch kalt. Ab Mitte August wird es schon wieder frischer. Überwiegend sitzt die Crew an kälteren Tagen im Cockpit oder liegt unter Deck. Ich habe noch keinen gesehen, der während des Fahrtensegelns „am Tisch sitzt".

Komfortable Liegeflächen sind beim Segeln im Norden wichtiger als auf Mittelmeerbooten. Daher gibt es an Bord von *Fuchur* mittschiffs im Salon eine große Liegefläche für bis zu vier Personen und im Cockpit zwei weitere wettergeschützte Duchten. Das lässt sich aber auf fast allen Booten mit ausklappbaren Brettern und passenden Matratzen einrichten. Und trotzdem: Ab 4 Beaufort kehrt bei Kindern die Frage nach dem „Wann sind wir da?" im Drei-Minuten-Intervall wieder. Wer in der Lübecker Bucht einen Liegeplatz hat und unbedingt am Wochenende nach Fehmarn will, ist dann schon mal sechs Stunden auf See unterwegs, besonders auf dem Törn zurück gegen den ewigen Süd-West, der die Crewmitglieder in die Position der Teilnahmslosigkeit zwingt.

Wäre es dann nicht besser, das Boot an der Nordseeküste, einem Fluss, dem Steinhuder Meer oder auf dem Dümmer zu haben, wenn man in Niedersachsen wohnt? Wer in östlichen Regionen lebt, ist natürlich mit der Müritz oder der Ostsee gut bedient. Ebenso zieht es viele Segler aus Westdeutschland in die Niederlande. Vielleicht ist ein Trailerboot von 7,5 Metern Länge gar nicht schlecht, das in der Vorsaison auf einem See und im Urlaub auf dem Meer gesegelt wird? Es kann ja zum Saisonausklang an der Küste bleiben – dann entfällt der Törn zurück zum Heimathafen und man kann richtig lange Strecken segeln. Binnenreviere sind für Segler aus dem Raum Wolfsburg–Hannover–Göttingen schneller erreichbar.

Wenn es doch an die Küste gehen soll: Die Autobahn in Richtung Bremen ist weitgehend frei, aber die Autobahn in Richtung Hamburg nicht. Besonders die weitere Fahrt Richtung Lübeck oder Flensburg kann auf Jahre zur Tortur werden. An der Nordseeküste, zu der die Staurate stets geringer ist, erreicht man die ostfriesischen Inseln dann per Boot immer in unter drei Stunden Segelzeit. Von manchen Häfen ist es nur eine Stunde Fahrzeit. Das meine ich damit, wenn ich dazu anrege, alle Vorurteile gegen „Tidenfenster" im Stromrevier zunächst zu vergessen und zu prüfen, wie die Crew zur Anreise steht.

Und die Tide, bietet sie nicht mehr, als sie vermeintlich nimmt? Man kann trockenfallen und in Ruhe ein Buch lesen, während die Kinder in Wasserlöchern baden, Muscheln sammeln oder Krabben und Seenadeln beobachten. Sandburgen zu bauen kann an der Nordsee spannend sein, wenn man sie gegen die Flut verteidigen muss. Ist es dann nicht unerheblich, wenn wir uns zwar nach den Gezeiten richten müssen, aber in der Regel zwei Flutfenster zum Überqueren der Sandbänke pro Tag nutzen können? In Bremerhaven gibt es eine neue Marina und mehrere Museen, Restaurants, eine mediterrane Shoppingmeile und sogar einen Zoo am Meer. Es ist von dort aus weit zu den Inseln, aber man kann ja auch zur Abwechslung die Weser stromaufwärts segeln und findet Ankerplätze an Sandstränden. Dazu gibt es viele Ankerplätze vor der Wurster Küste und Wattfahrwasser zur Halbinsel Butjadingen. Gegenüber, im Suezpriel, liegt die Festungsinsel Langlütchen II. Ein geradezu mystischer Ort, auch wenn die Insel nicht betreten werden darf. Damit will ich nicht die Nordseeküste fördern – die Ostsee benötigt bisher kaum Werbung –, aber ich möchte zeigen, dass man seine Vorbehalte gegen Ebbe und Flut oder gegen das Segeln auf kleinen Flüssen überprüfen sollte.

Vielleicht sind die Kinder schon älter und finden Regatten spannend? Die Familie ist mit einem schnellen Boot oder auf der Jade mit ihrer Regattaszene und Jugendförderung der Vereine gut aufgehoben. Oder, wenn es um viele Wettfahrten geht, bei den Segelkünstlern des Steinhuder Meeres: Die meisten Boote legen dort noch unter Segeln an, ohne elektrische Außenborder einzusetzen.

Wenn Reparaturen anstehen, gilt ebenfalls die Faustformel von drei Stunden. Ich habe Menschen getroffen, die mit Ihrem Boot sehr glücklich waren, doch die nachfolgenden Eigner waren schon von kleinen Reparaturen genervt. Unbewusst gaben sie den Voreignern die Schuld, doch objektiv betrachtet haben sie nur ihre eigene Leistungsfähigkeit in Relation zur Revierentfernung falsch beurteilt. Statt unmittelbar vor der Haustür zu segeln, lassen sie die Hochseeyacht an der Ostsee oder an der Mittelmeerküste vor Anker, vielleicht 700 Kilometer entfernt von zu Hause. Das kann nicht lange gut gehen.

Steinhuder Meer, Dümmer, Zwischenahner Meer, oder: Wie segelt man im flachen Wasser?

Die niedersächsischen Flachwasserseen sind die Kinderstuben vieler Segler. Auf Optimisten, Jollen oder Kajütkreuzern werden sie im Binnenland geboren. Viele ziehen irgendwann auf das Meer hinaus und dann füllen sie die Lücken in den Stegreihen der Marinas. Schon das verbindet Küsten- und Binnensegler. So manch einer „schwimmt" im gesetzten Alter mit einem kleinen Boot zurück auf die Seen. Andere bleiben „ihrem See" ein Leben lang treu.

Auf den ersten Blick unterscheiden sich unsere norddeutschen Seen nur durch ihre Größe, sind aber unterschiedlichen Belastungen von Verlandung und Nitratgehalt ausgesetzt. Steinhuder Meer und Dümmer haben eine durchschnittliche Wassertiefe von nur 1,35 Meter. Entspannter geht es dagegen am Zwischenahner Meer mit 3,30 Meter Tiefe zu. In Steinhude findet regelmäßig ein Forum statt, in dem die gemeinsamen Anstrengungen zum Erhalt der Segelreviere erörtert werden.

Das Steinhuder Meer bildet für Segelenthusiasten im Großraum Hannover einen magischen Anziehungspunkt. Schon auf dem Weg von den Waldparkplätzen des Nordufers sind vertraute Windgeräusche aus den Takellagen zu hören, auch wenn man vom „Meer" noch gar nichts sieht. Das Dunkel des Waldes weicht maritimer Atmosphäre. Buntes Leben an den Ufern und auf den Stegen. Kinder mit Schwimmwesten, geführt von Segellehrern, versetzen einen gedanklich ans Meer. Die Insel Wilhelmstein liegt malerisch mit ihrer kleinen Festung als Ansteuerungspunkt im See. Souverän wird unter Segeln ab- und angelegt, wie man es in den Häfen an der Küste nur noch selten sieht. Man sieht Manöver, von denen sich so mancher Hochseesegler eine Scheibe abschneiden könnte. Wegen einer ausgefallenen Maschine funkt hier niemand Mayday – tiefer als 1 Meter ist es sowieso selten. Zur Not watet man eben zurück ans Ufer.

Überall sieht man noch die Bootstypen der 70-er Jahre, auf denen viele der heutigen Hochseesegler ihre Lehrzeit verbrachten: Rethana 24, Hai 710, Neptun 22, Varianta 65, Biga 24, aber es gibt auch wunderschöne Klassiker und hölzerne Cat-Boote. Für alle gilt die Längenbegrenzung von 7,6 Meter. Ausnahmen bilden klassentypische Boote, wie 20er Jollenkreuzer bis 7,75 Meter und Z-Jollen bis 8,30 Meter. Noch länger sind nur die rund 10 Meter großen Auswanderer-Boote der 30 Berufssegler. Sie schippern mit bis zu 35 Touristen an Bord zur Inselfestung Wilhelmstein.

Einer von ihnen ist Udo Toffel. Schon 1965 war er hier im Segelboot unterwegs. Seit Jahren steuert er als Berufssegler von Steinhude aus die Marlene, nachdem er seine Bavaria 37 in Heiligenhafen wieder verkauft hatte und zu seinem See zurückgekehrt war. Um mit Touristen nicht in temporären Flauten zu verhungern, dürfen Berufsskipper Viertakt-Außenborder an ihren Auswanderern fahren. „Wir kommen noch recht gut klar, aber es gibt ein paar Bereiche, da müssen sich die Passagiere in den Bug setzen, damit das Heck etwas höher kommt. Sonst verstopft der Kühlwassereintritt", sagt der Seemann. 60 Zentimeter Tiefgang hat sein Holzboot mit teilweise abgefiertem Schwert. „Im Ostteil des Sees konnten wir früher ankern und baden. Dort war fester Sandgrund, wo heute der Schlamm schon 40 Zentimeter unter der Wasseroberfläche zu finden ist."

Trotzdem herrscht hier buntes Leben auf den Stegen. Der Segelclub Garbsen vom Nordufer in Mardorf, Steg N 4, legt weiterhin seine Postboje aus. Rund 1 300 Briefe werden im Jahr von Seglern und Ausflugsschiffen eingeworfen. Clubmitglieder holen sie per Segelboot aus dem schwimmenden Briefkasten, versehen die Briefe mit dem begehrten Vereinsstempel und schicken sie weiter.

Flachwasser? Meine Hai 710, mit der ich hier vor Jahren segelte, zog manchmal sogar in der Mitte des Sees schwarze Schlammwolken hinter sich her. Denn zur Mitte des Sommers sinkt der Wasserspiegel. Es verdunstet dann mehr Wasser, als durch Grundwasserquellen oder Regenfälle ausgeglichen werden kann. An den Steg des Krans, um das Boot in den Urlaub zu trailern, kam ich dann nur, indem ich stakte. Als ich das Steinhuder Meer 1994 wieder verließ, besaßen die Steggemeinschaften gut 6 000 Boote. Heute sind es nur noch rund 3 000 – es ist also mehr Seeraum für die vorhanden, die geblieben sind. Steinhuder Meer und Dümmer haben bereits kurz nach der Wiedervereinigung durch die Müritz Konkurrenz bekommen. Berliner Segler blieben weg. So sind die Stege deutlich kürzer geworden. Sie werden im Herbst wegen des Eisgangs abgebaut. Ihre Länge im jeweils nächsten Frühjahr richtet sich nach eingehenden Liegeplatzanträgen. Man kann zumeist problemlos einen Platz erhalten, auch wenn es so ausschaut, als wenn nichts mehr frei ist.

Zwei, welche die Entwicklung bestens kennen, segeln hier seit 1968. Reinhard Starke und Heinz Steinwedel vom Garbsener Segelclub. Jeden Mittwoch sind sie bei der Clubwettfahrt dabei. Dazu kommen fünf Regatten im Jahr. Sie haben praktisch noch keine verpasst. In aller Welt unternehmen sie Chartertörns, bleiben aber ihrem See treu: „Wenn man hier in den 70-er Jahren eintreten und einen Liegeplatz wollte, musste man schon mal ein paar Abende mit dem Vorsitzenden zechen", erinnert sich Starke amüsiert. Heute freut man sich über jeden Neueinsteiger.

Sie sorgen sich um die Zukunft. Der Altersdurchschnitt des Vereins ist gestiegen. Vielleicht fehlen motivierende Zugpferde, wie Rollo Gebhard oder Wilfried Erdmann, die zu Beginn ihrer Karriere mit Booten bezahlbarer Binnensee-Kategorien abenteuerliche Reisen unternahmen und einen Boom auslösten.

Der Vorsitzende der Wettfahrtvereinigung Steinhuder Meer e.V., Wolfgang Philippsen, vertritt in erster Linie Segler mit Regatta-Ambitionen: 3 200 Mitglieder und 1 500 Boote gehören dazu. Sein Augenmerk gilt besonders der Nachwuchsförderung mit immerhin 508 Jugendlichen. Außerdem koordiniert man die Wasserrettungs-AG, der 22 Skipper ihre privaten Boote zur Verfügung gestellt haben. „Wir setzen unsere Wendebojen so, dass wir weiterhin gute Bedingungen für Wettkämpfe haben. Auf dem Kurs zur Luv-Tonne können Boote ihre Schwerter auf bis zu 1,20 Meter abfieren. Allerdings kommen die schnellen 505er Jollen nicht mehr zu uns. Schlammbänke gefährdeten ihre empfindlichen Ruder."

Und doch kamen „Neusegler" wie Martin und Christel Strangmeier mit ihrer *Kumara*. Sie sind Mitglieder des Wolfsburger Yacht Clubs. Vom Allersee in der Nähe des Wolfsburger Volkswagenwerkes wechselten sie zur zweiten Steganlage des Clubs ans Steinhuder Meer. Rund 100 Kilometer zum Wochenendsegeln nehmen sie auf sich. Tatsächlich könnten zunehmende Kraftstoffkosten für nahe Binnensegelreviere eine Renaissance bewirken, auch wenn zurzeit die Preise günstiger geworden sind. Für einen kleinen Kajütkreuzer vor der Haustür, aber im Urlaub per Trailer zu entfernten Zielen?

Eben dafür hat sich die Crew der *Kumara* entschieden: „Im Laufe des Jahres verringert sich der Wasserstand um etwa 30 Zentimeter, was bei einer Durchschnittstiefe von geschätzten 1,50 Meter schon erheblich ist", sagt Martin Strangmeier. Wir erreichen aber bei 60 Zentimeter Tiefgang unserer Hai 710 jedes Ziel. In der Saison 2015 blieb der Wasserstand sogar stabil. Das allgemeine Befahrensverbot für Verbrennungsmotoren finden wir gut. Dadurch herrscht Stille auf dem Wasser und der Erholungseffekt ist groß. Im Urlaubstörn auf der Ostsee gingen uns die „Schlauchbootkids", die im Slalom durch die Stegreihen düsten, auf die Nerven. Darum freuten wir uns im August auf die Nachsaison in Mardorf. 2016 haben sie erstmals eine 33er Bavaria auf der Ostsee gechartert. Diese Kombination aus Trailerboot und weltweiten Chartertörns ist gerade bei Binnenseglern beliebt. Die geringeren Unterhaltskosten ihrer kleinen Boote können in den Jahresurlaub mit großen Booten in exotischen Seegebieten investiert werden.

Grundsätzlich findet das Pärchen das Steinhuder Meer mit etwa 8 mal 4 Kilometern ausreichend groß. Die Entfernungen auf dem Wasser sind angenehm. Von ihrem Stegplatz im Nordosten segeln sie mit ihrer Hai 710 je nach Windstärke und -richtung in etwa 1,5 Stunden zur Insel Wilhelmstein. Weitere Ziele sind der Hagenburger Kanal, die Badeinsel Steinhude, Großenheidorn und verschiedene Lokalitäten an den Stegen. „Zum Segeln lassen wir das Schwert selten ganz herunter. Allerdings ist der Grund sehr weich, so dass man nicht wirklich stecken bleibt, sondern nur langsamer wird."

Steinhuder Meer: Segeln in der „Regenmulde"

Der Tiefgang von Booten im Steinhuder Meer sollte möglichst nicht mehr als 60 Zentimeter betragen. Wegen des Verschlammens geht es der Verwaltung vordringlich um ein besseres „Management" des Wasserspiegels und die Verhinderung weiterer Schwermetalleinträge. Dazu muss man wissen, dass der Ablauf über den Meerbach mit mindestens 150 Liter pro Sekunde so gering wie möglich gehalten wird. Einerseits will man den Wasserstand des Sees um 38 Meter über NN konstant halten, andererseits muss ausreichend Wasser für den Fischbestand des Bachs garantiert werden. In besonders trockenen Sommern ist das nicht einfach – denn zusätzliches Wasser erhält der See mit rund 70 Zentimetern im Jahr fast ausschließlich durch Niederschläge. Dieses Wasser geht zum größten Teil durch Verdunstung wieder verloren. Ein weiterer Teil versickert über die angrenzenden Moore, was jüngst durch Verwallungen einschränkt werden konnte. Im Resultat ist es jedoch so, dass jeder eingeleitete Stoff wegen des geringen Wasserdurchflusses im Steinhuder Meer verbleibt und sich anreichert.

Früher wurde der Schlamm vor der Steinhuder Promenade in tieferes Wasser gepumpt, doch tiefere Stellen gibt es nicht mehr. 3 Meter tiefe Bereiche wurden aufgefüllt. Und was in Steinhude abgepumpt wurde, lagerte sich wegen der Rechtsdrehung von Gewässern der Nordhalbkugel am anderen Ufer vor Mardorf ab. Das größte Problem ist die Suche nach einem Polder in der Nähe des Steinhuder Meeres. Schon beim Absaugen muss der größte Teil des Wassers wieder zurückfließen, sonst ist das Meer schnell leer: Zu 90 Prozent wird „schwarzes Wasser" gepumpt.

Eingebrachtes Wasser verbleibt ungefähr zwei Jahre im Steinhuder Meer, im Dümmer dagegen nur zwei Monate. Schadstoffe aus Niederschlägen, zink- oder kupferhaltiges Regenwasser aus Dachrinnen sowie Ausfällungen des Antifoulings von Booten haben sich mit den Jahren hier angereichert. Erst 2003 wurde Tributylzinn im Antifouling verboten. Insofern könnte auch bei vermindertem Giftanteil der Verzicht darauf –

oder zumindest die Verwendung von Hart-Antifouling – hilfreicher sein als selbsterodierende Anstriche.

Verschiedene Schadstoffe reichern sich aufgrund ihrer chemischen Eigenschaften im Schlamm an und konzentrieren sich dort auf längere Sicht. Muss man sich darüber beim Baden oder Segeln Sorgen machen? Allen Unkenrufen zum Trotz, die Behörden geben grünes Licht: Über dem eigentlichen Schlamm steht wegen des hohen Wasseranteils eine große Schicht Mudde. Eine messbare Konzentration entsteht erst nach der getrockneten Verdichtung, bei der gerade 7 Prozent festen Sediments übrig bleiben. Es werden regelmäßige Analysen durchgeführt. Aufpassen sollte man in heißen Sommern, wie an jedem See, lediglich auf die zeitweise Bildung von giftigen Blaualgen.

Tiefer wird's nicht, aber auch nicht flacher: Niedersächsische Binnensegler dürfen in Zukunft mit genügend Wasser unter ihren Kielen rechnen. Im Sommer 2014 konnte erstmals die Wassertiefe gehalten werden. Segler, die blieben, wurden belohnt. Und so ist der Ausblick vielversprechend, nachdem eine niederländische Fachfirma wieder Schlamm zum Austrocknen in die Polder gepumpt hat. Überhaupt, die Niederländer und ihre Wasserbautechnik – von den Grachten bis zur Neuzeit: Die wasserbautechnische Infrastruktur in unserem Nachbarland ist vorbildlich und das Segeln in den Niederlanden ein großer Genuss.

Wunderbare Niederlande:
unterwegs auf der Staandemastroute

Ich mag die Niederlande: die Landschaft, die Menschen – ihren Sinn für Handel und Wasserwirtschaft. Besonders mag ich ihren Dialekt. Wir kommen ursprünglich aus Celle. Unser Hochdeutsch gilt als klar und rein; ohne Färbung, aber irgendwie auch ohne Farbe – und in absehbarer Zukunft wohl auch ohne schiffbaren Fluss. Die Aller wird kaum noch ausgebaggert und die Schiffsschleusen werden vielleicht ganz geschlossen. Unser

Nachbarland ist dagegen ein Wasserland. Dort lässt man Flüsse und Kanäle nicht versanden.

Unser Trailerboot setzen wir in Stavoren am Ijsselmeer ein, um über Binnenwasserwege bis nach Emden und weiter nach Bremen zu fahren. An der europäischen Nordseeküste sind Routen von West nach Ost meist günstiger. Sie folgen der Hauptwindrichtung. Auch im Sommer wird man zu 80 Prozent Winde aus westlichen Richtungen haben. Segelt man an der Küste, hat man zudem eine lange Tide. Deswegen setzt man ein Trailerboot stets im Westen ein, um nach Osten zu segeln. Dies gilt übrigens auch für die Ostsee. Wenn das Boot auf der Rückfahrt auf dem Trailer steht, ist die Windrichtung egal. Deswegen ist es ja auch mit einem Trailerboot bei sonniger Wetterlage kein Problem, in einem kurzen Urlaub weit nach Norden die schwedische Küste hinauf zu segeln, wenn man das Boot per Trailer wieder heimholt.

Nur haben wir zu Beginn unserer Hollandfahrt leider kein Sonntagswetter. Regenschauer und ganze 10 Grad. Es herrscht eben eine Nordwestlage. Aber wir sind richtig gut drauf. Vor uns liegt ein Abschnitt der Staandemastroute am Ijsselmeer mit 150 Kilometern Wasserwegen zwischen Stavoren und Delfzijl an der Emsmündung. Dabei gilt es, Schleusen und zahllose Brücken zu durchfahren – allesamt Klappbrücken. Der Mast kann stehen bleiben. Zwar haben wir eine Jüteinrichtung, doch das Legen und Aufstellen ist lästig.

Wenn ich ein Boot an Land stellen muss, habe ich schlechte Laune. Noch heute ist das so, wenn ich unsere vergleichsweise veritable *Fuchur* alle zwei Jahre in der Werft zur Überholung des Unterwasserschiffes zum Kran fahre, doch nach drei Tagen ist sie wieder im Wasser, wobei wenigstens der Mast nie gelegt wird. Ein Segelboot mit gelegtem Mast ist ein noch traurigerer Anblick. Der ganze Zauber ist dahin. Ein Boot zwar, aber mit einer Metallstange, die auf Bauhölzern liegt, mit einem Gewirr aus Metalldrähten und Leinen. Der Weg zum Vorschiff ist durch Sicherungsleinen zu den Püttingen behindert, doch die Spannleinen sind notwendig. Wer mal erlebt hat, wie ein liegender Mast im Seegang hin- und herrutscht, kann das nachvollziehen. Schlimmer noch als Seegang für ein Boot mit gelegtem Mast sind aber die steilen Wellen eines überholenden Schleppers. Jedenfalls, und das muss einem klar sein: „Mal eben zu trailern" ist nicht möglich. Bis ein Mast gelegt, verzurrt und später wieder segelfertig aufgestellt ist, vergehen ein paar Stunden. Und in der Kajüte ist bei all der Stauerei auch noch einiges zu erledigen, bis alles seetauglich wieder seinen Platz gefunden hat. Hier hatten wir aus Gewichtsgründen erst kurz vor dem Ziel Verpflegung besorgt, denn mein 60 PS schwacher Mercedes 200 D mühte sich redlich mit der schweren Fuhre.

In den nächsten Tagen schippern wir über den Morrasee, Fluessensee und Kanäle nach Workum. Wir sind das erste Mal außerhalb des Steinhuder Meeres. Und nun diese Wasserwelt! Herrlich. Das trübe Wetter mit seinen Schauerböen stört uns nicht. Auf diesen Binnenwegen können keine Wellen entstehen.

Von Workum fahren wir auf das Ijsselmeer hinaus. Der Nordwestwind hat sich abgeschwächt. Er pustet „nur noch" mit Windstärke 6. Hart am Wind segeln wir unter Sturmfock und gerefftem Großsegel zur Schleuse Kornwerderzand, um vom Ijsselmeer ins Wattenmeer zu gelangen. Unser Kielschwert mit 65 Zentimeter Tiefgang läuft gut unter der kleinen Segelfläche. Auf die Schleusung brauchen wir nicht lange zu warten – bei diesem Wetter ist keine andere Crew unterwegs. Dann wird auch die Autobahnbrücke nur für uns hochgeklappt. Ein erhebendes Gefühl. Auf dem Wattenmeer kommen wir im betonnten Fahrwasser gut voran. Irgendwie gehörten wir jetzt zur Yachtie-Szene. Dass wir Greenhorns sind, wird uns eine Stunde später schnell klar, als wir Harlingen erreichen.

Im großen Vorhafen wollen wir die Seeschleuse passieren und über den Harinxmakanaal der Staandemastroute weiter folgen. Zehn Yachten warten etwa 100 Meter vor der Schleuse. Wir warten als letztes Boot aber nur kurz in der Reihe und fahren vor, obwohl der Grundsatz gilt, dass Boote in der Reihenfolge des Ankommens im Vorhafen in die Kammer einfahren. Dann gehen die Tore auf und das Licht zeigt grün. Keiner fährt rein. Warum warten die anderen? Sind alle farbenblind? Na gut, wenn sie nicht wollen, ich will – und fahre los. Winken und Kopfschütteln von den anderen Skippern begleitet uns.

Dann holt mich das warnende Tuten eines Schiffshorns aus meiner Euphorie. Nein, die anderen waren nicht farbenblind, sondern ich war kurzsichtig: Zwei Schlepper ziehen ein großes Motorschiff vom Kai. Sie sind dabei, das Schwergewicht in die Schleuse zu bugsieren. Mit rotem Kopf schleiche ich an den anderen Yachten vorbei. Ich tröste mich damit, dass ich an solche Schiffsdimensionen vom Steinhuder Meer noch nicht gewöhnt bin. Dort gehörten wir mit 7,5 Metern Länge zu den Größten – hier sind wir die Kleinsten.

Die Route führt weiter auf Kanälen über Franeker und Leeuwarden. Wegen des Nordwestwinds konnten wir große Strecken segeln. Raumschots bläst der Wind in das Großsegel. Auf den Kanälen lassen wir die Fock unten, um bessere Sicht zu haben. Wir kommen durch Dörfer und Städte. Brücken öffnen sich. Das „Bruggegeld" werfen wir in die Holzschuhe, genannt „Klompen", welche die Brückenwärter zu uns herunterlassen. Manchmal übernachten wir direkt an den Ufern von kleinen Stichkanälen. Wir drehen dazu zwei spiralförmige Erdnägel in den Boden. Der Spinnakerbaum wird mittschiffs als Abstandshalter an eine Pütting angeschlagen und an die Uferböschung gesetzt, Vor- und Achterspring zu den Erdnägeln gelegt: Fertig ist der private Liegeplatz.

Nach der Schleuse von Dokkum segeln wir durch das Dokkumerdiep ins Lauwersmeer. Pricken führen sicher an den Untiefen vorbei. Ausgedehnte Schilffelder säumen das Ufer dieses eingedeichten Meeresarms. In der Marina von Oostmahorn bleiben wir eine Nacht, eingeleitet von einem Tauchgang. Der Impeller der Logge hat einen Schilfhalm eingefangen. Der Meeresarm, der 1969 eingedeicht wurde, ist von Schilffeldern gesäumt und weist jede Menge Ankerbuchten auf.

Wenn man schon mal hier ist, bietet sich ein Abstecher über die Prickenwege zur Nordseeinsel Schiermonnikoog an, die kleinste der fünf bewohnten niederländischen Nordseeinseln. Der Hafen ist im Sommer stets voll, die Insel ansprechend, hat aber nicht die hohen Sanddünen der ostfriesischen Nachbarn. Mehrere Niederländer berichteten mir, dass sie lieber die Sandhaufen östlich von Borkum besuchen. Und dann gibt es noch einen speziellen Skipper, ein Niederländer aus Norwegen, den es auch stets nach Ostfriesland zum Segeln zieht. Ich berichte seine Geschichte in einem anderen Kapitel.

Spannender an diesem Abstecher ist die Schleuse vom Lauwersmeer mit ihrer Klappbrücke über der Kammer. Sie wird während des Schleusens wieder geschlossen. So verstehe ich auch, warum in der Mitte kein Segelboot angelegt hat. Der Schleusenwärter steht aber immer bereit und ordnet das Bootspuzzle.

Die Staandemastroute führt weiter über Zoutkamp nach Groningen. Sie bietet kostenlose Liegeplätze an den Ufern und an kleinen Anlegern der Stichkanäle zu den Schleusen. Auf einem Kanal fährt man in Groningen mitten durch das Stadtzentrum – teilweise ist es sehr eng. Zwölf Brücken müssen dafür geöffnet werden. Das geht nur im Konvoi zu festgelegten Zeiten. Wir kommen um 17:30 Uhr, gerade noch pünktlich zur letzten Durchfahrt des Tages, an der „Plataanbrug" an.

Eine Brücke können wir noch passieren, dann liegen wir mitten im Stadtzentrum. Wir suchen nach einem Liegeplatz, um uns Groningen zwei Tage anzusehen. An der Kaimauer sind alle Plätze belegt. Nur einer ist noch frei, gerade groß genug für unser Boot. Doch das Anlegemanöver misslingt vollkommen. Unvermittelt wird *Lukthor* gestoppt: Von oben regnen Blätter und kleine Äste auf unser Deck. Wir haben uns mit dem Mast in einer Baumkrone verfangen, die über die Kaimauer ragt. Darum war dieser Platz noch frei. Ich habe vergessen, nach oben zu schauen. Schon wieder eine Peinlichkeit, aber ich bin ja erst im zweiten Lehrjahr. Unser Windanzeiger ist nun verbogen. Während von den anderen Booten Gelächter folgt, nimmt uns der Skipper einer Motoryacht ins Päckchen.

Die nächsten beiden Tage ziehen wir durch die Altstadt von Groningen. Sie ist lebendig und voller junger Leute. Auf einem maritimen Flohmarkt finde ich einen niederländischen Marinesäbel. Er sieht alt und echt aus. Viele Jahre hängt er zur Erinnerung an die Fahrt in unserem Wohnzimmer. Als ich mit *Paloma* ein niederländisches Schiff erwerbe, erhält der Säbel einen Ehrenplatz am Hauptschott.

Weiter geht die Fahrt nach Delfzijl. Wir passieren die Eemskanaalsluizen und haben freie Fahrt auf die Ems. Niedrigwasser in Emden, ein paar Seemeilen landeinwärts, war um 18:16 Uhr. Der Ebbstrom hat seine Kraft verloren. Es herrscht Nordwest 4 Beaufort. Auf der Ems erwarten uns allerdings kurze Hackwellen. Das ist typisch für die Konstellation „Wind gegen Strom", weil ich nicht den einsetzenden Flutstrom abwarte.

Fehnland: eine Binnenfahrt durch Ostfrieslands wilden Westen nach Bremen

Das Tiefdruckgebiet, das uns noch durch die Niederlande gepustet hat, ist weitergezogen. Ihm folgt mein Lieblingswind: Süd, 3 Beaufort, dazu blauer Himmel. Wir haben zwei Möglichkeiten, weiter nach Bremen zu kommen: entweder binnen oder buten. Außen herum, über die Ostfriesischen Inseln, wäre es ein schöner Törn. Doch nach den vorausgegangenen Erlebnissen ahne ich, dass ich als Skipper noch nicht fit bin.

In Jan Werners Wassersportführer der Nordsee habe ich einiges über das Fehnland gelesen. Die friesische Landschaft – südöstlich von Leer – ist durchzogen von einem Gespinst aus gezeitenabhängigen Flüsschen und Kanälen. Namen wie Leda, Jümme, Barsseler Tief, Dreyschloot, Hauptfehnkanal und Elisabethfehnkanal. Moore, Wiesen und kilometerlange Brombeerhecken säumen die Route. Auf ins Fehnland. Das klingt nach Feen, obwohl der Name mit diesen Märchenwesen nichts zu tun hat. Auf der folgenden Webseite findet man eine Landkarte, auf der alle Wasserwege beschrieben werden. Sie ist in einzelne Regionen unterteilt und eine hervorragende Informationsquelle für das Erkunden dieser Region auf eigenem Kiel.

http://www.nordwestreisemagazin.de/bootstourismus/
index.htm

Um ins Fehnland zu gelangen, fährt man die Ems strom-aufwärts. Wo die großen Pötte der Werft aus Papenburg durch-passen, sollte es auch für kleine Segler keine Probleme geben. Nach einer Nacht im Vorhafen von Emden starten wir bei Nied-rigwasser, um mit der auflaufenden Flut stromaufwärts zu den kleinen Sielhäfen zu gelangen. Da sind ein paar Sandbänke im Weg. Am rechten Ufer steuern wir den kleinen Ort Ditzum an. Schon vom Wasser aus gesehen ist er über alle Maßen reizvoll. Eine große Windmühle mit leuchtend weißen Flügeln, in der Ortsmitte ein Backsteinturm mit weißer Säulenspitze und grü-nem Kupferdach. Daneben Hausdächer und große Baumkronen, die sich hinter den Gründeich zu ducken scheinen. Segelboote liegen an einem Steg in der Einfahrt zum Sielhafen. Wir gehen an einem Fischkutter namens Annäus Bruns längsseits. Sein Kürzel DIT 2 weist Ditzum als seinen Heimathafen aus. Der Kutter sieht gepflegt aus, gar nicht wie ein Arbeitsboot, obwohl die Netze angeschlagen sind. Sein Rumpf leuchtet in strahlen-dem Weiß und sein Süllbord glänzt sogar mit klar lackiertem Holz. Mit einem Fischer wäre ich gerne mal rausgefahren, um seinen Arbeitsalltag kennenzulernen.

Hinter dem Deich führt ein Siel weiter. Siele dienen zur Entwässerung des Marschlandes und waren ehemals auch Wirt-schaftswasserwege zum Torfabbau im moorigen Hinterland. Alles erinnert an die nur wenige Kilometer entfernt liegen-den Niederlande. Rote Häuser. Weiß gestrichene Holzbrücken. Grünes Marschland. Den westfriesischen Küstenbewohnern in unserem Nachbarland steht hier manch einer näher als dem Bundesland Niedersachsen. „Unsere" Ostfriesen wollen ja be-kanntermaßen keinesfalls Sachsen sein, erst recht keine Nie-dersachsen. Diese Eigenständigkeit ist sympathisch. „Wir Frie-sen dulden nur den Herrgott über uns und sonst nichts auf der Welt." Auf dieses Credo angesprochen, wiederholt es mancher Friese in Platt. Wenn Friesen richtig loslegen, verstehe ich sie kaum noch. Mit dem Plattdeutschen der Heidedörfer hat ihre Sprache jedenfalls nicht viel zu tun.

Die Nordsee und ihre Naturgewalten haben viele Men-schen in Friesland geprägt. Die Regierenden im preußischen Berlin oder im Königreich Hannover waren weit entfernt. In gewisser Weise sind sie es noch heute. Und wer scherte sich schon im Angesicht von immer wiederkehrenden Stürmen und Sturmfluten, wo es ums nackte Überleben ging, um so zweitrangige Dinge wie höfische Etikette oder neuzeitliche Diplomatie? Wen interessierten Erlasse und Verordnungen in diesem weiten Land?

Näher stehen sich die Westfriesen in den Niederlanden, die Ostfriesen im nordwestlichen Niedersachsen bis zur Höhe von Spiekeroog-Ost mit seiner goldenen Linie, dem Längengrad, der Ostfriesland von Friesland trennt. Dann kommen die Butjadinger und ab Bremerhaven die Wurster Küste bis Cuxhaven. Auf der anderen Elbseite schließen sich die Dithmarscher an. Bis zur dänischen Grenze liegt das Land der Nordfriesen – und all diese Nordseefriesen, von der niederländischen Provinz Friesland bis zur dänischen Grenze, fühlen sich untereinander verbunden. Das ist es, das jahrhundertealte Band des Nordens, das alle Küstenbewohner schnell zum Du bringt, sobald ein nordischer Dialekt zu vernehmen ist. Hier zu segeln ist für mich immer noch etwas Besonderes.

Studiert man die Seekarte der Ems, fallen am westlichen Ufer die vielen alten Ortsnamen auf, die alle mit „-um" enden: Ditzum, Midlum, Jemgum, Bingum, um nur einige zu nennen. Wir fahren in die Marina Bingum. Man erreicht sie über einen Nebenarm hinter dem Bingumer Sand. Darin steht eine enorme Strömung. Doch im kleinen Hafen liegt das Boot still. Wir kommen zwei Stunden vor Hochwasser an. Am Nachmittag bettet sich der Rumpf im weichen Schlamm, als der Hafen trockenfällt. Ich schraube das Dachlattenkreuz der Maststütze zusammen, denn unser Mast muss nun gelegt werden. Zwar könnten wir noch bis Leer weiterfahren, aber dazu müsste die große Jann-Berghaus-Brücke öffnen. Ist sie geschlossen, beträgt ihre Durchfahrtshöhe 4,5 Meter. Weil wir ins Fehnland und weiter nach Oldenburg wollen, müsste spätestens in Leer der Mast gelegt werden..

Wir fahren geradewegs durch das Sperrwerk der Leda. Unser Faryman-Einzylinder schiebt uns den Fluss hinauf. Gezeitenabhängige Flüsse sind eines, aber diese schmalen Wasserwege haben so gar nichts Maritimes mehr. Zudem sind Leda und Jümme durch Kanäle verbunden. Wir wundern uns manchmal, dass unsere Stromrichtungsprognosen auf den Kopf gestellt werden und das Wasser in die andere Richtung fließt als erwartet.

Der Tidenhub so weit im Binnenland ist beträchtlich: 1,3 Meter in Stickhausen und 0,75 Meter im Hafen von Barssel. Über den Daumen gepeilt, kann das Revier mit Booten bis zu 1 Meter Tiefgang befahren werden. Die Tauchtiefen sind meist größer, aber bereits für den Elisabethfehnkanal werden 0,9 Meter als Tiefgang vorgegeben.

Im Fehnland gibt es zahlreiche Brücken. Eine besonders niedrige Brücke haben wir in der Karte übersehen und müssen den Mast von der Stütze nehmen, um hier durchzupassen. Auch die Sprayhood wird heruntergeklappt. Der Pegel zeigt 1,40 Meter Durchfahrtshöhe. Es blieben nur Zentimeter, denn wir kommen bei Hochwasser an. Diese Variablen sorgen in diesem Revier stets für Spannung.

Einen besonders schönen Platz finden wir an einem Steg auf der Jümme hinter Stickhausen. 100 Meter entfernt liegt ein Badesee mit Pommesbude, Abenteuerspielplatz und Fahrradverleih. Ein perfekter Platz für unsere Kinder. Wir sind das einzige Boot. Ringsum weite Wiesen mit glücklichen Kühen. Mohn und Kornblumen säumen die Wege.

Stimmungsvoll sind eine ganze Reihe von gemütlichen Gasthäusern mit eigenen Steganlagen. Möchte man einkehren, kann man vielerorts kostenlos über Nacht am Steg bleiben. Der Bootsverkehr ist so gering, dass jeder irgendwo unterkommt.

Der Elisabethfehnkanal ist nur 15 Kilometer lang. Eröffnet wurde er 1893. Er mündet in den stark befahrenen Küstenkanal, der weiter nach Oldenburg führt. So konnten Schiffe von der Weser über die Hunte zur Ems fahren. Als 1935 der Küstenkanal ausgebaut und bis zur Ems verlängert wurde, konnten auch größere Binnenschiffe diesen Weg nutzen. Mittlerweile sind auf dem Elisabethfehnkanal fast nur noch Sportboote unterwegs.

Wir kommen abends an und machen über Nacht vor der ersten Schleuse fest. Es ist ein idyllisches Plätzchen. Weites Wiesenland zieht auf Augenhöhe vorbei und mittendrin liegt eine kleine Schiffsschleuse aus dem 19. Jahrhundert mit ihren bunten Toren. Davon müsste man ein Bild malen. Eine schöne Vorstellung. Ich würde mit dem Boot ein paar Tage vor der Schleuse liegen bleiben, eine Staffelei ans Ufer stellen, diese Kulisse malen, den Blick über das weite Land schweifen lassen und mit den anderen Besatzungen klönen. Vielleicht mache ich das, wenn ich im Ruhestand viel Zeit habe.

Der Kanal ist freigegeben für Fahrzeuge bis 20 Meter Länge und 4,5 Meter Breite. Vier Schleusen werden passiert, alle mit Handbetrieb. Dazu kommen noch sieben Klappbrücken. Für die Durchfahrt muss man sich am Vortag telefonisch bei der Meldestelle in Edewecht anmelden. Morgens um 7 Uhr kommt ein Schleusenwärter vorbei. Zusammen mit fünf weiteren Booten fahren wir im Konvoi durch. Der Schleusenwärter fährt jeweils mit seinem Auto zur nächsten Schleuse oder Brücke voraus. Man kann ihm helfen und lernt so gleichzeitig die alte Technik der Schleusen kennen.

Als wir den Küstenkanal erreicht haben, liegt der Fehnkanal hinter uns. Die weitere Fahrt auf dem Küstenkanal ist dagegen ernüchternd. Schnurgerade führt er durch das Land. Von der Umgebung sieht man wegen der hohen Böschungen nicht viel. Interessanter wird es erst wieder in Oldenburg. In der Oldenburger Schleuse geht es 7 Meter abwärts. Dann bleiben wir zwei Tage am Steg des Oldenburger Yachtclubs. Die Stadt selbst ist durchaus eine Reise wert. Die Fußgängerzonen der Innenstadt sind bis in die späte Nacht hinein voll von jungen Leuten, die fröhlich durch die vielen Kneipen ziehen. Sie hat fast südländisches Flair, das man in der norddeutschen Tiefebene gar nicht erwartet.

Der Mast wird wieder aufgestellt. Die Hunte abwärts zur Weser ist mit ihren steinigen Uferböschungen einer der langweiligsten Flüsse, die ich kenne. Man kann aber auch sagen, es hat etwas Meditatives, hier entlangzuschippern. Wir fahren ungefähr vier Stunden nach Hochwasser in Oldenburg los. Bei Elsfleth kommen wir am Huntesperrwerk vorbei. Die Weser spült uns mit einsetzendem Flutstrom hinauf Richtung Bremen. Am linken Ufer vor Bremen-Blumenthal sehen wir bald einen gewaltigen Betonbau. Der U-Boot-Bunker Valentin erinnert an die dunklen Tage des Dritten Reiches. Es ist der größte Bunker Deutschlands. Ich bin kein Freund militärischer Anlagen, aber die Dimensionen sind beeindruckend. 426 Meter lang, 97 Meter breit, mit einer Betonstärke bis zu 7 Metern. Erbaut ab 1943, wurde er zu Kriegsende von englischen Bombern angegriffen. Er konnte nicht zerstört werden, aber das Baggerschiff, das am Durchstich in die Weser arbeitete, wurde versenkt. So wurde hier kein U-Boot mehr gebaut.

Später haben wir Gelegenheit, dieses gruselige Bauwerk von innen zu sehen. Darin wird das Theaterstück *Die letzten Tage der Menschheit* aufgeführt. Die Zuschauer wechseln innerhalb des Bunkers von einer Spielszene zur nächsten. Das Schauspiel ist bedrückend und die Atmosphäre im Valentin noch viel mehr: 13 000 Zwangsarbeiter mussten dieses Monstrum bauen. Man geht davon aus, dass bis zu 6 000 von ihnen dabei umkamen.

Auf ganz andere Weise stimmt uns der Anblick der ehemals berühmten Vulkan-Werft nachdenklich. Sie liegt in Bremen-Vegesack. Wir sahen noch das letzte große Schiff, das hier 1997 gebaut wurde. Im Jahr 2015 sieht es hier wieder anders aus: Die Lürssen-Werft baut Mega-Yachten. Es ist nie langweilig, an der Werft entlangzufahren. Diese Yachten benötigen allerdings eine Mannschaft und sind allesamt zu groß für die wunderbaren Liegeplätze, wie sie beispielsweise Spiekeroog bietet.

In Vegesack biegen wir links ab in die Lesum. Hier liegt *Der Weiße Schwan der Unterweser*, das ehemalige Segelschulschiff *Deutschland*. Am Steg des Seglervereins Unterweser machen wir fest. Zum Abschluss sorgt die Lesum mit ihrer starken Strömung noch dafür, dass ich einen Wellenschaden verursache.

Viel zu hektisch reiße ich den Gashebel zurück, um aufzustoppen: Beim Umsteuern von Vorwärtsfahrt auf Rückwärtsfahrt halte ich die Gedenksekunden nicht ein, die man braucht, bis die Welle zum Stillstand gekommen ist. Das Getriebe beschwert sich mit einem mürrischen Schlag. Der Gummidämpfer zwischen Getriebe und Properwelle ist für diese brachiale Belastung nicht ausgelegt: Er reißt mittendurch. Eine Stunde schwitze ich im engen Motorraum, bis das Teil ausgebaut ist. Glücklicherweise gibt es ein passendes Ersatzteil bei einem Händler in Vegesack.

Technik aus alten Zeiten: eine der Schleusen des Elisabethfehnkanals.

Die Industrieanlagen entlang des Weserufers ruhen des sumpfigen Bodens wegen teilweise noch auf Baumstämmen aus Celler Wäldern – meiner Heimat –, die auch die alten Werften in Bremen zum Schiffbau benötigten. Seit dem 14. Jahrhundert wurden Baumstämme aus dem Raum Gifhorn und Celle die Aller hinunter geflößt. Stehe ich am Ufer, versuche ich mir vorzustellen, wie die großen Transportflöße um die Kurve gestakt wurden. Das war harte Knochenarbeit. Selbst im Winter war so mancher Sprung ins kalte Wasser erforderlich, um ein festsitzendes Floß vom Ufer mit Seilen freizubekommen.

Und ich kann mich hineinversetzen in die Zeit, als sich die Männer darauf gefreut haben, der provinziellen Heide zu entkommen und in das internationale Leben der Hafenstadt einzutauchen. Mindestens drei Tage dauerte die Reise von Celle aus – manchmal eine ganze Woche: Im Jahr 1874 wurden 1950 Flöße verzeichnet, aber bis 1910 waren es nur noch 14. Bepackt mit Handelswaren aus fernen Ländern, die sie in den Häfen von den Schiffen kauften, zogen die Männer zu Fuß, per Kutsche oder später mit der Eisenbahn zurück in ihre Heimatdörfer.

Zum Ende des Ersten Weltkriegs kam die Flößerei auf der Aller zum Erliegen, nach und nach wurde auch die Frachtschifffahrt aufgegeben. Doch den Wasserweg gibt es noch. Schauen wir ihn uns im nächsten Kapitel genauer an.

53

Von Schleusen und Kanälen.

Selten befahrene Kanäle und Flüsse haben mit großen Problemen zu kämpfen, was die Schiffbarkeit und den Unterhalt der Schleusen angeht. Besonders viele dieser „vergessenen Wasserwege" finden wir im Norden. Wer mit wenig Tiefgang und gelegtem Mast unterwegs ist, kann hier Reviere erkunden, die ihresgleichen suchen. Hierfür benötigt man nur ein beherztes Zugreifen in den Schleusen. Jede Schleuse ist anders. Allein die Technik dieser Wasserbauwerke kann begeistern.

Viel zu groß wirkt beispielsweise die 165 Meter lange Schleusenkammer in Oldau, die um 1910 für große Frachtschiffe und Flöße gebaut wurde: Seit 1968 kam die gewerbliche Allerschifffahrt zwischen Verden und der Herzogstadt zum Erliegen. Nun legt im Sommer ab und zu ein Ausflugsschiff an, sonst herrscht hier Stillstand. Die Vereine machen sich Sorgen, dass ihr Revier von der öffentlichen Hand nicht mehr unterhalten wird.

Während an der Müritz im Netz von Seen und Kanälen die Freizeitschifffahrt floriert, stagniert sie an der Aller – eine schiffsgeografische Sackgasse. Der Heidefluss versandet auf

117 Kilometern schiffbarer Länge. Wer mehr als 70 Zentimeter Tiefgang hat, kommt nach regenarmen Wochen nicht mehr aus dem Celler Hafen. Maßgeblich für die Fahrt von Verden nach Celle ist die Computeransage des Pegels Rethem, wo die Aller ohne Staustufen frei fließt. Dann sind im Sommer bei einigen Sandbänken selbst 50 Zentimeter Tiefgang zu viel. Angst vor Schäden an den Propellern ist folglich ein Grund, warum Gäste nicht mehr stromaufwärts fahren. Dabei ist der Heidefluss mit herrlichen Sandstränden gesegnet – ein verwunschenes Wassersportparadies – aber nur oberhalb zwischen den Schleusen noch ausreichend tief für die meisten Boote. Doch ob diese Schifffahrtsstraße erhalten werden soll, darüber ist man sich schon in den anliegenden Landkreisen nicht einig.

In Oldau und Bannetze hat man die Allerschleusen auf Selbstbedienung umgerüstet; die Schiffstreppen in Marklendorf und Hademsdorf werden durch einen Schleusenwärter bedient. Die Wärter, die früher mit ihren Familien an den Staustufen wohnten, wechselten auf die Betriebsboote des Amtes oder in den Ruhestand. Am Beispiel der Aller wird deutlich, wie unterschiedlich die Balance zwischen Bilanzen und Bootfahrern ausfallen kann.

Der Aufwand der Unterhaltung von Wasserbauwerken an den 7 300 Kilometer langen Binnenwasserstraßen in Deutschland ist beträchtlich – die Anlagen sind im Durchschnitt 75 Jahre alt. Ob sie weiter unterhalten werden, richtet sich nach dem Bedarf. Besonderen Prüfungen unterliegen 2800 Kilometer Wasserstraßen, die nur noch touristisch genutzt werden: Je weniger Boote unterwegs sind, von denen Marinas, Werften und Gastronomie profitieren, desto weniger Befürworter für den Erhalt der Schleusen finden sich. Zwar wurden in Oldau die Stemmtore auf elektrischen Betrieb umgerüstet – das Ende der Kurbelei von Hand –, doch am Gemäuer der Kammer nagen seit dem Jahr 1912 bei jeder Flut 6 200 Kubikmeter Wasser. Das Wasser- und Schifffahrtsamt Verden kalkuliert den Betrieb und die Unterhaltung der alten Schleuse jährlich mit etwa 60 000 bis 70 000 Euro. Eine Grundinstandsetzung würde über 7,5 Millionen Euro kosten; den Neubau einer verkleinerten Schleuse kalkuliert man mit 5 Millionen.

Hooksiel: Nacheinander einfahren, paarweise festmachen, Fender auf beiden Seiten ausbringen. Ist die Kammer voll, folgt eine zweite Schleusung.

Von Schleusen und von Schiffen

Reger Verkehr herrscht dagegen auf dem Elbeseitenkanal. Als „Monsterschleuse" bezeichnen manche die Kammer in Uelzen – 23 Meter Hubhöhe wirken wie ein düsterer Schacht. Die Poller, die in den Wänden bei einer Bergschleusung nach oben wandern, stehen so weit auseinander, dass sie beim Belegen mit Bug- und Heckleinen nur für große Schiffe erreichbar sind. Sportboote machen mit Vor- und Achterspring mittschiffs fest, einen Schwimmsteg gibt es nicht. Keine Schleusenkammer in Deutschland überwindet einen größeren Höhenunterschied. Im Dezember 2006 wurde in Uelzen nach achtjähriger Bauzeit eine zweite Schleuse in Betrieb genommen. Die Baukosten betrugen 122 Millionen Euro. Die Kammern sind 190 Meter lang und 12,5 Meter breit.

Den ungeheuren Wasserbedarf haben Ingenieure früh als Problem erkannt und bei größerer Höhe Schiffshebewerke gebaut wie in Scharnebeck bei Lüneburg. Boote fahren in Tröge, immerhin 5 800 Tonnen schwer, die an 54 Millimeter dicken Stahlseilen hängen, verbunden mit 5 936 Tonnen schweren Gegengewichten. 36 Meter geht es dann abwärts, um bei Lauenburg in die Elbe zu gelangen – übrigens ist das für Sportboote kostenlos, wie bei allen Schleusen auf Binnenschifffahrtsstraßen: Segler- und Motoryachtverband bezahlen pauschal einen jährlichen Obolus.

Ortswechsel: Weil eine einzige „Kaiserschleusung" den Hafenpegel um 8 Zentimeter senkt, wurde in Bremerhaven für Sportboote die Schleuse *Neuer Hafen Lock* als Zufahrt zu den Hafenwelten und der Marina gebaut. Wenn sich die Fußgängerbrücke öffnet, wird einem auf Plattdeutsch per Bandansage „Nu ober mal runner von de Brück" zugerufen. Betrieben wird die Anlage im Schichtsystem von Kapitänen und Seglern im Ruhestand. Ihr Sprecher, Peter Burhorn (76), ist einer dieser Männer, die vom Wasser einfach nicht genug bekommen können: 1956 hat er als Schiffsjunge auf der Viermastbark *Pamir* angemustert, die Jahre später in einem Orkan bei den Azoren unterging. Seiner Freude an der Seefahrt hat das offenbar nicht geschadet: Als Kapitän auf großer Fahrt führt er immer noch Windjammer wie die neue *Alexander von Humboldt II*.

Die Schleusenwärter von Bremerhaven haben einen reizvollen Arbeitsplatz: Vom Turm blicken die Männer auf die Weser hinaus und schalten auf Grün, sobald Sportbootfahrer oder die Hansekogge *Ubena von Bremen* in den Vorhafen einlaufen. Hier muss niemand lange warten. In der Kammer gibt es komfortable Schwimmstege zum Festmachen – und die Passage ist kostenlos. Im Umkreis von ein paar Hundert Metern warten Schifffahrtsmuseum, Auswandererhaus, Klimahaus und Fischrestaurants. Als ich im März außerhalb der Saison vorfuhr, reichte ein Telefonanruf, dass ich in einer halben Stunde da wäre. Per Fernsteuerung wurden auf die Minute genau die Tore geöffnet. Auch das ist ein Zeichen, wie sehr man sich in Bremerhaven um Gäste bemüht, egal wie klein oder groß ihre Boote sind.

In die Jahre gekommen ist dagegen die große Seeschleuse von Wilhelmshaven an der Jade. Dank der Windkraftanlagenbauer will immer jemand durch und es bleibt trotzdem noch genug Platz für die kleinen Boote. Es lohnt sich, denn im inneren Hafen warten viele schöne Liegeplätze. Geöffnet wird für Segler – ebenfalls kostenlos – auch die große Kaiser-Wilhelm-Brücke.

Ein Wechsel zum Nord-Ostsee-Kanal: Noch über mehrere Jahre wird die kleine Schleuse in Kiel-Holtenau saniert. So lange müssen sich die dicken Pötte die Kammern mit Sportbooten teilen – Berufsschiffe haben Vorrang. Erst wenn sie festgemacht haben und ihre Verstellpropeller schublos drehen, dürfen Sportboote folgen. Steht Querstrom ihrer Bugstrahlruder in der Kammer, kann das einen Freizeitkapitän schon mal vom Kurs abbringen – manch einer kurbelt dann nervös am Rad. Bezahlt wird die Kanalpassage auf der Kaje mit rund 20 Euro.

In Hooksiel an der Jade passen zwölf Sportboote in die Schleuse. Dahinter liegt unser Heimathafen an einem idyllischen See mit Liegeplätzen, die in waldumstandenen Buchten skandinavisch anmuten. Die Werft Hooksiel hat stets regen Betrieb und sorgt für Arbeitsplätze. Ohne die Schleuse und ihre Straßenklappbrücke würden hier die Lichter ausgehen. Erheblich kleiner ist vergleichsweise die Sportbootschleuse von Harlesiel, in die nur zwei Boote passen. Bei der Liegeplatzwahl ist das durchaus ein Kriterium, wenn man abgleicht, wie sehr eine Anlage tatsächlich frequentiert wird. Schleusen sind eben mehr als wasserbauliche Anlagen: Ohne Schleusen keine Schifffahrt – ohne Schifffahrt weniger Touristen.

Es gibt eine ganze Reihe von Binnenwasserwegen, die ich sehr schätze. Wäre nicht das Mastlegen bei der kuttergetakelten *Fuchur* so aufwendig, würde ich wieder den Elbe-Lübeck-Kanal ansteuern. Aber die Eider mit der Passage zwischen der Schleuse Nordfeld und dem Gieselaukanal ist eine ganz wunderbare Route, die mit stehendem Mast befahren werden kann. Nachdem die Gieselauschleuse über einen Winter geschlossen wurde und die Wartungskosten beinahe zur Aufgabe der Anlage geführt hatten, ist sie jetzt wieder in Betrieb. Ich hoffe, für immer. Aber worauf ich mich ganz besonders freue: Eines Tages die 260 Schleusen zu meistern, die über die Mosel und die französischen Kanäle bis zum Mittelmeer führen. Der folgende Link zur Wasserstraßen-App informiert über rund 600 Schleusen inklusive Betriebsart, Einrichtungen für die Sportschifffahrt sowie Schleusenbetriebszeiten, Erreichbarkeiten und eventuelle Sperrungen.

 www.bmvi.de/DE/Service/DigitaleAngebote/digitale_ange-bote_node.html

Schleusen-Ralley: Es kann nur einen geben …

Der Segelsport hat eine rund 150-jährige Tradition. Wir verhalten uns untereinander wie Gentlemen. Segler sind im Gegensatz zu Eishockeyspielern auch im vollen Einsatz stets nett zueinander. Dazu gibt es geschriebene und ungeschriebene Regeln. Jeder kennt sie. Eine Regel besagt, dass man in der Reihenfolge des Eintreffens vor einer Schleuse hineinfährt. Das beachten fast alle. Wenn nicht, ist es ein Versehen. Man kann ja mal den Überblick verlieren – ein Schelm, wer Böses dabei denkt.

Doch wo beginnt eigentlich die Linie, bei deren Überfahren die Reihenfolge festgelegt wird? Auf der Fahrt über den Hooksieler Binnensee zur Deichschleuse erlebte ich folgende Szene: Es war ein sonniger Tag. Zum Hochwasser um 10 Uhr wollten wir zur Jade ausschleusen. Wie auf einer Perlenschnur gezogen fuhren wir mit 16 Booten unter Maschine hintereinander her. Sie kamen von den beiden Segelvereinen und der Marina. Jedem war klar, dass alle zum Ausschleusen wollten.

Die Distanz beträgt etwa 1 Seemeile und somit sollte die Reihenfolge bereits ebenso lange im Voraus feststehen. Erst in einer halben Stunde würde sich das Tor schließen. Außerdem: Maschinen danken es mit langem Leben, wenn sie langsam warmgefahren werden. Zwei bis drei Knoten über die erste Seemeile sind ideal, bis eine Betriebstemperatur des Kühlwassers von 80 Grad erreicht ist. Soviel am Rande für Nichttechniker, denn bis dahin ist halbe Kraft angebracht. Außerdem gibt es noch eine Geschwindigkeitsbegrenzung auf dem Binnensee von 4 Knoten, für die die halbe Nenndrehzahl stets reicht.

An achter Stelle fuhr ein kleines Küstensegelboot mit Außenborder und kam auf knapp 3 Knoten. Es fiel leicht zum Vordermann zurück, würde aber immer noch eine Viertelstunde vor der vollen Stunde die Schleuse erreichen. Dahinter folgten wir mit unserer Cumulant 3. Dann eine Etap 28, eine Hallberg Rassy und eine große Motoryacht. Das kleine Boot nicht zu überholen war Ehrensache. Doch plötzlich fuhr die Etap-Crew immer dichter auf uns auf. Scheinbar unbemerkt scherte sie nach Steuerbord aus der Flottille aus, dabei argwöhnisch von mir und anderen Skippern beobachtet. Unmerklich schob ich meinen Gashebel auch ein wenig vor. Der Etap-Skipper sollte eigentlich nur merken, dass Überholmanöver wenige Hundert Meter vor der Schleuse nicht angesagt sind, aber seine Bug- und Heckwelle gingen noch weiter auseinander: Die Etap hob ihren Bug aus dem Wasser und überholte alle.

Ich geriet in einen inneren Konflikt. Sollte ich ihm die Stirn bieten und zeigen, was der 42-PS-Diesel von *Paloma* leisten kann? Andererseits: Die Kühlwassertemperatur betrug erst 30 Grad. Auf den kleinen Küstenkreuzer war ich schon aufgefahren und die Blöße des Vordrängelns wollte ich mir nicht geben. Nein – cool bleiben, runterfahren. Als die Etap an uns und dem kleinen Boot vorbeizog, nahte auch von Backbord ein Konkurrent: Die Hallberg-Rassy setzte ebenfalls zum Überholen an und zog eine hohe Heckwelle nach sich. Als sie neben mir war, sah ich ihren Gashebel am Anschlag stehen. Das schien jedoch nicht zu reichen. Bedenklich bog sich der Hebel durch, als ihr Skipper noch mehr rausholen wollte. Seine kalte Maschine heulte gequält auf. Ein Segler auf seinem Liegeplatz an der Werft heulte ebenso gequält, als die hallbergischen Heckwellen sein Boot gegen den Steg knallen ließen. Als die beiden vorbeigezogen waren, kamen archaische Emotionen bei mir auf: „Rohr eins und zwei – klarmachen zum Fächerschuss – Torpedos marsch!"

Mittlerweile war die große Motoryacht ebenfalls aufgefahren, hielt sich aber zurück. Amüsiert betrachtete ihr Kapitän die Szene von der Höhe seines Steuerstandes. Äußerlich vollzog keiner der Akteure eine Miene. Etap- und Hallbergskipper sahen stur geradeaus, als hätten sie nichts von Ihren Überholmanövern bemerkt. Nur 30 Meter vor der Schleuse lagen beide Boote Bug an Bug. Unmittelbar vor dem offenen Tor kam es zum Showdown: Es konnte nur einen geben! Und die Etap machte das Rennen, zog als erste hinein – die Hallberg kniff. Ihr Skipper malträtierte das Getriebe bei der Umsteuerung von „Voll voraus" auf „Voll zurück". Mit hektischem Manöver fuhr er danach ein. Wir hatten Glück. Der Schleusenwärter rief uns per Lautsprecher zu, dass wir als letztes Boot noch mit durften.

Aus der Situation heraus war die ganze Flottille im Sog der Etap immer schneller gefahren. Einige hatten ihre kalten Maschinen hochgejagt. Und die Zurückgebliebenen? 20 Minuten mussten sie auf die nächste Schleusung warten. Vielleicht hatten sie dafür 20 Stunden gewonnen: So lange dauert der Einbau einer neuen Maschine.

Checkliste: Vom richtigen Schleusen

Schleusenfahrten sind aufregend – zumal, wenn man es noch nicht häufig gemacht hat. Daher hier eine Zusammenstellung der wichtigsten Schleusentipps:

1. Fluss- und Kanalfahrten wollen gut geplant sein: Sind alle Schleusen einer Route in Betrieb? Ein Anruf kann nicht schaden, bevor wir den Mast legen.
2. Einfahrt in die Schleuse: Einfahren erst bei grünem Licht, sofern für Sportboote keine Sondersignale mit einem weißen Licht vorgesehen sind. Bei geöffneten Toren und rotem Licht darf keinesfalls eingefahren werden. Der Schleusenwärter wartet eventuell auf ein Berufsschiff, das Vorrang hat. Oder die Untertore sind noch nicht in ihrer tiefen Position angelangt.
3. Autopilot: Wurde der Autopilot ausgeschaltet? Bei Stand-by kann ein Knopf versehentlich betätigt werden.
4. Tore: Öffnen sich Tore nach oben, wie bei der Schleuse Uelzen, empfindliche Geräte im Cockpit schützen – es kann viel Wasser von den Toren tropfen.
5. Wartezonen für Sportboote beachten: Besonders vor dem Nord-Ostsee-Kanal in Kiel und Brunsbüttel darf die Zufahrt nicht behindert werden.
6. Geduld: Schleusenwärter wissen, was sie tun. Unnötige Anrufe vermeiden. Wir werden gesehen – ganz sicher.
7. Bereits in den Wartezonen Fender und Leinen auf beiden Seiten ausbringen: Man weiß nie, an welcher Seite man

tatsächlich anlegen wird. Mit Anweisungen der Schleusenwärter ist zu rechnen – man sollte sie unbedingt befolgen.

8. Schlauchboot: Ein nachgeschlepptes Schlauchboot kurz auf das Heck binden. Es wird sonst beim Aufstoppen quer liegen und die Durchfahrt für Nebenlieger unmöglich machen.

9. Befinden sich Stege in der Schleuse? Wenn ja, wie hoch sind sie? In großen Schleusen liegen oft nur Baumstämme aus, an denen Fender bei Restfahrt nach oben rutschen. Dann müssen Fender auf der Wasseroberfläche schwimmen und das Boot konsequent an der richtigen Position aufgestoppt werden, sonst gibt es Schrammen. Befinden sich keine Stege in der Schleuse, muss ein scharfes Messer mit Sägeklinge im Cockpit zum Kappen von Leinen bereitliegen. Auch mir ist es bereits passiert, dass sich eine Leine bei einer Talschleusung an der Klampe verklemmt hat – dabei hing *Fuchur* mit dem Heck in der Luft und driftete mit dem Bug ab, der sich in Kürze in die Seite eines Motorbootes gebohrt hätte. Das Messer löste die Leine und damit das Problem.

10. In der Reihenfolge des Ankommens vor einer Schleuse einfahren: Überholen vor einer Schleuse ist tabu. Sind die Kammern breit genug für zwei oder mehr Boote nebeneinander, konsequent beide Seiten abwechselnd nutzen.

11. In der Kammer zügig so weit wie möglich nach vorne fahren und nicht bummeln – Nachfolgern fehlt sonst die Ruderwirkung, wenn das vordere Schiff schleicht.

12. Wenn es möglich ist, zur Schokoladenseite in Kombination mit dem Radeffekt anlegen: Bei unserem rechtsdrehenden Propeller legen wir möglichst an Backbord an, weil beim Aufstoppen das Heck zur Wand dreht. Wenn wir an Steuerbord anlegen, sollte die Heckleine sofort belegt werden, bevor das Heck unkontrolliert abdriftet und das Boot quer in der Schleuse liegt.

13. Kardinalfehler: Schon am Anfang der Schleuse anlegen und ein Crewmitglied die ganze Kammer neben

dem Boot herlaufen lassen. Das kostet Zeit und behindert Nachfolger. Zudem können Übergänge zwischen Schwimmstegen in den Schleusen für „Fußgänger" gesperrt sein.

14. Den richtigen Abstand halten: Stets bis auf 2 Meter auf den Vordermann auffahren und festmachen. Man weiß nie, wer noch folgt und Platz benötigt.

15. Anderen beim Festmachen helfen und kleinere Boote ins Päckchen an die Seite nehmen: Auch wir freuen uns, wenn uns in der Schleuse geholfen wird.

16. Wurfleinen parat halten: Ein echter Schleusen-Robin-Hood hat immer eine Wurfleine parat, um Quertreiber einzufangen. Daraus kann eine Freundschaft fürs Leben entstehen.

17. Die eigene Crew: Blickkontakt zum Steuermann halten. Auf dem Steg Leinen möglichst kurz im rechten Winkel führen und bei Schwimmstegen mindestens eine Spring einsetzen. Im Zweifel zunächst nur mit zwei Springleinen das Boot sichern.

18. Leinen fest, Maschine aus: Lärm und Abgase vermeiden. Das durchgehende Eindampfen in die Spring bei ständig drehendem Propeller und gelegtem Ruder ist eine Unsitte. Der Nachfolger hat nicht nur die Abgase in der Nase, sondern den Strom auf dem Bug und dadurch erhebliche Probleme, sicher anzulegen.

19. Berufsschiffe: Vor der Kammer warten, bis Berufsschiffe festliegen und ihr Schraubenwasser still ist. Erst wenn ihre noch drehenden Verstellpropeller kein Schraubenwasser mehr verursachen, sollte man einfahren.

20. Nicht überholen: Während der Ausfahrt wird niemals überholt. Boote legen in derselben Reihenfolge ab, wie sie festgemacht haben.

21. Bei gebührenpflichtigen Schleusen: Wassersportler haben eine Bringschuld. Wir warten nicht, bis uns der Schleusenwärter zum Bezahlen auffordert.

Ein literarischer Törn.

Auf den Spuren von Jules Verne, Edward Knights und
Erskine Childers unterwegs im Norden

Wie war das eigentlich im vorletzten Jahrhundert, als
die ersten Segelyachten aus Fischerbooten konstru-
iert wurden? Wir machen uns auf die Spurensuche:
Fahrtensegeln wie vor 130 Jahren, um Spuren einer vergangenen Epoche zu fotografieren. Dabei wird klar: Wer seinen Törn
mit einem Motto oder einer Aufgabe verbindet, findet viele
neue Geschichten und einen anderen Zugang zum Segeln.

Die Idee, einen Segeltörn im literarischen Kielwasser anzulegen, ist international. Keine historische Segelgeschichte ist
beliebter, als *The Riddle of the Sands* von Erskine Childers. So
sind fünf britische, irische, nordirische, niederländische und
deutsche Segler im Sommer 2016 mit 6,6 Meter kleinen Booten
vom Typ Drascombe an der deutschen Küste unterwegs, um der
Route der *Dulcibella* nach dem Roman von Erskine Childers
zu folgen.

Das Rätsel der Sandbank fasziniert wie eh und je. Ich treffe
sie in der Schleuse von Hooksiel. Und es ist klar, dass ich erfahren möchte, wie ihr Törn verlaufen ist. Ihre Antwort auf meine

Frage nach dem Grund ihres Segelabenteuers: „The Riddle oft the Sands? This is exactly, what we do!“ Ihre Erlebnisse schildere ich in meinem Buch *Von Booten und von Menschen*.

Rückblick: Im Jahr 1887 gibt es nur sehr wenige Segelyachten an deutschen Küsten, ganz im Gegensatz zu Großbritannien: „Eine Segelyacht aus Lübeck ist die einzige Yacht, die ich während meiner gesamten Reise in der Ostsee traf. Die Leute hier haben ein solch hervorragendes Segelrevier einfach nicht verdient!“ Dieser Satz stammt aus dem Buch von Edward Frederic Knight – *The Falcon On The Baltic*. Von London segelte er über den englischen Kanal, durch holländische Binnengewässer, über die Nordsee nach Wilhelmshaven und weiter von Tönning über die Eider und den damaligen Eider-Kanal nach Kiel. Dann in die Schlei und durch die dänische Südsee bis Kopenhagen. Sein Buch liest sich wie die Vorlage von Erskine Childers‘ *Rätsel der Sandbank*. Der erste Agentenroman der Literaturgeschichte, zu finden auf beinahe jedem Segelboot, stammt aus dem Jahr 1903. Doch wer oder was hat die Segler und Autoren des 19. Jahrhunderts angetrieben, Reisen an die Küsten des seit 1871 konkurrierenden deutschen Kaiserreichs zu unternehmen?

Noch vor Knight und Childers war ein weiterer Segler unterwegs: Jule Vernes segelt 1881 mit seiner dritten Yacht *St. Michel III* von Nantes nach Wilhelmshaven und von dort weiter nach Kiel. Zeitungen berichten allerorten über die Reise von Jule Verne: *20 000 Meilen unter dem Meer* hatten den damals 53-Jährigen zu einem berühmten Mann gemacht. Zweifellos zog das Buch jugendliche Nachwuchssegler in seinen Bann. Schelmisch nannte sich der Autor im Brief an einen Freund „Lupus Maritimus“ – „Seewolf“. Folgten 1887 der Brite Knight und um 1900 der Ire Childers seinem Kielwasser – angeregt von seinen Reiseberichten? Im Juni 2014 folgt eine französische Besatzung mit dem Nachbau von Vernes kleinerer Yacht *St. Michel II* seiner Route über die Nordsee, um Kiel zu erreichen. Wir trafen die Crew in Wilhelmshaven und durften uns an Bord umsehen.

Zurück zum Buch *The Falcon on Baltic:* Knight lobt das „ausgezeichnete Trinkwasser und das Betonnungssystem der

Deutschen", hält sie aber für unsportlich: „In keiner einzigen Sportart können sie den Engländern das Wasser reichen. Das mag an dem verdammten Bier liegen, das sie den ganzen Tag trinken, was ihre Muskeln schlapp macht." Britischer Nationalstolz schwingt mit, wer würde ihm das verdenken? Segeltörns dieser Zeit an deutschen Küsten sind untrennbar mit politischen Angelegenheiten verbunden. Die Briten sind zu diesem Zeitpunkt die Seemacht Nummer eins. Bisher zeigten preußische Landratten keine Neigung zu maritimen Experimenten. Doch seit Dänemark 1864 und Frankreich 1870 gegen Preußen militärische Niederlagen und empfindliche Gebietsverluste erleiden, werden hiesige Küsten mit Argwohn beobachtet. Man muss sich die Konkurrenz damaliger Mächte verdeutlichen, um die Spannung der Begegnung eines britischen Seglers mit deutschen Beamten gerade im aufstrebenden Wilhelmshaven zu verstehen: Seefahrt bedeutet gemeinhin Arbeit, Gefahr, Strategie, bestenfalls Regattasport. Ein Boot „nur zum Spaß" auf Langfahrt zu bewegen, ist nicht nachvollziehbar – eher verdächtig.

Eben deswegen gehörte Mut dazu, sich unter der Trikolore oder dem Union Jack ausgerechnet zum Marinestützpunkt von Wilhelmshaven zu wagen, und das nicht nur wegen der ungenauen Seekarten, wie es die Crew aus Eskine Childers *Dulcibella* beim Vermessen des Wattenmeeres im Rätsel der Sandbank erlebt. In diesem Zusammenhang stellt sich die Frage: Der Ire Erskine Childers, geboren 1870 und sicher mit den Werken Vernes vertraut, ist als dritter Segler um die Jahrhundertwende im deutschen Wattenmeer unterwegs. Sein Boot, die *Asgard*, ist an der ostfriesischen Küste bekannt. War er nur der Faszination des Wattenmeeres erlegen oder war er doch ein Spion? War er vielleicht nur ein Schmuggler? Weniger bekannt ist die Tatsache, dass er mit seiner Frau Molly kurz vor Ausbruch des Ersten Weltkriegs mit diesem Boot deutsche Waffen nach Irland transportierte. Ihre *Asgard* ist heute im National Museum of Ireland in Dublin ausgestellt.

Vergleicht man Lebensalter, Zeitgeschehen und Reiseberichte, so drängt sich der Gedanke auf, dass Childers von Jules Verne und von Edward Knight inspiriert wurde. Knight wiederum, britischer Segler, Weltenbummler, Jurist, Journalist und Schriftsteller, geboren 1852, wächst in Frankreich auf, wo Vernes Reiseberichte besonders populär waren. Die Segelreise Vernes ist nachzulesen auf der Internetseite des Kieler Canal-Vereins, auch wenn sie von seinem mitsegelnden Bruder geschrieben wurde. Sie enthält Segelberichte, Beschreibungen der Menschen und militärische Beobachtungen – diese Reise stellt folglich einen Meilenstein des Fahrtensegelns dar.

Die „Kaiserliche Werft" in Wilhelmshaven

2014: Mehr als 100 Jahre später folgen wir Jule Verne mit *Fuchur*, um Eindrücke mit der Kamera einzufangen. Das ist nicht leicht, denn in Wilhelmshaven fielen 90 Prozent der Stadt während des Zweiten Weltkriegs alliierten Bomben zum Opfer. Die Motivsuche beginnt mit einer Hafenrundfahrt. Der Schleusenwärter der Seeschleuse lässt uns hinter der Vidar einfahren, einem gewaltigen Schwimmbagger mit absenkbaren Stelzen für die Montage von Windkraftanlagen auf hoher See. Am tiefen Schwimmsteg, ähnlich den Schleusen im Nord-Ostsee-Kanal, gibt es trotz des dicken Potts jede Menge Platz.

Danach dürfen wir „ohne Ordonanz" in den Hafen einlaufen. Das war bei Jule Verne noch ganz anders. Er segelt zusammen mit seinem Bruder Paul Verne, einem französischen Marineoffizier: Auch wenn es keine Belege für Spionageversuche gibt, so verwundert es nicht, dass ihr Antrag zum Besuch der Werft abgelehnt wird. Andererseits: Kriegsschiffe kann man nicht verstecken und Wilhelmshaven ist kein verbotenes Areal.

Das Einklarieren ist umständlich – die Etikette zwingend einzuhalten: Am nächsten Morgen gehen die Verne-Brüder an Land, werden von einem uniformierten Herrn zum Admiralgouverneur geleitet, 2 Kilometer entfernt. Erst dort erhalten sie einen schriftlichen Befehl, um beim Hafenkapitän vorstellig zu werden: „Kapitän Möller, in Uniform, den Säbel an der Seite, erhält von unserer zugeteilten Ordonanz die schriftliche Order des Admirals." Er bewilligt darauf das Einlaufen in den inneren

Hafen und die *St-Michel III* wird im ersten Hafenbecken festgemacht.

1887 segelt Knight mit der *Falcon* auf der Route von Jules Verne in die Ostsee. Aber er wählt ein kleineres Boot mit wenig Tiefgang, „um all die wunderbaren kleinen Häfen und Buchten der einheimischen Fischer anlaufen zu können". Aufgewachsen in Frankreich, ist es sehr wahrscheinlich, dass er sich mit Vernes Reise befasst hat. Knight kommt über die Niederlande nach Delfzijl, will von dort direkt Tönning anlaufen. Doch schlechtes Wetter führt ihn über die Osterems ins Watt. Mehrfach läuft er auf – und schließlich folgt er einem Küstensegler durch das Labyrinth der Sände. Wie später Erskines Romanheld Davies mit der *Dulcibella* steuert auch Knight mit der *Falcon* Norderney an, damals schon ein mondänes Seebad „vor der Küste Hannovers", das er im Juni „noch leer und trostlos vorfindet". Vor den ostfriesischen Inseln segelt er auf offener Nordsee weiter bei widrigen Winden, ankert notgedrungen vor Baltrum und Wangerooge, schielt neidisch zu Ankerliegern im Schutz von Wangerooge-Ost, findet aber wegen fehlerhafter Seekarten nicht den richtigen Prickenweg in die blaue Balje – ein schwieriges Sandbanklabyrinth, denn Minsener Oog existierte noch nicht: „Passagen zwischen den Sänden werde ich künftig meiden. An einer Küste wie dieser sollte man das Schicksal nicht herausfordern."

Vielleicht ist es dieser Satz in Knights Törnbericht, der Erskine Childers zu eigenen Kursen ins ostfriesische Wattenmeer und letztlich zu seinem Agentenroman Rätsel der Sandbank inspiriert? Vieles spricht dafür – zu ähnlich sind die Routen. So fällt es nicht ins Gewicht, dass die Crew der *Dulcibella* 1903 bereits durch den neuen Kaiser-Wilhelm-Kanal fährt und keinen Abstecher nach Wilhelmshaven unternimmt: Das hatte auch Knight nicht vor, aber notgedrungen rettet er sich wegen eines nahenden Sturmtiefs dorthin. Auch heute noch ziehen viele Fahrtensegler von den ostfriesischen Inseln direkt bis Cuxhaven durch, ohne die Jade anzulaufen.

Knights erster Eindruck von Wilhelmshaven: „Docks von beachtlicher Größe, ein paar einsame Wachposten mit Regenpelerinen – die Stadt ist einer der deprimierendsten Orte, die ich je besucht habe." Doch dann beschreibt er die neuen Gebäude, die großen Parkanlagen, die breiten Straßen; glaubt an eine blühende Stadt, wenn sie einst genügend Einwohner hat. Er trifft zuerst auf einen freundlichen Zollbeamten, der ihm beim Einklarieren hilft, und darf dann kostenlos liegen.

2014: Die erste Hafenenge begrenzen gegossene Betonfundamente neben älteren gemauerten Anlagen der ersten Bauphase. Steuerbords ist Platz am leeren Kai vor der Kaiser-Wilhelm-Brücke, gleich gegenüber eine einzigartige Kulisse: An der Ruine der „Südzentrale" zeichnet sich am Giebel der Schriftzug „Kaiserliche Werft" ab. Das Kraftwerk wurde 1908 gebaut, um die Werft mit Strom zu versorgen. Die Ruine strahlt den Geist der Geschichte aus. In der Abendsonne sind wir allein auf dem weiten Gelände. Man meint, sie noch hören zu können: die Niethämmer, die Flüche der Kohlenschipper, die heulenden Turbinen und die röhrenden Schiffsdiesel: Nach dem Ersten Weltkrieg trieben U-Boot-Diesel die Generatoren des Kraftwerks an. Rostige Treppen führen in finstere Katakomben, ewig nicht mehr bediente Kranhaken hängen von den Decken. Drei Fledermausarten, die man hier im Kellergewölbe im Winterschlaf entdeckt hatte, konnten den Abriss des charismatischen Gebäudes nur kurz verhindern. Im August 2015 wurde es abgerissen.

Früh auf den Beinen ist Rüdiger Mahr, seit 1981 Herr über 700 Tonnen Eisen: Er und vier seiner Kollegen öffnen die doppelte Drehbrücke, und zwar kostenlos von 7 bis 18 Uhr. Wer an den Bontekai oder zu den inneren Yachthäfen möchte, ruft einfach an. „Früher zählten wir hier 500 Masten, hatten Ladeverkehr und eine Werft; jetzt sind es noch 120 Boote. Wir freuen uns über Leben im Hafen." Mahr erklärt die technische Meisterleistung, den Absenkmechanismus der Brückenlager, die neuen falschen Nieten, die tatsächlich Schrauben mit Rundköpfen sind. Und dann zeigt er auf Einschusslöcher aus dem Zweiten Weltkrieg. Von der Mannschaft wird auch die Deichbrücke und die Rüstringer Brücke für Boote geöffnet, die über den Ems-Jade-Kanal weiter nach Aurich und Emden wollen.

Unerwartet haben wir Glück: Eine klassische Yacht mit ellenlangem Klüverbaum und der Trikolore am Heck läuft gerade ein. Wir ahnen nicht, dass der Nachbau von Jules Vernes zweiter Segelyacht *St. Michel II* gerade jetzt auf seiner historischen Route nach Kiel unterwegs ist. Verne nutzt als Bauvorlage seiner zweiten Yacht einen Zollkutter: 13,27 Meter lang, Segelfläche 150 Quadratmeter, Gewicht 19 Tonnen, 2,25 Meter Tiefgang. Seine Segelreise tritt er 1881 allerdings mit der wesentlich größeren Dampfsegelyacht St. Michel III an, die mit rund 30 Metern Länge beinahe nicht durch die Schleusen des damaligen Eiderkanals nach Kiel gepasst hätte.

Seine Nachfahren, die Segler der *Association Nantaise pour la Sauvegarde du Patrimoine Maritime et Fluvial* mit ihrem Präsidenten Alain Doare aus Nantes, freuen sich über den Empfang. Mit an Bord ist auf der Jade ein deutscher Lotse, Mitglied des Bremerhavener Jules-Verne-Clubs. Die Kajüte des Nachbaus ist vom Heck bis zum Bug vollkommen offen: Kojen an der Seite, eine kleine Messe, ein Kartentisch, einfache Pantry, kaum Schapps. Nur der Toilettenraum ist als Separee ausgeführt.

Verne und Knight erlebten die Stadt im Aufbau, geplant von Militärstrategen, angelegt im Schachbrettmuster. Daran hat sich im Zentrum bis heute nichts geändert. Damals gab es wenige Einwohner, „aber ein Postamt so groß, dass es für ganz London ausgereicht hätte", schreibt Knight. Die Steine zum Stadtbau kamen aus einer gewaltigen Ziegelei aus Varel, neben Hooksiel zu damaliger Zeit der einzige Seehafen an der Jade. Jahre zuvor, 1853, laufen diesen Hafen noch rund 650 Schiffe an – mehr Schiffe als Hamburg damals im Jahr verzeichnete. Das ist unser nächstes Ziel.

Auf dem Weg nach Varel

Den Törn nach Varel kann man angenehm gestalten: Mitten im Jadebusen lassen wir uns vor dem Prickenweg zum Leuchtturm Arngast auf festem Sandgrund außerhalb der Naturschutzzone trockenfallen. Seit 1909 steht das 36 Meter hohe Seezeichen auf 112 Holzpfählen in der Nähe der ehemaligen Kirche des Dorfes

Arngast, das in der Clemensflut vom 23. November 1334 weitgehend zerstört wurde. Die Kirchenmauern widerstanden noch lange den Wogen und stürzten erst 1613 ein.

Am Abend führt der Kurs mit auflaufendem Strom weiter durch das vielleicht schönste Wattfahrwasser der friesischen Küste zwischen hohen Schlickbänken nach Varel, kein Problem mit 1,30 Tiefgang. Zweieinhalb Stunden vor Hochwasser bis eine Stunde vor Hochwasser stehen die Tore offen. Wer davor warten muss, fährt den Kiel einfach in den weichen Schlick, so warten hier die Kutter. Notgedrungen folgen wir ihrem Beispiel. Die Rücklaufleitung des Motors ist gebrochen. Ich löte die Leitung über dem Gaskocher und baue sie wieder ein. Solche Probleme hatten Knight und Childers nicht – sie fuhren ohne Maschine.

Idyllisch liegen die Häuschen mit ihren kleinen Gärten am Vareler Tief, lecker ist das Essen im Brauhaus – Gastliegeplätze sind gleich davor. Am anderen Ufer ist ein Kuriositätenmuseum, das Spijöök, mit einem russischen „Zwei-Mann-Atom-U-Boot" vor der Ausstellungshalle, angeblich eingetauscht gegen einen alten Golf II. Geboten werden skurrile Gegenstände aus der friesischen Seemannswelt.

Am nächsten Tag segeln wir in die Nordostecke des Jadebusens zum Anleger von Eckwarderhörne. Pittoresk erscheinen die vier großen Träger der Seebrücken am ländlichen Ufer, die 1956 aufgegeben wurden. Wie Mammuts stehen sie im Watt, das Tragwerk fehlt. Hier endete die Butjadinger Eisenbahn aus Nordenham. Es soll auch ein Artilleriefort gegeben haben. Seinerzeit war man bestrebt, Häfen mit Kreuzfeuerbastionen zu sichern. Verne erwähnt die „von ungeheuren Batterien beherrschte Enge der Kieler Bucht mit 500-Kilogramm-Kanonen, die Preußen 1867 zur Weltausstellung in Paris präsentierte". Vier Forts schützten auch die Wesermündung. Und eben da segeln wir hin – zur Festungsinsel Langlütchen II, dem deutschen Fort Boyard. Entsprechend dem damaligen Seefestungsbau ist sie oval angelegt, aber niedriger als das französische Pendant.

Der Kurs führt von der Jade über die Kaiserbalje um die Halbinsel Butjadingen herum. Als Zwischenstation bietet sich der abgelegene Yachthafen von Fedderwardersiel an: Ein Pegel an der Einfahrt zeigt die Wassertiefe der Barre.

Die Festungsinsel Langlütchen II am Suezpriel gegenüber der Stomkaje von Bremerhaven.

Man sollte nicht zu früh vorfahren, weil dann noch der Strom durch die enge Einfahrt ins Hafenbecken läuft und man recht schnell fahren müsste, um Ruderwirkung zu haben.

Weiter durch das Watt und dann über die Weser segelt man bis vor die Stromkaje von Bremerhaven, um im Suezpriel vor Anker zu gehen: Dort liegt man in unmittelbarer Nähe der Inselfestung. Zum Einsatz ist ihre Besatzung allerdings nie gekommen – die französische und britische Flotte blieb fern. Dieser Ankerplatz hat eine eigenartige Atmosphäre: In der Ferne leuchten die Lichter des gigantischen Containerhafens, im Hintergrund liegt die maritime Ruine. Sie wirkt unheimlich, besonders nachts, wenn der Wind durch ihre Gewölbe heult. Langlütchen II liegt allerdings in der Watt-Schutzzone und darf nur noch im Rahmen von geführten Wattwanderungen von Nordenham aus betreten werden.

Und wie ist es den Fahrtenseglern aus dem vorletzten Jahrhundert weiter ergangen? Als 1881 Jules Verne in Deutschland auf eigenem Kiel unterwegs ist und den ersten deutschen Kriegshafen in Kiel erreicht, gilt sein Augenmerk nicht dem Schreiben an Bord. Auf See will sich Verne entspannen, anpacken, den Kopf frei bekommen. Er musste den Klüverbaum abbauen, um in die Schleusen des ehemaligen Eiderkanals zu passen.

Detaillierter beschreibt Knight seine Erlebnisse: Etwa den Dampfschlepper an einer Eisenbahnbrücke auf der Eider, den die Eisenbahngesellschaft stellen muss, damit Frachtsegler sicher durch die enge Durchfahrt kommen. Ein Service, der sich mit zunehmender Motorisierung erübrigt. Knight nimmt kein Blatt vor den Mund, wenn ihm etwas stinkt, „wie die Berge von Fischresten von Eckernförde", und warnt mit drastischen Worten vor der Cholera-Gefahr. Ein paar Seiten weiter berichtet er wieder humorvoll über die Fischer von Maasholm, „einem Ort, in dem es nur fünf Nachnamen zu geben scheint, weil alle seit Generationen untereinander heiraten, um das Familienvermögen beisammenzuhalten. So heißen 30 Männer Peter Maaß. Mit dem Beiboot segelt und rudert er von Maasholm nach Schleswig, nicht ohne hie und da auf ein Glas Bier einzukehren. Knights Kurs führt ihn durch die dänische Südsee bis Kopenhagen und er freut sich, wenn er dabei eine Yacht entdeckt – „meist ein britischer Import".

Wir werden dem Kielwasser von Verne, Knight und Childers weiter mit der Kamera folgen. Es gefällt uns, historische Orte anzusteuern, einsam zu ankern – irgendwo an abgelegenen Gestaden, an denen einst Menschen arbeiteten. Vielleicht suchen wir genauer nach den Fundamenten der ehemaligen Telegraphenstation von Wangerooge, von der nur der Name der Telegraphenbalje erhalten geblieben ist. Die optische Lichtzeichenkette führte hinauf bis nach Bremen. Sie meldeten den Reedern die ankommenden Schiffe. Wo standen ihre Türme?

Ein besonderer Ort ist auch der alte Hafen von Spiekeroog. Hier, wo einst Menschen arbeiteten, wird nie wieder ein Zug fahren. Die Gleise verschluckt der Sand. Man kann erahnen, was übrig bleibt und wie sich die Natur wieder ihren Platz zurückerobert, wenn der Mensch weicht.

Sommerwiese auf Birkholm: Boote am Hafen liegen im hohen Gras.

Kommt der Wind eigentlich immer von vorn?

Die Dänische Südsee

D ie Ostsee war in den ersten Jahren meine maritime Lehr-
meisterin. Sie hat mir gezeigt, dass man einen Segelurlaub
nach der Großwetterlage und nicht nach dem Reiseführer
planen sollte. So halte ich es auch heute noch. An Bord befinden
sich immer Seekarten für den gesamten maximalen Urlaubsradius.
Gesegelt wird nach Lust und Laune – und dem Wetter –, nicht nach
Plan. Nur mache ich in der Ostsee eine Ausnahme, denn es gibt
eine Insel, zu der es mich alle Jahre wieder zieht: Birkholm.

1997 bescherte ein stabiles Sommerhoch. Im August
schipperten wir das erste Mal mit *Lukthor II*, einer englischen
Mirage 28, dahin, wo Dänemark am schönsten sein soll: In die
Dänische Südsee. Was für schöne Namen verheißt die Südsee:
Bora Bora, Moorea, Tahiti.

Unsere Ziele hießen Marstall, Aerosköbing, Söby – und eben Birkholm. Aber auch in Dänemark gibt es blaues Wasser über weißen Sandbänken. Zu der Zeit plante ich den Törn schon wochenlang im Voraus, um auch ja alle Ziele zu erreichen – ohne Rücksicht auf das Wetter. Viel zu oft wurde deswegen gegen den Wind gebolzt. Das ist ein Fehler, besonders wenn man als Familie reist. Heute entscheiden wir erst beim Ablegen, wohin der Törn tatsächlich führt.

Zum ersten Mal nach Birkholm

Aus dem Logbuch von Luhkthor II

Kurs Neustadt – Fehmarn

Wetter Nordostwind 4-5. Einzelne Schauerböen. Ich zeige den Kindern die Steilküste von Bliesdorf. In dem Ort vor Grömitz haben wir drei Jahre gewohnt, nur wenige Hundert Meter vom Strand entfernt. Doch meine Söhne hatten dafür keinen Blick. Lukas ist seekrank. Thorben hängt auch in den Seilen. Wir vergessen Fehmarn. Laufen ab nach Grömitz. Positiv: kurzer Weg zum Bummeln über die Strandpromenade. Negativ: Musste „Tagesstrandkarte" für 5 DM kaufen. Wer denkt sich denn so was aus?

Grömitz – Fehmarn

Immer noch Nordostwind 5. Am Kap von Dameshöved unangenehme Kreuzseen. Lukas ist wieder seekrank. Spüre selbst ein Grummeln im Bauch. Erreichen Yachthafen Burgtiefe. Liegen im Rondell. Regen und Kälte. Am Strand nichts los.

Burgtiefe – Orth

Obwohl unser Mast nur 12 Meter hoch ist, scheint er kaum unter der Fehmarnsundbrücke durchzupassen. Orth ist wunderschön. Viele Plätze frei. Günstiger Imbiss und ein gemütliches Restaurant. Flache Badebucht auf der anderen Seite des Damms mit seinen Liegeplätzen und vom Boot 10 Meter entfernt. Sichtbare Historie des alten Getreidehafens von Fehmarn: Kaiser-Wilhelm-Denkmal und Bahnschienen im Kopfsteinpflaster am Kai.

Auf unserem Törn überquerten wir die Kieler Bucht und segelten weiter in die Schlei. Vor Kappeln fuhr ich mit Volldampf durch ein treibendes Seegrasfeld, woraufhin der Propeller komplett eingewickelt war. Notgedrungen ankerten wir und ich tauchte unter das Schiff. Nach erfolgreicher Reinigung ging die Fahrt weiter Richtung Flensburg. In der Geltinger Bucht fiel erneut der Anker, denn hier lockte klares Wasser zum Schnorcheln. Auf dem Grund entdeckte ich Hunderte von Seesternen und Krabben, dazu üppige Seegraswiesen. Eine Nacht verbrachten wir in Glücksburg, einem malerischer Yachthafen. Nur der Strand ist ein Blender: Er sieht einladend vor dem Hochwald aus, besteht jedoch aus scharfen Muschelresten und glatten Steinen im trüben Wasser. Das war der schlechteste Badeplatz unseres Törns. Vier Tage nach meinem Schnorchelgang vor Gelting ankerten wir in der gegenüberliegenden Bucht von Kegnaes.

Nach der Umsegelung von der Westspitze von Aerö blieben wir zwei Tage in Söby. Dann folgte Aerosköbing. Die Märchenstadt Christian Andersens ist wunderschön. Weil wir noch vor dem Mittag einliefen, bekamen wir einen guten Liegeplatz. Das Highlight der Reise war aber der Abstecher in den kleinen Inselhafen von Birkholm durch die schmale Rinne und die noch schmalere Hafeneinfahrt. Traumhaft gelegen, autofrei, sogar mit frischem Brot und offener Ladenkasse in einem winzigen Verkaufsraum. Eine heile Welt, voller Vertrauen.

Die Insel haben wir auch 1998, 2006, 2013 und 2016 wieder angelaufen. Alles fühlt sich so skandinavisch, eben Bullerbü-Pippi-Langstrumpf-mäßig an. Wenn es ein Stück vom Paradies aus guten alten Inselzeiten gibt, dann ist es hier. Die kleinen Häuser, die im Kreis um einen Froschteich stehen, der wohl ursprünglich ein Feuerlöschteich und zugleich ein Trinkwasserreservoir war ... Überhaupt, die dänischen Bauernhöfe mit ihren Auslagen auf an den Wegen aufgebauten Tischen: Es gibt selbst gekochte Marmeladen, Kartoffeln und Gemüse; manchmal auch Flohmarktartikel und Keramik.

Im schmalen Fahrwasser von Marstall nach Birkholm

Ein Skipper berichtete die folgende Geschichte: „Weil wir lauthals ein Seemannslied von Hans Albers schmetterten, habe ich nicht auf das Echolot geachtet – deswegen sind wir aufgebrummt. Beim UKW-Anruf an Lyngby-Radio mit der Bitte um Schlepphilfe durfte ich die Prüfungskenntnisse meines neuen Funkscheins nutzen." Es ist ihr erster Urlaubstörn mit einer Forgus 31, als sie sich am dritten Tag „im Meer der Schwäne" festfahren. In den Flachwasserzonen zwischen den Inseln tummeln sich Hunderte davon. So lernen sie die Morton-Brüder als „blaue Engel von Birkholm" gleich persönlich kennen. Die Insulaner ziehen sie mit ihrem Fischerboot von der Bank. Sie tauchen ein in eine neue Welt, die sich nur auf den ersten Blick kaum vom bisherigen Campingurlaub im Wohnwagen unterscheidet und doch so anders ist: Bewegung statt Statik. Für sie gibt es noch keine Routine. Hafenmanöver, Navigation, Ankern ... Jeder Tag schüttet ein Füllhorn von Erfahrungen über ihnen aus. Auf der Überfahrt von Maasholm nach Marstal war bei leichtem Dunst bis zum Horizont kein Land in Sicht. So also fühlt es sich an, das Abenteuer allein in der Weite der See.

Von Marstall über Fehmarn zurück nach Neustadt

Marstall – Fehmarn

Warum muss der Wind immer von vorne kommen, wenn man eine längere Seestrecke vor sich hat? Morgens um 09:00 Uhr Südostwind 2, 12:00 mittags 5-6. Kurs 150 Grad. Segeln an der Kreuz mit bis zu 30 Grad Lage. Lukthor II läuft prima. Den Jungen geht es überraschend gut. Keiner seekrank. Um 20:00 Uhr Leinen fest im Hafen von Orth. 54 Seemeilen gegen den Wind, 11 Stunden Fahrtzeit. Ich bin stolz, den Jungs war langweilig.

Ich musste Boden gutmachen. Im Piratennest hatte die Familie freie Auswahl zwischen Seeräuberschnitzel, Seelachsfilet, frischer Scholle, Nachtisch satt, Cola und frisch gezapftem Bier. Das bedeutete Ebbe in der Urlaubskasse, aber die Crew war versöhnt. Bis nach Neustadt mussten sie auf jeden Fall noch mit. Doch wie sollte es anders sein. Am nächsten Tag drehte der Wind auf seine Lieblingsrichtung in der Lübecker Bucht. Ein frischer Südwest blies uns entgegen. Der „Südseetörn" hatte suggeriert, mit leichten Winden gemütlich segeln zu können. Die Bilanz war anders. Drei Urlaubswochen entweder Flaute oder kräftiger Wind von vorne. Schon wieder 36 Seemeilen unter Motor bis Neustadt gefahren.

Mit ein wenig besserer Törntaktik hätte die Fahrt angenehmer verlaufen können. Heute gibt es im Internet Seiten von Windfinder oder Wetteronline, da sieht das schon besser aus. Besonders bei Ankernächten blieb uns manche Überraschung mit „Starkwind auf Legerwall" erspart – Möglichkeiten, an die man vor 20 Jahren noch nicht denken konnte.

Flüche und fliegende Gischt vor Wismar

Die Freude am Fahrtensegeln kann man verlieren, wenn der Wind genau auf dem Bug steht. „Hättest du nicht schon lange den Motor anwerfen können?", fragte meine Frau irgendwann. „Und überhaupt. Bei diesem ständigen Knallen am Rumpf hält es unten keiner aus."

Auf dem Kurs von Rostock nach Wismar hatten wir viel Zeit beim Kreuzen verschwendet. Ich hatte meinen Spaß dabei, aber unser Kimmkieler läuft eben nur 50 Grad Höhe am Wind. Ich träumte vor mich hin, als ich mechanisch die nächste Wende fuhr. Der Baum kam über. Durch das killende Großsegel schlug er hin und her. Zu spät nahm ich die Großschot dicht und warnte meine Frau nicht, die sich zu weit aufgerichtet hatte. Sie bekam den Baum vor den Kopf. Das tat weh, aber sie hatte Glück – keine Platzwunde.

Als wir auf Höhe der Halbinsel von Wustrow waren, knurrte allen der Magen und der Wind hatte auch wieder zugelegt. Üble Hackwellen. Klug wäre es gewesen, jetzt hinter der Halbinsel im Salzhaff vor Anker zu gehen. Aber ich wollte meinen Kopf durchsetzen und nur noch durch. „Reißt euch zusammen", rief ich in die Kajüte. „Noch zwei Stunden, dann sind wir in Timmendorf." Aber wenn die Crew schon längst jeglichen Spaß verloren hat und stundenlang an die Kojenwände gedrückt wird, können zwei weitere Stunden verdammt lang werden. Es sollte ja ein Urlaubstörn sein, keine Ozeanüberquerung.

Auf diesem Törn hatte ich den typischen Anfängerfehler begangen: Einen einmal gefassten Törnplan einzuhalten und gegen den Wind anzubolzen, anstatt abzuwarten oder das Ziel zu ändern. Hier hätten wie beispielsweise nach Gedser ablaufen können. Und wenn es denn sein muss: Keine stundenlange Kreuzerei, sondern konsequent den Motor anwerfen und die Zeit des Bockspringens über Wellen verkürzen.

In Timmendorf, dem kleinen Hafen auf der Insel Poel, musste ich alleine anlegen. Die Crew meuterte. Niemand kam raus und belegte die Leinen. Als ich meinen Kopf vorsichtig durch die Vorluke steckte und um Verzeihung bat, hätte ich beinahe meine Finger eingebüßt. Rumms – die Luke war dicht. Verständlich, nach meiner ganze Reihe von Fehlern.

Am nächsten Morgen kam die Sonne heraus. Traumhaftes Freiluftfrühstückswetter. Ich hatte frische Brötchen besorgt, Eier gekocht, Blümchen auf den Tisch gestellt. „Soll ich euch ein Taxi rufen oder möchtet ihr noch mit an den Strand? Schaut mal, da hinten an der Steilküste sind so schöne kleine Sandbuchten." Meine Familie verzieh mir. Wir blieben fünf Tage in Timmendorf. Bei leichtem Wind segelten wir quer über die Lübecker Bucht. Gegen Mittag frischte es innerhalb einer Stunde auf Stärke 6 auf. Doch er kam von achtern und die Wellen hatten ihre weißen Kronen aufgesetzt. Hin und wieder brachen die Kämme hinter unserem Heck, aber sie schoben uns nur sanft vor sich her. „Hey, da hinten auf dem kleinen Motorboot. Ich glaube die winken uns zu." Tatsächlich. Ein fünf Meter kurzes Motorboot mit großem Außenborder. Eines dieser Gleitboote, die ich so schätze.

Also Wendemanöver und hingesegelt. Die Wellen waren mittlerweile anderthalb Meter hoch und das Motorboot rollte gefährlich. Ein Ehepaar saß darin, beide nur mit Badesachen bekleidet. Sie wurden beim Angeln vom zunehmenden Wind überrascht und als sie zurück wollten, sprang ihr Motor nicht mehr an. Signalmittel? Fehlanzeige. Kein Funk, keine Signalraketen – lebensgefährlicher Leichtsinn in einem Boot, das keinen kentersicheren Kiel hat.

Es war klar, dass wir sie abschleppen mussten. Unser Schiff als Rettungskreuzer. Das ist eine gute Tat, verbunden mit einem spannenden Manöver – und meistens bedanken sich die Leute noch mit der besten Flasche Wein aus der Bootskiste. Das ist nicht nötig, aber nett – der „halbe Schiffswert" ist ja längst nicht mehr üblich. Dieses Mal gab es sogar zwei Flaschen Whisky – und wer mag die schon ablehnen? Mit unserer längsten Leine verbunden, zogen wir das Motorboot mit 3 Knoten bis nach Neustadt.

Für Segelboote gelten keine Fahrpläne

In späteren Jahren werteten wir Wetterlagen zusammen aus und besprachen die Alternativen. Die beste Strategie bei langen Etmalen: Ich lege schon früh gegen 3 Uhr ab und genieße das Segeln in den Sonnenaufgang. Wenn die Crew dann munter wird, ist es nicht mehr weit bis ans Ziel. Wenn das Wetter gar zu schlecht ist, fahren Frau und Kinder mit der Bahn nach Hause. Einmal ließen wir das Boot zum Urlaubsende in einem Hafen liegen und segelten es erst an einem verlängerten Wochenende zurück.

Gleiches gilt für die Anreise: Warum nicht mit kernigen Kerlen, die Meilen fressen wollen, weite Ziele ansteuern, und die Familie kommt per Flieger oder Fähre nach? Wenn wir Südschweden ansteuern, ist die Fährverbindung Travemünde – Trelleborg eine Option zum Nachreisen. So lassen sich weitere Ziele planen, solange kleinere Kinder noch nicht seefest sind.

Fahrten zum Winterlager.

Elbe-Lübeck-Kanal / Elbe-Seitenkanal / Mittellandkanal

Fahrten zum Anfang und Ende jeder Segelsaison haben ihre eigenen Stimmungslagen. Im Frühjahr freuen wir uns auf den Sommer an Bord, der Herbst bringt mit seinem goldenen Licht die Uferlandschaft zum Leuchten. Fahrten ins Binnenland können so schön sein, wenn man mit gelegten Mast Reviere erkundet, die einem sonst verborgen bleiben.

Neustadt / Travemünde

Die Segelsaison war zu Ende. Die Parkplätze des Hafens füllten sich mit abgestellten Booten. Es war nicht mehr viel los in der Ancora-Marina in Neustadt an der Lübecker Bucht. Über die Ostsee blies ein frischer Wind. *Lukthor II*, unsere Mirage 28, sollte ins heimatnahe Winterlager. Über die Trave wollte ich durch den Elbe-Lübeck-Kanal, die Elbe und den Elbe-Seiten-kanal nach Wittingen.

Am Nachmittag legte ich den Mast. Beim Anlegemanö-ver unter dem Mastenkran hätte ich fast eine Kollision ver-ursacht. Der Wind kam von der Seite. Ich musste die Mirage in Fahrt halten, um Ruderwirkung zu haben. Dummerweise war ein dichtes Feld mit Seegras direkt vor den Kai getrieben. Als ich den Rückwärtsgang zum Aufstoppen einlegte, war der Propeller sofort verkrautet und somit wirkungslos. Die 4 Tonnen Gewicht von *Lukthor II* trieben unvermindert auf das Heck der ersten Yacht an der Kaje zu. Ich riss die Pinne her-um. Der Skipper der nächsten Yacht bemerkte meine Notlage. Als ich längsseits an ihm vorbeitrieb, fing er meine Heckleine auf und belegte sie auf seiner Klampe. Gemeinsam zogen wir mein Boot an den Steg. Badehose, Taucherbrille, Küchenmes-ser, Wassertemperatur um 8 Grad. Unter Wasser sah ich, dass der Propeller Ähnlichkeit mit einer Kohlroulade hatte. Erfri-schend ist das Seglerleben. Es sollte nicht mein letzter Tauch-gang an diesem Tag bleiben.

Nachdem ich mich etwas aufgewärmt hatte, warf ich die Leinen los und fuhr über die Lübecker Bucht nach Travemün-de. Brav tuckerte der Einzylinder-Diesel vor sich hin. Gegen 20 Uhr würde ich in Lübeck für die Nacht anlegen. Ich freu-te mich auf Bratkartoffeln und ein Feierabendbier. Es war fast dunkel, als ich die Hafeneinfahrt von Travemünde ansteuerte. Somit lag wieder eine Segelsaison auf der Ostsee hinter und ein bootloser Winter vor mir. Doch Zeit für schlechte Laune gab es nicht. Groß und mächtig schob sich der Bug eines Fähr-schiffes aus der Trave und es blieb nicht viel Platz zum Molen-kopf des Wellenbrechers. Dicht fuhr ich um die Mole herum. Die drei Männer auf der Mauer sah ich nur aus den Augenwin-keln, so nahm ich auch nur am Rande wahr, dass sie plötzlich hin und her sprangen und die Arme hochwarfen,. Einer schrie: „Man sieht sich immer zweimal, du Arsch! Dein Boot merke ich mir!" Meinte er mich? Im selben Moment verlor mein Boot an Fahrt. Die Logge ging von 5 auf 1 müden Knoten zurück. Der Faryman-Diesel lief jedoch unbeeindruckt weiter. Schiet!

Das waren Angler und mein Propeller hatte drei Angelgeschirre eingesammelt. Erst jetzt sah ich ihre Angelrouten, die sich so durchbogen, als hätten sie einen Wal gefangen. „Das ist eine Schifffahrtsstraße und kein Karpfenteich!", rief ich zurück. „Wie soll ich bei der Dunkelheit eure Posen erkennen?" Damit machte ich zwar meinem Ärger Luft, aber trotzdem kaum noch Fahrt voraus. Bei anhaltend 1 Knoten hätte die Fahrt nach Lübeck bis zum Morgengrauen gedauert. Nun würde ich schon wieder einen Tauchgang einlegen müssen. Eine Meile weiter fiel in der Pötenitzer Wiek der Anker. Ringsum alles zappenduster. Nebel stieg auf. Mittlerweile war es 21 Uhr. Die Wassertemperatur hatte sich seit Neustadt nicht verändert. Mein „Badethermometer" zeigte weiterhin erfrischende 8 Grad. Zuerst setzte ich heißes Wasser auf – für eine Wärmflasche und einen Grog. Wer denkt schon an ein kaltes Bier bei einem nächtlichen Tauchgang im November?

Es war sehr spannend, in völliger Düsternis, nur mit einem Kartoffelmesser unter eine Yacht zu tauchen. In meiner Fantasie lauerten am Grund der 7 Meter tiefen Ostseebucht allerlei Kreaturen. War ich vielleicht nicht mehr Segler, sondern Futter? Nach 10 langen Minuten bekam ich die Schraube endlich frei. Piekser der Angelhaken merkte ich kaum, denn im kalten Wasser verloren die Hände schnell jegliches Gefühl. Schlapp zog ich mich zurück an Bord. Die Badeleiter hinaufzuklettern war im Sommer immer leicht gewesen – jetzt lernte ich, wie schnell man seine Kraft verliert, wenn einen die Kälte so richtig im Griff hat. Das war kein Spaß mehr. Rund zwei Stunden dauerte es, bis mich Grog, Wärmflasche und Schlafsack wieder auftauten. Auf Angler und ihre tückischen Schnüre achte ich seither jedoch genau und halte gezielt Ausschau nach ihren kleinen Posen, den kleinen Schwimmern der Angelleinen.

Um 5 Uhr klingelte mein Wecker. Verschlafen fuhr ich die Trave weiter stromaufwärts. Bisher hatte ich keine Erfahrungen mit der Fahrt auf Flüssen bei Nacht gesammelt. Nun wollte ich es ausprobieren. Ein geeignetes Revier, denn die Trave ist hervorragend befeuert. Wer Nachtfahrten üben will, sollte es hier versuchen. Ab dem Europakai ist der Schiffsverkehr gering, ebenso wie die Abstände zwischen den Tonnen. Man wird sich wundern, wie anders alles bei Nacht aussieht. Ich übersah minutenlang die riesige Herrenbrücke und rätselte dann, wo ihre Durchfahrt lag.

Wunderschöner Elbe-Lübeck-Kanal

Gegen 7 Uhr zog dichter Nebel auf. Aber da war ich bereits auf dem Stadtgraben in Lübeck. Hier konnte man sich nicht verfahren. Noch ein kurzes Stück auf der „Kanaltrave", dann kam ich an der ersten von sechs Schleusen auf dem Elbe-Lübeck-Kanal an. Er ist 66 Kilometer lang und hat eine überaus reizvolle Uferlandschaft: Pappelalleen, kleine Dörfer und einsame Bauernhöfe. Die Wartezeiten vor den Schleusen waren kurz. Zum Mittagessen legte ich in Mölln am Ziegelsee an. In der Mitte des Sees eine rot-grüne Tonne, ihre Farben verblasst. Konnte es die Ansteuerungstonne sein? Doch weit gefehlt. *Lukthor II* schob die Kimmkiele auf eine Schlammbank. Mühsam schaffte es der Diesel, das Boot wieder frei zu bekommen.

Eine der schönsten Liegemöglichkeiten Norddeutschlands findet man auf der weiteren Fahrt am Prüßsee. Bei Kilometer 37,3 führt ein schmaler Stichkanal hinein. Darüber liegt eine 4,30 Meter hohe Brücke. Das ist übrigens ein durchschnitlicher Wert vieler Brückenhöhen auf Nebenwasserstraßen. Ein Freund hat eine Motoryacht mit Flybridge und Geräteträger. Bei einer Höhe von 5,20 Meter käme er hier nicht hinein. Und auch den Hadelner Kanal von Bremerhaven über Bad Bederkesa zur Elbe könnte er nicht befahren. Jedenfalls besteht der Prüßsee aus mehreren Seen, die von hohen Bäumen umstanden sind. Wenn man nicht in der Marina liegen möchte, kann man schon vorher am Steg von einem der Waldseen festmachen. Ich kam hier zum Sonnenuntergang an und legte mich zu einer Motoryacht ins Päckchen. Sogleich machte ich mich zum Hafenbüro auf: Alles verschlossen, niemand anzutreffen. Ein Sturm zog auf. Wind und Regenböen pfiffen durch die Baumkronen. Ringsum alles zappenduster. Gruselig und gemütlich zugleich, weil auf diesem winzigen

Waldsee keine Wellen entstehen konnten. Gegen 21 Uhr hörte ich ein Geräusch am Boot. Ein Kratzen an der Bordwand. Dann ein schauriges Klopfen. Vorsichtig öffnete ich die Schiebeluke vom Niedergang. Eine Hand umklammerte die Reling, aber ohne Haken dran: „Mir entgeht keiner", sprach mich der Fremde an. Es war der Hafenmeister und der dachte wohl, dass ich nicht zahlen wollte. Alle Achtung, dass er zu so später Stunde im Regen durch den dunklen Wald zum Kassieren kam. Ich hätte das Liegegeld sonst vor der Abfahrt in seinen Kasten geworfen. Die Bringschuld ist selbstverständlich. Denn erstens sind Liegegelder Ehrenschulden und zweitens möchte ich wiederkommen, ohne den Namen meines Bootes auf einer schwarzen Liste zu finden.

Weil es am nächsten Morgen immer noch stürmte und regnete, konnte ausgeschlafen werden. Erst gegen Mittag fuhr ich weiter und kam bis zur Schleuse in Lauenburg. Es war die letzte Passage. Mein Glück, denn am nächsten Tag wurde der Lübecker Kanal wegen Reparaturen an den Schleusen für 14 Tage geschlossen. Seither rufe ich bei Fahrten auf kleinen Schifffahrtswegen vorher an und erkundige mich. An diesem Tag wollte ich noch das Schiffshebewerk am Elbeseitenkanal passieren.

Eine andere Geschichte erlebte ich auf dem Elbe-Lübeck-Kanal zwei Jahre später an der Schleuse von Witzeeze. Es war Anfang April auf der Überführungsfahrt mit *Leviathan*. Von Hannover aus ging es mit unserer 10 Meter langen Reinke Taranga, einer Stahlyacht, über den Mittellandkanal und den Elbe-Seitenkanal zur Ostsee. Zur Übernachtung machten wir an einem Dalben vor der Schleuse fest. Abends hatte es geregnet, aber nachts kam ein Wetterumschwung mit Temperaturen weit unter dem Gefrierpunkt. *Leviathans* Ölofen am Schott bullerte vor sich hin. Schlaftrunken krabbelte ich am nächsten Morgen aus dem molligen Schlafsack. Ich wollte vom Cockpit aus nur einen kurzen Blick auf die Schleuse werfen und sehen, ob die Einfahrt schon freigegeben war. Ein Tritt auf die Cockpitbank, schon gab es keinen Halt mehr an Deck. Alles war spiegelglatt vom Eisregen. Die Beine in der Luft, landete ich auf der Reling und fiel über Bord. Die hauchdünne Eisdecke durchbrechend, schlug das Wasser über mir zusammen: Wo ist oben und unten? Warum bin ich hier? Warum ist es so kalt? Was für ein Schock!

Ich flog aus der warmen Muffmolle per Flickflack über die Reling direkt in den eiskalten Kanal. Hektische Schwimmzüge zur Badeleiter. Schnell zurück an Bord und ab in die warme Kajüte.

Diese Erfahrung war äußerst lehrreich. Sie bewies mir schon zwei Tage später, dass auch negative Erlebnisse ein Gewinn sein können, denn beim Maststellen fiel mein Leatherman-Multitool ins Neustädter Hafenbecken. Ich hing sehr dran; hatte ich doch damit schon drei Boote überholt. Es war sozusagen mein täglicher Begleiter. In 5 Metern Tiefe leuchtete das Kombiwerkzeug auf dem Grund. Gut zu sehen im klaren Eiswasser der aprilfrischen Ostsee. Nach meinem Schleusensturz wusste ich: Man kann einen Tauchgang bei 1 Grad Wassertemperatur überleben, er darf nur nicht lange dauern. Also los. Badehose und Taucherbrille an und über die Badeleiter langsam ins Wasser. Autogenes Training: „Sonnengeflecht strömend warm." Was man sich doch alles einreden kann! Wer das im Eiswasser beherrscht, schafft es überall. Ein Tauchgang reichte aus. Das Leatherman leistet mir noch heute gute Dienste.

Weiter zum Winterhafen nach Wittingen: Auf der Elbe ging die Fahrt mit der Strömung flott voran. Nach einer halben Stunde fuhr ich in den Elbe-Seitenkanal ein. Vor dem Schiffshebewerk Scharnebeck brauchte ich nicht warten, die ganze Maschinerie setzte sich nur für mich in Bewegung. *Lukthor II* war das einzige Boot. Dauer mit Ein- und Ausfahrt nur 20 Minuten. Der Hebevorgang dauerte 3 Minuten. Kosten? Keine. 38 Meter höher verläuft die Kanalfahrt bis zur nächsten Stufe der Schleuse Uelzen. Im Dunkeln war es jetzt aber nur noch eine kurze Strecke bis in den Hafen von Lüneburg. Mein Handscheinwerfer, der an das Bordnetz angeschlossen wurde, leistete gute Dienste.

Monsterschleuse Uelzen: Bergschleusung über 23 Meter

Am nächsten Tag fuhren wir durch den „Heide-Suez" bis zur Schleuse bei Esterholz hinter Uelzen. Ebenfalls ein imposantes Bauwerk. In den Wänden gleiten die Poller nach oben. Es gibt keinen Schwimmsteg, wie im NOK oder in Bremerhaven. Dummerweise liegen die Poller sehr weit auseinander. Sie sind für Binnenschiffe ausgelegt. Als Sportbootfahrer macht man darum nur mit Vor- und Achterspring an nur einem der Poller mittschiffs fest. Ich kenne die Technik dieser Schleuse nicht, aber jedes Mal strömte das Kanalwasser mit anderer Geschwindigkeit ein. Hatten die Schleusenwärter es in der Hand, wie weit sie die Schieber öffneten?

Dieses Mal war es besonders arg. Am Bug schoss das Wasser hoch. *Lukthors* Vorschiff wurde zur Seite gedrückt. Die Vorleine war zum Zerreißen gespannt. Glücklicherweise hielten Leine und Bugklampe. Achtern wurden die Fender plattgedrückt. Der aufliegende Mast schabte an der Schleusenwand. Erfolglos versuchte ich, das Heck abzudrücken. Am Masttop brachen Windex und Funkantenne. Selber schuld. Ich hätte sie abbauen sollen.

Grundsätzlich konnte ich froh sein, dass die Mirage 28 nur einen 10 Meter langen Mast hatte. Aufgetakelt stand er sonst direkt auf dem Deck. Ich achtete beim Bootskauf immer darauf, weil diese Konstruktion Vorteile hat. Bei *Lukthors* Bootslänge von 8,6 Metern ragte der Mast darum vorne und hinten nicht weit über das Boot hinaus. Yachten mit langen durchgesteckten Masten, noch dazu in Sieben-Achtel-Takelung, haben auf Binnenfahrten enorme Nachteile: Mit einem um 2 bis 4 Meter längeren Mast, der viel weiter über das Heck hinausgeragt hätte, wäre der Bruch unvermeidlich gewesen. Schon einfache Ablegemanöver von Schleusenwänden sind erheblich schwieriger.

Den Mast weit vorne überstehen zu lassen versperrt dagegen die Stege. Aus der Lautsprecheranlage kommentierte der Schleusenwärter unsere angeblich dilettantischen Manöver. Die anderen Sportboote hatten ähnliche Probleme. Schon bei der Einfahrt wurde von oben gemäkelt, weil alle Schiffe an der Backbordseite der Schleusenkammer anlegten. Doch eigentlich war das egal, denn nur vier Boote warteten auf die Schleusung. Somit gab es jede Menge Platz. Zudem war kein Binnenschiff darunter. Welche Freundlichkeit und Hilfsbereitschaft hatte ich bisher von anderen Schleusenwärtern erfahren!

Die weitere Fahrt führt an Bodenteich vorbei. Hier gibt es eine kostenlose Liegestelle für die Nacht. Der verschlafene Ort ist mit seinem Kurpark und den Restaurants durchaus sehenswert. Am Ölhafen von Wittingen liegt gegenüber sogar ein Sportboothafen mit Slippbahn. Ein Schrotthändler hatte seinen Platz neben dem Hafen. Er besaß einen alten Autokran mit 8 Tonnen Tragkraft und hob *Lukthor II* am nächsten Tag aus dem Wasser. Heute würde ich mein Boot allerdings nicht mehr so einfach einem Kran ohne Zulassung und ungeklärter Versicherungslage anvertrauen (siehe dazu mein Bericht über den Kranunfall von Rusbend im Buch *Mein Boot ist mein Zuhause*).

Die Seehunddame Roberta hat den Jollensteg der Segler-Vereinigung Cuxhaven für sich reklamiert. Man lässt sie gewähren, ist sie doch sechs Monate die Attraktion aller Wassersportler.

Begegnungen mit Tieren.

Schweinwalsichtung an Weserstrand

Sind Hochseesegler durch Wale, Delfine oder Meeresschildkröten verwöhnt, so scheinen eindrucksvolle Tierbegegnungen an heimischen Küsten auf den ersten Blick selten zu sein. Wenn man jedoch genau hinschaut, sieht man sie. Und manche Begegnungen treffen mitten ins Herz.

Schon einen Schmetterling, der sich zu uns an Bord verirrt hat, nehmen wir auf dem Meer ganz anders wahr als an Land. Auf See teilen wir unseren begrenzten Lebensraum mit ihm. Besorgt schauen wir, dass der kleine Flattermann nicht aufgescheucht wird. Unser Blick folgt ihm, wenn er sich wieder in Wind und Wellen verliert. Doch warum hat ein Schmetterling meine Yacht von Norderney bis Hooksiel einen ganzen Tag begleitet? Warum folgte mir ein kleiner Seehund bei Minsener Oog wie ein anhänglicher Welpe? Und warum „retteten" Schweinswale in der Elbmündung einen über Bord gefallenen Seemann?

Haie in der Ostsee? Position 54° 18.30 N / 011° 07.80 E

Es war an einem heißen Tag im August. Mit unserer Segelyacht *Leviathan* waren wir auf dem Weg von Orth auf Fehmarn nach Neustadt. Mit der letzten Brise war die Reinke Taranga unter der Fehmarnsundbrücke hindurchgesegelt. Auf der freien Ostsee schlief der Wind ein, das Meer lag da wie Blei. Eine spiegelnde Fläche. Wir entschieden uns, den Dekompressionshebel zu ziehen, und so liefen wir 2 Meilen vor der Küste von Großenbrode langsam aus. Nun herrschte absolute Ruhe, selbst die Möwen hielten den Schnabel.

Mit meinem Sohn schwamm ich um das Boot. Wir spielten „Toter Mann". Dann sahen wir die beiden Rückenflossen kommen. Zwei Dreiecke zogen nebeneinander auf uns zu, sie waren nur noch 20 Meter entfernt. Der Fluchtinstinkt setzte ein, aber bis zur Badeleiter war es zu weit. Klare Gedanken gewannen schnell die Oberhand. Die Finnen wackelten nicht hin und her wie die Rückenflossen bei Haien. Vielmehr bewegten sie sich auf und ab. Und es kamen Geräusche dazu – das Schnaufen aus Blaslöchern. Es waren Schweinswale. In diesem Teil der Ostsee hatte ich sie nie gesehen. Vermutlich aufgrund unserer leichten Schwimmbewegungen und konstanten Atmung erkannten sie, dass wir keine Artgenossen waren, dass wir nicht verletzt waren und sie uns folgerichtig nicht „retten" mussten. Sie blieben ungefähr fünf Minuten abwartend in unserer Nähe, wie um sicherzugehen. Dann schwammen sie mit Kurs auf Fehmarn weiter. Ergriffen von der Begegnung, kletterten wir zurück an Bord.

Wangerooge-Ost: ein Heuler aus der Dunkelheit

Es passierte, als ich mit *Paloma* das erste Mal trockengefallen war. Vor Wangerooge lag ich an der Ostseite der Insel an der Telegraphenbalje. Es war kurz vor Sonnenuntergang. Noch drei

Stunden bis Niedrigwasser. Meine 11 Meter lange Stahlyacht stand auf ihren Kimmkielen. Nur noch 20 Zentimeter Wasser. Ich krempelte die Hose hoch und stieg die Badeleiter hinunter. Prima, so ein riesiges Trockendock im Watt. Ich kann mitten in der Saison ohne Kran nach dem Rechten sehen.

Während ich ein paar Seepocken vom Propeller kratzte, hörte ich plötzlich ein trauriges „Wuuh". Im Priel schwamm ein Heuler. Er mühte sich gegen den Ebbstrom. Wo war seine Mutter? Kaum schaffte er es, auf der Stelle zu schwimmen. Der Ebbstrom ist in dem Priel kurz vor dem Seegatt sehr stark. Die nächste Seehundkolonie lag auf der Ostspitze von Spiekeroog. Der kleine Seehund hatte den Anschluss an seine Kolonie verpasst. Nun lag das Watt zur Nacht hoch und trocken zwischen ihm und seinen Artgenossen.

Ein erneutes Rufen und mein Vaterherz meldete sich. „Komm hierher, Kleiner!" Er reagierte und sah herüber. „Da ist jemand, zu dem ich kommen kann", schien der kleine Kerl zu denken und kam tatsächlich näher. Seine Körpersprache war deutlich. Wenn Seehunde etwas entdeckt haben, auf das sie positiv reagieren, sind ihre Schwimmbewegungen zwar zielstrebiger, zugleich aber auch unregelmäßiger. Dabei tauchen sie höher aus dem Wasser. Manchmal schießen sie in die Luft und drehen sich dabei. Bis auf Armeslänge kam er heran. Seine großen schwarzen Augen leuchteten. Dann stoppte er abrupt – über Wasser sind Seehunde kurzsichtig. Er schien zu erkennen, dass ich nicht seine Mutter war. Wieder heulte er. Dann schwamm er ein paar Meter zurück. Unschlüssig ging es hin und her. Schließlich drehte er um. In der Mitte des Priels kämpfte er weiter gegen den Strom.

Durch die offene Luke war die ganze Nacht sein Heulen zu hören, bis es irgendwann verstummte. Es war irrational, aber ich war mitten ins Herz getroffen. Ein Tierbaby mit großen Kulleraugen schwamm allein, nach seiner Mama rufend, durch die Nacht. Wer bekommt so ein Bild aus dem Kopf? Am nächsten Tag begegnete mir bei Hochwasser eine Seehundskuh mit ihrem Jungtier. Seite an Seite schwammen sie nebeneinander. Ich hoffte inständig, dass er „mein" kleiner Seehund war.

Wie die Segler-Vereinigung Cuxhaven e.V.
„auf den Seehund kam"

Seit März 2016 haben die Cuxhavener Segler einen possierlichen Dauerlieger auf dem Jollensteg, der keine Liegegebühren zahlt, aber Segler zugleich begeistert und rätseln lässt.

Doch was steckt dahinter? Ein solcher Tierbesuch aus dem Wattenmeer ist an der deutschen Küste tatsächlich ungewöhnlich, denn die unmittelbare Annäherung von Seehunden kennt man eher von den Galapagosinseln oder von der kalifornischen Küste. Ich mache mich daran, das Geheimnis aufzuklären.

Wie kam der Seehund an den Steg? Der Cuxhavener Tierarzt Dr. Michael Stede vermutet, dass der Seehund eher zufällig den tideunabhängigen Liegeplatz als Ruheraum entdeckt hat. Eine Sandbank wird stets im Wechsel zwischen Ebbe und Flut überflutet. Der Jollensteg der Seglervereinigung bietet dem Seehund hingegen ein allzeit trockenes Plätzchen, auf dem er sich nach der Jagd auf Fische und Krabben ausruhen kann. Dennoch orientiert sich der Gast am Wechsel von Ebbe und Flut.

Es ist nicht auszuschließen, dass das Tier ein ausgewilderter Seehund ist. Wenn niemand seine individuelle Fluchtdistanz unterschreitet, akzeptiert ein daran gewöhntes Tier durchaus eine Kurzdistanz von wenigen Metern zum Menschen – bei wilden „Sandbankseehunden" hängt die Fluchtdistanz von der Situation ab.

Tatsächlich handelt es sich um ein „Seehundmädchen": Deswegen hat die Hafenmeisterin Petra Brück ihr den Namen Roberta gegeben. Sie reagiert verständlicherweise nicht auf Namensrufe. Außerdem sollte man sie nur still beobachten. Die Hafenmeisterin hat ein rotes Schild angebracht und den Jollenausleger komplett gesperrt. Nach einem halben Jahr als „Hafengast" sind die Chancen für eine weitere Verweildauer sehr gut, weil Seehunde auch Standorttreue entwickeln können.

Dr. Stede, der Tierarzt, schätzt, dass Roberta etwa fünf Jahre alt ist. Seehunde können bis zu 30 Jahre alt werden. Roberta ist jetzt eine junge Dame, die um diese Jahreszeit ein Jungtier führen müsste. Es ist möglich, dass sie entweder noch nicht trächtig war oder eine Fehlgeburt hatte.

Woher kam Roberta? Die Fellfarbe des Seehundmädchens ist ungewöhnlich. Ihre rotbraune Fellfärbung ist bisher nur aus einer kleinen Population an der englischen Ostküste bei Harwich bekannt. Es liegt also nahe, dass diese Seehunddame ihren Weg von dort aus über die Nordsee zu uns gefunden hat.

Anfangs lagen zwei Tiere auf dem Jollensteg, aber Dr. Stede weiß nicht, wo der zweite Seehund geblieben ist. Einzelgänger kommen unter Seehunden immer wieder vor. Würde Roberta ihre Artgenossen vermissen, dann wäre sie bereits wieder unterwegs. Stattdessen jagt sie überwiegend im Hafen zwischen den Booten und ist wohlgenährt. Weil im Gegensatz zur Elbe im Hafen nicht 4 Knoten Strom herrschen, verbraucht sie weniger Kalorien – sie dürfte daher eine hervorragende Energiebilanz haben. Bis auf ein paar Wochen während des Fellwechsels, der einen Teil des Rückenfetts verbraucht, war sie den Sommer über stets putzmunter. Man erkennt dass an der Bananenform, die sie beim Sonnenbaden gerne einnimmt.

Runder Kopf, große Kulleraugen, Kindchenschema: Roberta wird nicht nur von Menschen bestaunt, sondern lässt sich auch von Landhunden auf dem Steg nicht stören. Ich frage den Tierarzt, ob die Chance besteht, dass sie sogar handzahm wird? Dr. Stede rät ab, denn von der scheinbaren Harmlosigkeit eines Seehunds darf man sich nicht täuschen lassen und sollte keinen Versuch unternehmen, Kontakt aufzunehmen. Ein übermütiger Landhund hätte gegen sie auch keine Chance. Zwar würde Roberta, die etwa 60 Kilogramm wiegen dürfte, ins Wasser flüchten – doch wenn sie überrascht würde und nicht rechtzeitig vom Steg käme, würde sie mit ihrem sägenden Gebiss kräftig zubeißen. Dr. Stede erzählt von einem Fall, als ihm ein Seehund einen Gummistiefel zerfetzte. Also halte auch ich gebührenden Abstand und bewundere Roberta nur aus der Ferne.

Der Tierarzt gibt mir noch ein paar Tipps zum „artgerechten Stegbau" für Segelvereine mit, die ebenfalls gerne einen Seehund in ihrem Hafen haben möchten: Der Jollensteg der Seglervereinigung ist am Kopf auf den Wasserspiegel abgesenkt. Die dort angebrachten Jollenrollen sind gut geeignet, um beim Hinaufrobben Verletzungen der Haut zu verhindern. Großflächige Ekzeme durch Schürfwunden können schnell zum Tod von Meeressäugern führen. Ideal wäre daher eine breite, durchgehende Rolle oder sogar das Absenken des Stegkopfes unter die Wasseroberfläche, damit ein Seehund gut über sie robben kann. Auf keinen Fall dürfen Holzschutzmittel am Steg verwendet werden oder Splitter aus dem Holz ragen. Sie würden ständig in die Hautoberfläche eingerieben werden und können zu Ekzemen führen. Seehunde bevorzugen Ruheflächen, die nach Südosten weisen und durch einen ansteigenden Damm gen Norden windgeschützt sind. Das ist etwa so, wie Sonnenliegen in Hotelanlagen ausgerichtet werden. Der Jollensteg der Seglervereinigung Cuxhaven liegt aus Seehundsicht also goldrichtig. Wollen wir hoffen, dass Roberta sich dort noch lange wohl fühlt.

Ein Vogel an Bord

Zu dritt überführten wir eine Leisure 27 von Bremen zur Ostsee. Nach 27 Seemeilen passierten wir den Leuchtturm Roter Sand, als ein Vogel unsere Aufmerksamkeit erregte. Mehrfach flog er über unsere Köpfe. Der kleine Kerl suchte einen Landeplatz. Der Windrichtung nach zu urteilen, kam der Landvogel von der ostfriesischen Küste. Schließlich landete der gefiederte Passagier auf dem Relingsdraht. Hin und wieder wurde er von der Gischt der Bugwellen getroffen. Bald suchte er sich einen ruhigeren Platz mit kardanischer Ausgeglichenheit – und fand ihn auf der Schulter von Bernhard. Dort kuschelte er sich unter den Kragen der Segeljacke. Freudestrahlend rührte Bernhard sich nicht mehr.

Das aufgeplusterte Gefieder zeugte von völliger Erschöpfung des Vogels. Die Crew klebte darum feuchte Brotkrümel auf Bernhards Jacke. Der Vogel nahm sie an. Über eine Stunde blieb er sitzen und erholte sich. Erst auf Höhe von Scharhörn wurde der Piepmatz wieder munter. Spürte er das nahe Land? Er reckte sich und schlug mit den Flügeln. Eine Runde kreiste er noch um die Yacht – dann flog er in Richtung Insel davon.

Der Kontrast von Land und Meer könnte nicht größer sein: Friesenkühe schlecken das Salz von Niobe ab.

„Friesisches Salz für Heideseekühe"

Eine Herde Rinder drängelte sich am Flussstrand der Aller an unsere Hai 710. Erst scheu, dann immer neugieriger rieben sie ihre feuchten Nasen am Rumpf. Intensiv leckten sie unsere Reling und Rollfock ab.

Die Erklärung für das Verhalten der Rinder fällt leicht: Wir waren nach dem Urlaubstörn über die ostfriesischen Inseln auf dem Rückweg. Über Weser und Aller fuhr das Boot wieder im Binnenland zum Heimathafen nach Celle. Es hatte seit Tagen nicht mehr geregnet, deswegen bedeckten getrocknete Salzreste der Meeresgischt das Boot.

Jack, der anhängliche Schmetterling von Norderney

Gegen 5 Uhr am Morgen segelten wir mit *Paloma* aus Hafenein-
fahrt von Norderney. Auf dem inneren Wattenweg ritt sie auf der
Flutwelle bis Hooksiel. Vorbei ging es an Baltrum, Langeoog,
Spiekeroog, Wangerooge und Minsener Oog in die Jade. Noch
in der Hafenausfahrt von Norderney kam ein Schmetterling an-
geflogen und setzte sich auf den oberen Großschotblock. Das
Großsegel war bereits gesetzt, darum war der Schnappschäkel
der schlagenden Großschot der unruhigste Platz an Bord. Das
Tagpfauenauge ließ sich sogar berühren. Er bekam den Namen
Jack Sparrow. An den Ostseiten der Inseln führt das Wattfahrwasser dicht an jeder Insel vorbei. Während wir weitersegelten, flog
er überall an Land, kehrte aber sofort wieder auf seinen Stamm-
platz zurück.

Auch von unserem Bordhund ließ er sich nicht stören. Vor
der Hafeneinfahrt von Hooksiel lief ich auf eine Sandbank auf.
Ich fierte den Hund an der Hundeschwimmweste ab, damit er
ein wenig Auslauf hatte. Wir nutzten die Pause zum Baden am
Strand. Dort schnappte mein Hund plötzlich nach etwas, das auf
den Wellen trieb. Ich öffnete das Maul meines Hundes: Zu Tage
kam Jack. Kein Zweifel. Vergleichsbilder beweisen das. Doch er
hatte nichts abbekommen. Wieder mit zurück an Bord genommen, flog Jack erneut zu „seinem" Schnappschäkel zurück. Dort
fuhr er mit uns durch die Schleuse. Erst als die Yacht wieder
am Heimatliegeplatz lag, flog er in Richtung des nahen Waldes
davon.

Später sah ich meine Fotografien durch. Die Makroaufnah-
me auf der Sprayhood ließ mich erschrecken: Jack schien ein
menschliches Gesicht und einen Bauchnabel zu haben. Indi-
anerlegenden besagen, dass besondere Menschen nach ihrem
Tod zum Schmetterling werden. Wer mag es gewesen sein?

Gelegentlich versuchen Rehe, Wasserhindernisse schwimmend zu überqueren. Dieser Rehbock kollidierte vor Rendsburg mit Fuchur.

Wildwechsel auf dem Wasser

Gerade habe ich einen jungen Rehbock mit meiner Segelyacht überfahren und ihn anschließend gerettet. Wer rechnet denn mit so etwas auf dem Wasser? 8. Juli 2016. Ich fahre von der Nordsee in die Ostsee. Rendsburg habe ich passiert und steuere mit *Fuchur* auf die Autobahnbrücke der BAB 7 zu. Hier gibt es viel zu sehen: Eine historische Brigg ist unterwegs und zwei dicke Pötte kommen mir entgegen. Eine große niederländische Plattbodenyacht überholt mich. Das Ausflugsschiff ist mit großer Heckwelle ebenfalls vorbeigezogen. All das verursacht Kabbelwasser. Rechter Hand sehe ich die Schwimmdocks und zwei Neubauten gigantischer Motoryachten. So fotografiere ich und habe auch die grüne Tonne voraus im Blick. Hinter ihr dümpelt ein Stück Treibholz – denke ich jedenfalls. Doch das Holz scheint sich zu bewegen und ist nur noch zwei Bootslängen voraus. Ich laufe mit 6 Knoten.

Auf Kanalfahrten achtet man auf vieles: Nicht zu nah an die Uferböschung fahren oder Posen von eingeschlafenen Anglern ausweichen. Stehpaddelfahrer und Schwimmer kommen hinzu. Dass auch Wildtiere Gewässer durchschwimmen, ist bekannt. Nur sieht man so etwas selten. Und nun habe ich einen Rehbock beinahe vor dem Bug. Warum dreht er nicht ab?

Wenn Rehe ihren Kurs aufgenommen haben, ändern sie ihn nicht mehr. Sie flüchten stets nach vorn und kehren nicht um. Das ist wie im Straßenverkehr und auch dieser kapitale Bock schwimmt schnurstracks auf meinen Bug zu. Ich kann nur noch die Fahrt aus dem Schiff nehmen, denn sofort auf volle Kraft zurückzuschalten könnte das Getriebe zerstören. Und so verschwindet das arme Tier bei 5 Knoten vor meinem Bug im toten Winkel. Ich rechne mit dem Schlimmsten. Damit, dass ich ihn unterpflüge und zwischen meine Kimmkiele nehme. Einen Aufprall spüre ich nicht am Rumpf, aber das hat bei 10 Tonnen Aluminium nichts zu bedeuten. Ich schaue über die Reling und sehe erleichtert, wie der Bock an der Bordwand entlanggleitet: Die Bugwelle hat ihn zur Seite gedrückt.

Doch er will jetzt wieder auf den offenen Kanal zu schwimmen. Zufällig ist das die breiteste Passage und dem nahenden Containerriesen würde Kamikaze-Bambi wohl auch nicht aus dem Weg schwimmen. So drehe ich eine Runde, lege ihm *Fuchur* quer vor die Nase und klatsche in die Hände. Erst jetzt stellt er seinen Fluchtreflex auf Umkehrschub; der Rehbock steuert das nahe Ufer an. Vor einer Schaar Graugänse, die auf seinem Kurs schwimmen, wird er noch einmal unsicher: Doch ich halte weiter auf ihn zu, fahre Schlangenlinien und werde als Skipper ungeahnt zum Wildtiertreiber, nicht ohne das Echolot im Blick zu behalten und weitere Bilder zu schießen. Das glaubt einem ja sonst keiner. Und nun, endlich, klettert Bambi über die Steinböschung ans Ufer und hoppelt putzmunter von dannen. En Wildunfall mit Happy End.

Man muss nicht auf dem Atlantik segeln, um Walen und Delfinen zu begegnen

Mein Interesse an Delfinen und meine Besorgnis über die zukünftigen Auswirkungen industrieller Fischereimethoden führten mich 1991 mit Rollo Gebhard zusammen. Er hatte gerade die Gesellschaft zur Rettung der Delphine gegründet und ich beteiligte mich aktiv an den Kampagnen und zog mit Lichtbildvorträgen über Wale und Delfine durch Deutschland. Im Urlaub schlich ich mich in Sri Lanka in Häfen, um den Handel mit Delfinfleisch zu dokumentieren, mit dem auf industriellen Trawlern Angelhaken zum Fang von Haien bestückt werden. Gemeinsam machten wir das Artensterben durch den Tunfischfang mit Treibnetzen publik. Mit dem amerikanischen Earth Island Institute hatten wir einen internationalen Partner und ein Kontrollprogramm gegen „Treibnetzkonserven". So viel zu meiner Vorgeschichte, wenn es um Wale und Delfine geht.

Im Januar 2016 sorgten 16 gestrandete und verendete Pottwale entlang der Nordseeküste für Schlagzeilen. Die jungen Pottwalbullen waren etwa 12 Meter lang und noch grau – erst im Alter werden sie heller. Warum sich die Tieftauchspezialisten und Jäger von Riesenkalmaren in die flache Nordsee auf ihrer Wanderroute zwischen den Azoren und Norwegen verirrt haben, konnte bis jetzt nicht geklärt werden. In den vergangenen 20 Jahren haben Massenstrandungen stark zugenommen. Orientierungsprobleme verursachen beispielsweise seismische Messungen oder militärische Übungen, welche die sensiblen Gehörorgane der Wale sogar ganz zerstören können.

Zwar sind große Zahn- oder Bartenwale in deutschen Gewässern selten, doch Segler, Motorbootfahrer und Strandspaziergänger haben häufiger als geahnt die Chance, kleinere Wale und Delfine zu beobachten: Im Dezember 2015 tauchten zwei große Tümmler in der Lübecker Bucht bei Neustadt an der Ancora-Marina auf und sorgten für Aufregung. Gleiches ereignete sich wochenlang in der Flensburger Förde. Auch in der Außenelbe wurden diese seltenen Gäste schon gesichtet.

Von unseren einzigen heimischen Walen, die in deutschen Gewässern vorkommen und hier auch ihre Jungen zur Welt bringen, den Schweinswalen, schwimmen sogar ganze Walschulen seit einigen Jahren regelmäßig im Frühjahr in norddeutsche Flüsse bis ins Binnenland. Sie wurden in Bremen und Hamburg gesichtet. Die beste Beobachtungszeit ist von März bis Anfang Mai – dann tauchen einige sogar in Nebenflüssen auf, wie der Lesum bei Bremen oder der Hunte bis nahe bei Oldenburg.

In der deutschen Nordsee variiert die Anzahl von Schweinswalen zwischen 10 000 und 50 000, je nach Jahreszeit. An der deutschen Ostseeküste kommen sie weitaus seltener vor. Seglern in der westlichen Ostsee begegnen den kleinen Tümmlern allerdings öfter.

In der Jade sieht man regelmäßig Schweinswale vor Schillig und im Nassau-Hafen von Wilhelmshaven, wo sie sich selbst von Sportbooten nicht bei der Jagd stören lassen. Andere Schweinswale haben sich sogar an Menschen gewöhnt und schwimmen zwischen Badegästen im flachen Wasser am Strand von Sylt herum. Diese Kinderstube der Wale wurde zum Schweinswalschutzgebiet erklärt. Wer die Wale fotografieren möchte, sollte jedoch unbedingt Abstand halten und niemals auf sie zufahren oder -segeln.

Alle Zahnwale orientieren sich per Ultraschall. Übermäßiger Schiffslärm, Rammarbeiten oder Explosionen von Minensprengungen können ihr Gehör schädigen und zur Orientierungslosigkeit führen, in deren Folge die Tiere verhungern. So könnte es ihre Verbreitung fördern, Rammarbeiten in Weser und Elbe, wo sie ebenfalls vorkommen, nur um ein paar Wochen zu verschieben, bis sie die Flüsse wieder verlassen haben.

Basierend auf der Richtlinie Natura 2000 wurden inzwischen in Seekarten der Nordsee mehrere FFH-Gebiete (Flora-Fauna-Habitat) für Schweinswale ausgewiesen: Doggerbank, Sylter Außenriff, östliche Deutsche Bucht und Borkum Riffgrund. Paradox ist jedoch, dass Kiemen- und Verwicklungsnetze trotzdem in Schutzzonen eingesetzt werden dürfen – auch in der Ostsee.

Stellnetze sind die Haupttodesursache für Schweinswale in deutschen und dänischen Gewässern. Sie ertrinken jämmerlich. Modifizierte Langleinen und automatisierte Pilk-Angeln könnten alternative Fangmethoden sein. Der Schutz von Meeressäugern und Seevögeln ist nicht durch Sperrgebiete oder Ankerverbote zu erreichen, sondern durch selektive Fischerei und Lärmvermeidung.

Abstand ist bei Schweinswalen besonders in den Geburtsphasen im Mai und Juni geboten: In den ersten Stunden sind die Fluken der Kälber nicht fest – sie würden sonst nicht durch den Geburtskanal passen – und deswegen können die Kleinen auch nicht tauchen. Wer also Wale und Delphine vom Boot aus in ihrer Ruhephase entdeckt, sollte sich so still wie möglich verhalten und sein Boot einfach treiben lassen: „Pst – Wal, da schläft er!" Wer helfen will, die Bestände zu beobachten, kann dies über den Meldebogen Schweinswale tun.

www.nationalpark-wattenmeer.de/nds/service/schweinswale-meldebogen

Wo kann man Schweinswale beobachten?

Ende Februar 2013 wurden von der Biologin Denise Wenger erstmals „Klickdetektoren" in der Elbe eingesetzt, wie in den Jahren zuvor in der Unterweser bei der Strohauser Plate. Diese Hydrophone zeichnen die hochfrequenten Ortungslaute der Schweinswale auf. Sie reichen bis ca. 120 000 Hertz – das menschliche Hörvermögen beschränkt sich auf etwa 18 000 Hertz. Weil Schweinswale im flachen Wasser und vor Buhnenköpfen ihre Beutefische jagen, hat man gute Chancen auf Sichtungen in Ufernähe. Überrascht waren Camper, die nach 20 Jahren am Weserstrand erst von Biologen auf die Schweinswale aufmerksam gemacht wurden. Segler berichten häufig von Begegnungen auf der 5-Meter-Linie: Wo noch Licht den Grund erreicht und mehr Nahrung zu finden ist, halten sich mehr Beutefische auf. Gemeldet wurden sie aber auch in Hafenprielen von Juist und Spiekeroog. Ein Schweinswal schwamm an mehreren Tagen zwischen ankernden Booten an der Ostflanke von Wangerooge herum – zur Freude der Familien.

Haben Schweinswale versucht, einen verunglückten Seemann über Wasser zu halten?

19.01.2007, 08:53 – 09:20 Uhr, Elbansteuerung, Seegebiet westlich der Tonne Elbe 1: Der Orkan Kyrill war gerade über Deutschland hinweggezogen. Im meterhohen Seegang fiel ein 54jähriger Bootsmann um 08:53 Uhr von Bord eines russischen Frachters. Die Besatzung eines Seaking-Hubschraubers der Bundeswehr konnte ihn um 09:20 Uhr bergen. Aufmerksam wurde die Besatzung auf den Mann, weil sie zunächst zwei Schweinswale bemerkten, die um den Verunglückten herumschwammen.

Er hatte in der 6 Grad kalten Nordsee das Bewusstsein verloren und konnte nur noch kurz reanimiert werden; wegen der niedrigen Kerntemperatur von 22 Grad starb der Seemann an Unterkühlung.

Rätselhaft bleibt das Verhalten der Schweinswale. Die Situation weist Parallelen zu meinem Erlebnis vor Fehmarn auf, als sich die Tiere näherten, solange ich „toter Mann" spielte. Verletzte Artgenossen werden von Walen gestützt und an der Wasseroberfläche gehalten. Wissenschaftler gehen davon aus, dass ihr Sonar das Durchleuchten von Lebewesen ermöglicht. Erkennen sie die Anatomie von Gehirn, Rippen und Lunge? Dann sind wir ihnen ähnlicher als Fische …

Wie intelligent sind Wale und Delfine?

Weil ich Schweinswalen auf beinahe jedem Nordseetörn begegne, stelle ich mir immer wieder diese Frage. Was wissen wir genau über sie? Delfine und Wale erkennen sich in vorgehaltenen Spiegeln. Große Tümmler erkennen Artgenossen sogar auf Videos. „Sie haben auch einen individuellen Signaturpfiff, das ist wie der eigene Name beim Menschen. Mit diesem stellen sie sich in der Gruppe vor und Artgenossen rufen sie mit dem individuellen charakteristischen Pfiff", sagt Denise Wenger. Sie können sogar Suizid begehen, indem sie das Atmen einstellen oder gegen die Wand schwimmen, was in Delfinarien bereits beobachtet wurde. Delfine werden trainiert, nicht dressiert. Sie unterscheiden in der Ausführung sogar die Reihenfolge unterschiedlicher Anweisungen.

Rein anatomisch betrachtet ist ihre Großhirnrinde größer und komplexer gefaltet als beim Menschen. Ihre Synapsen sind umfangreicher vernetzt. Verglichen mit der Rechenleistung eines Computers, wären sie der menschlichen Spezies überlegen. Und sie leiden wie wir Menschen unter Langeweile, wie der große Tümmler im September 2016 vor der Schleuse zum Nordostseekanal in Kiel beweist: Er sucht die Nähe von Menschen, schwimmt mit ihnen und folgt Schiffen manchmal sogar bis in die Schleusenkammer hinein.

Gibt es gefährliche Tiere in der Nordsee?

Meeressäuger haben den Nimbus der Friedfertigkeit – sie bilden das Ideal des Seins. „Hierzuwasser" trifft das aber für Kegelrobben nicht uneingeschränkt zu. Gerade die Bullen geben sich als Haremswächter und können kräftig zubeißen. Vorsicht! Nicht alles, was runde Köpfe und große Kulleraugen hat, mag menschliche Nähe.

Auch Haie haben Kulleraugen. Von ihnen gibt es an unseren Küsten zuweilen auch größere Exemplare, aber ich habe in 30 Jahren noch von keinem Angriff gehört. Wesentlich häufiger treten dagegen Feuerquallen auf – ein bekanntes Übel. Wir segeln daher bei spät liegenden Sommerferien ab August nicht mehr in die Ostsee, weil es dann zu regelrechten Quallenplagen kommen kann. In der Nordsee sind Feuerquellen seltener und können auch wegen des Küstenverlaufs nicht in so großer Zahl in Badebuchten getrieben werden. Außerdem lassen sie sich gerade im flachen Wasser der Priele sehr gut erkennen.

In den Prielen gibt es dafür ein anderes Tier: Es handelt sich um ein fieses Fischchen namens Petermännchen. Zuweilen bleibt es in Wasserlöchern zurück und tarnt sich auf dem Grund. Sein Rückenstachel hat es in sich: Das Gift kann monatelange Schmerzen verursachen.

Bei einem möglichen Stich durch ein Petermännchen hat sich folgendes Hausmittel bewährt: Benötigt werden Eis und ein Feuerzeug. Mit dem Feuerzeug oder ersatzweise mit heißem Wasser wird ein Gegenstand erhitzt und damit die Stelle bis zur Grenze der Erträglichkeit erwärmt. Dann wird das Eis daraufgelegt: Durch die „Temperaturschock-Methode" wird das Gift weitgehend neutralisiert. Ich rate dennoch dazu, die Hotline des Giftinformationszentrums anzurufen beziehungsweise einen Arzt aufzusuchen.

Über das Segeln mit Hunden

Ich bin für Hunde an Bord. Jedenfalls wenn sie sich dort wohl-fühlen. Ähnliches meinte Woody Allen: „Der einzig absolute Freund, den ein Mensch in dieser selbstsüchtigen Welt haben kann, der ihn nie verlässt und der sich nie undankbar oder be-trügerisch verhält, ist sein Hund."

Wer einsam und zugleich schüchtern ist, sollte sich einen Hund anschaffen. Denn Tiere führen Menschen zusammen. In der Ancora-Marina in Neustadt war extra ein Areal für sie ein-gerichtet. Eine Hundewiese. Stets tollte dort ein ganzes Rudel herum. Besonders am Morgen und am Abend. Ein lustiges Bild, wie im Kindergarten. Kaum wurde ein Hund abgeholt, kam ein anderer dazu. Klar, dass auch die Frauchen und Herrchen da-bei in Kontakt kamen. Hat man doch die gleichen Freuden und Nöte mit dem lieben Vieh. Wird der Hund seekrank? Wie löst man das „Löseproblem" auf langen Fahrten? Mit welcher Tra-getechnik bekommt man einen großen Hund aufs Boot?

Wir hatten früher einen Hovawart. Einen ziemlich schwe-ren Rüden. Ihn hatten wir nie zum Segeln mitgenommen. Er war einfach zu groß und zu schwer. Dann sein langes Fell, im-mer haarend, immer talgig. Als er uns nach 14 Jahren Richtung Hundehimmel verließ, wollten wir uns keinen neuen Hund an-schaffen. Dieser Vorsatz hielt zwei Tage. Dann kam ein Labra-dormädchen ins Haus und mit aufs Boot. Sie ist ein guter Bord-hund: pflegeleichtes Kurzfell, das schnell trocknet. Groß genug, um als Hund ernst genommen zu werden. Als Hündin leicht genug, um sogar die steilen Leitern von Spundwänden mit ihr hinaufzuklettern. Ihre 27 Kilo kann ich über meine Schulter le-gen. Sie kennt das und stützt sich mit den Pfoten richtig ab. Eine Hand im Nackenfell sichert sie. Beim Ankern schwimme ich mit ihr regelmäßig an Land. Amber trägt dann ihre Hunde-rettungsweste. Die braucht sie nicht zum Schwimmen, sondern zum Rausziehen aus dem Wasser. Ich gehe zuerst wieder an Bord. Sie schwimmt neben die Bordwand. Den Bootshaken in die Rettungsschlaufe der Hundeweste eingepickt. Damit ziehe ich sie wieder an Bord. Etwas bedröppelt hängt sie dabei im

Geschirr, aber zappelt nicht herum. Ein lustiges Bild, das stets für Erheiterung sorgt.

Ein anderes Problem hat man mit stubenreinen Hunden: Die meisten Vierbeiner leiden Höllenqualen, weil für sie das Deck ebenfalls „zur guten Stube" gehört. Andere schämen sich, vor Publikum ihr Geschäft zu verrichten. Wenn sie sich hinter keinen Busch verkrümeln können oder der Untergrund nicht aus Rasen besteht, kneifen sie die Pfoten zusammen. Also sind für sie nur kurze Törns bis maximal acht Stunden möglich. Eine Alternative habe ich jedoch in den Niederlanden gesehen: Die Eigner einer Yacht mit Mittelcockpit hatten auf der Achterkajüte eine Sandkiste mit eingelegten Grassoden – eine echte Hundetoilette, die man auf dem Binnentörn mit frischem Gras vom Wegesrand auffrischen kann. Manchmal hilft auch Kunstrasen, den man einfach an einer Leine im Schlepp ausspült. Es kommt also auf den Versuch an, ob ein Dixi-Bello-Klo angenommen wird. Doch zur Belohnung unserer Mühen haben wir unsere treuen Begleiter immer bei uns und ersparen ihnen die Hundepension.

Kann man auch mit einem Rudel Hunde zur See fahren?

Meist wird man es vermeiden, mit mehreren Hunden gleichzeitig auszulaufen. Im Seegang können sie unruhig werden, dann suchen sie immer wieder die Nähe ihrer Menschen, die aber andere Dinge zu tun haben. Wenn sich nun aber gleich drei ausgewachsene Schäferhunde im Cockpit drängeln, könnte es eng werden. Trotzdem haben sich Sabrina und Mike Schulze dafür entschieden, nicht ohne ihre Bande in See zu stechen. Die Hunde waren schon da, bevor ihre Yacht fertig wurde. Da trennt man sich nicht von Familienmitgliedern und muss eben Kompromisse eingehen. Hier kommt ihre besondere Geschichte:

Die Yacht mit rotem Namen auf der gesamten Bootsseite fällt ins Auge: Der große Schriftzug, den Science-Fiction-Fans der klingonischen Ingenieurin B'Elanna Torres aus „Raumschiff Voyager" zuordnen ... Die Rolle der Ingenieurin zeichnet sich durch Schönheit, Kraft und Charakterstärke aus: Tugenden, welche die Eigner auch mit ihrem Segelprojekt verbinden möchten. Die Yacht, gebaut nach Plänen von Anton Luft, soll in die unendlichen Weiten der Seeräume vorstoßen, die nie zu-

Pluto und Gizmo, zwei der drei Schäferhunde der B'Elanna.

vor eine Segelyacht aus Ilsede bei Peine befahren hat. So trägt die 13,85 Meter lange Stahlyacht einen 16 Meter hohen Gitterrohrmast aus Edelstahl und einen ebenso gebauten Großbaum. Schon das macht sie zu einem besonderen Boot, das die nächsten zwei Jahre seinen Heimathafen in Hooksiel haben wird. Ein Grund dafür ist der lange und hohe Seitensteg, über den die Schäferhunde einfach an Deck springen können, weil die Werft tidenunabhängig hinter der Schleuse liegt.

Für die Wahl des Liegeplatzes haben sie weitere Gründe. Mit drei hechelnden Hunden mag man nicht ewig unterwegs sein. Was die Segler ganz besonders auszeichnet, ist die Tatsache, dass sie ihre Traumyacht vom ersten Blech an selbst gebaut haben – auch den Mast. Mike wollte keine Maststufen, die ein Aluminiumprofil schwächen. Also fand er bei der Recherche nach Alternativen die Bauanleitung für ein Gitterrohrkonstrukt und bestellte 6 Meter lange Edelstahlrohre, in die an den Verbindungsstellen Innenrohre eingesteckt und verschweißt werden.

Damit sind die Übergänge zugleich die stärksten Bereiche – hier setzen die Salinge an. Die Fallen hat er so stets in voller Länge im Blick und kann notfalls ohne Hilfe an den waagerechten Streben aufsteigen. Und wenn man schon 13 Jahre an einem Schiff baut, ist alles durchdacht – von Solarmodulen bis zum passend ausgeschnittenen Halter für die Hundenäpfe.

Die Crewmitglieder sind erst zwischen zwei und vier Jahren alt. Pluto, Gizmo und Indy stellen eine Bereicherung des Schiffslebens dar. Nachvollziehbar ist das für jeden, der selbst einen Hund hat. Das Leben ist umständlicher, aber niemals langweilig.

Betritt man die Yacht, fallen die klingonischen Symbole auf: auf der Schiffsglocke, die ein polnischer Betrieb gegossen hat, und selbst die Fliesen der Dusche zieren klingonische Schmuckstücke. Der Sachbearbeiter der Gemeinde, der den Schwerlasttransport zur Küste bearbeitete, begrüßte sie mit einem kehligen Qapla' – dem Gruß der Klingonen. Und auch Kranführer Joshi kannte sofort die Bedeutung – Trekkies sind eben überall.

Nun sind die beiden Yachties bei aller Liebe zu verspielten Details im Berufsleben ausgesprochen sachlich orientiert: Als Familienunternehmen betreiben sie den Dreipunkt-Verlag, der für mehr als 100 nautische Informationstafeln bekannt ist. Eine Formel vergessen, einen englischen Funkspruch nicht auf der Zunge, Ausweichregeln und Lichterführungen nicht im Kopf? Wasserfest verschweißte Tafeln erklären auch Laien ohne viele Worte jedes Problem. Und wer so etwas erstellt und zudem einen filigranen Mast aus kurzen Streben millimetergenau bauen kann, der wird sich mit Ideen zur Seefahrt für sein Rudel etwas einfallen lassen. Der Niedergang der B'Elanna besitzt bereits eine einsteckbare Hundetreppe, damit zur Nachtzeit die Hunde nicht heruntergetragen werden müssen.

Es gibt eine Reihe weiterer Punkte, an die man besonders beim Segeln im Norden mit Hunden denken sollte. Wegen kälterer Temperaturen wird mehr Zeit unter Deck verbracht. Zudem ist das Liegen im Päckchen an der Tagesordnung – besonders in der Ferienzeit. Wenn beispielsweise auf Helgoland bis zu 20 Boote ein Päckchen bilden, wird man mit großen Hunden wohl eher zum Steg schwimmen müssen. Denn selbst als Innenlieger müssten die Hunde die vielen Crewmitglieder anderer Yachten akzeptieren, die über das Vorschiff laufen, um an den Steg zu kommen. Auch das Anlegen an Spundwänden ist mit Hunden so eine Sache. Wer mag schon rostige Leitern mit einem großen Hund auf der Schulter erklettern.

Checkliste für das Segeln mit Hunden

- Kann der Hund notfalls über ein ganzes Hundeleben an Bord getragen werden oder drohen bei Herrchen Rückenprobleme?

- Wie fischt man den Hund notfalls aus dem Wasser? Welches Manöver eignet sich dazu und wie tauglich ist die Badeleiter? Mit unserem Peterson-Bergemanöver (siehe Mein Boot ist mein Zuhause) kann die Yacht so in Position gebracht werden, dass der Hund an seiner Rettungsweste über die Seite an Bord gehievt werden kann. Wenn die Kraft reicht, lässt sich der über Bord gegangene Hund per Bootshaken an der Rettungsweste auffischen. Sonst den Rotek-Hebelzug mit der Übersetzung für 250 Kilo einsetzen. Ein Fall über die Winsch zu holen ist für Einhandsegler nicht praktikabel, weil dem Hund der Blickkontakt während des Bergens fehlt.

- Im Hafen: Gibt es einen freien Liegeplatz am Steg? Reserviert der Hafenmeister einen Platz? Ein vorausschauender Blick über eine Webcam kann hilfreich sein, wenn man sehen will, ob es sich lohnt, den Hafen anzulaufen.

- Ein Bugstrahlruder verbessert stets die Manövereigenschaften, um mit dem Heck anzulegen. Dann kann eine Laufplanke zum Steg gelegt werden. Da tiefe Schwimmstege immer häufiger werden, kann ggf. schon bei der Bootswahl auf einen flachen Ausstieg über das Heck geachtet werden. Das erleichtert nicht nur dem Hund den Ausstieg von Bord.

- Im Päckchen erlauben nicht alle Eigner das Überqueren ihrer Boote. Sie fürchten, dass die Hundekrallen, das Deck beschädigen – zudem sind sie laut. Notfalls können Hundeschuhe aus Neopren in der Tierhandlung gekauft werden, die auch das eigene Deck schonen. Weil Hunde unterschiedliche Pfotengrößen vorne und hinten haben, sollte man sie beim Kauf unbedingt anpassen und die Tiere an ihre Schuhe gewöhnen. Die ersten Meter sind jedoch immer wieder lustig anzusehen – sie hoppeln gestelzt mit hoch erhobenen Hinterläufen.

- Alle Tiere können seekrank werden. Wie seefest der eigene Hund ist, wird sich bald zeigen. Man beginne wie mit Menschen bei moderaten Bedingungen. Ihrem Hund wird es aber stets wichtig sein, Sie zu begleiten – meist läuft er freudig über den Steg zu seinem Boot.

- Sein Boot … wird als Refugium nach der ersten Fahrt bereits in Beschlag genommen und dieses Heim wird verteidigt. Wenn Ihr Hund gerne mal kläfft, setzen Sie alles daran, ihm von der ersten Stunde an Manieren beizubringen und Passanten auf dem Steg zu ignorieren. Sonst haben Sie einen Tyrannen, spielen selbst an Bord nur noch die zweite Geige und riskieren einen Hafenverweis.

- „Eine Hand für dich, eine für das Schiff." Nicht immer bleibt da eine weitere Hand für den Hund frei. Menschliche Crewmitglieder dürfen während der Fahrt nicht unerlaubt auf das Vorschiff. Für Vierbeiner gilt das noch viel mehr. Einen festen Platz sollten Hunde an und unter Deck haben, den sie nur auf das Kommando ihres Herrchens verlassen dürfen. Die Anweisung „Bleib", die in der Hundeschule geübt wird, sollte ein seetauglicher Hund kennen und befolgen.

- Falls Sie noch keinen Hund haben: Pudel haaren nicht. Der Fellwechsel aller anderen Hunderassen erfolgt mit Vorliebe zur Sommerzeit. Kurzhaarige Hunde haaren nicht weniger, werden aber schneller trocken. Ein guter Staubsauger im 12-Volt-Betrieb und eine leistungsfähige Batteriebank sind nicht nur vor Anker unverzichtbar.

- Auf Langfahrt gibt es bei der Einreise in mehreren Ländern wegen strenger Quarantänevorschriften Probleme. Auch kann es sein, dass als aggressiv beurteilte Hunde mancherorts von Polizisten „eliminiert" werden dürfen: Eine Diskussion hierzu gab es bereits in Dänemark. Es ist daher unbedingt notwendig, sich vorab darüber zu informieren, welche Vorschriften beim geplanten Törnziel gelten.

- Wenn sich der Hund trotz aller Bemühungen nicht an Deck lösen mag: Sind Sie bereit, niemals auszuschlafen und spätestens um 7 Uhr die erste Gassirunde zu drehen? Nur dann steht glücklichen Fahrten nichts im Wege.

- Menschen trinken allerlei Dinge, welche die Natur nicht für sie vorgesehen hat. Hunde sind da nicht anders: Salzwasser verursacht Durchfall, Blaualgen lebensgefährliche Vergiftungen. Achten Sie genau darauf, was im Wasser treibt und was Ihr Hund aufnimmt.

- Naturschutz: Natürlich mag es für den einen oder anderen lustig aussehen, wenn ein Hund eine Möwe jagt – nur ist das streng verboten. Einige Rassen, wie Labradore, besitzen normalerweise keinen Jagdtrieb. Hundestrände werden in Deutschland oft separat ausgewiesen. Sie liegen meist am Rand der Badeorte, aber dafür einsamer. Der Dünenpfad zum Hundestrand von Spiekeroog ist besonders schön.

Unbekannte Binnensegelreviere vor der eigenen Haustür.

Zurück zum kleinen Boot?

Waldspaziergänger wundern sich: Eine Segelyacht liegt mit dem Bug am Steilufer der Aller bei Celle, die Segel flattern leicht im Abendwind, der Skipper steht auf dem Bug und streichelt neugierige Pferde.

An einem Sonntag wachte ich alleine an Bord auf und hatte viel Platz auf unserer 10 Meter langen *Leviathan*. Es ließ sich nicht mehr leugnen: Der Einzige, der immer an Bord wollte, war ich. Und auch ich fragte mich manchmal, warum ich schon wieder am Freitagabend auf der Autobahn unterwegs an die Ostsee war und bei Hamburg im Stau stand. Die Tatsachen ließen sich nicht wegdiskutieren. Die vielen Autobahnbaustellen hatten unsere Segelmotivation fürs Meer beeinträchtigt: Wir waren autobahnmüde.

Seit vier Jahren fuhren wir beinahe jedes Wochenende staugeplagt an die Ostsee. An die Nordsee mit ihren Tidenzeiten verschwendete ich noch keinen Gedanken. Doch etwas musste sich ändern. Ein Leben ohne Boot? Undenkbar. Ich drehte mich im Kreis und fand keine Lösung. *Leviathan* mit ihrer Länge von 10 Metern und untrailerbaren 7 Tonnen Gewicht sollte verkauft werden. Klar war für mich nur, irgendwann wieder ein großes Schiff zu haben.

Ich suchte nach Alternativen zur Hai. Eckdaten des Objekts: Gewicht maximal 1 Tonne, Tiefgang nur 60 Zentimeter, Preis maximal 10 000 Euro. In Rüstersiel stand beim Bootshändler Dirk Kroll eine Elvström 22 zum Verkauf. Baujahr 1992, Länge 6,6 Meter, Tiefgang 30 Zentimeter mit zwei Schwert-Kimm-kielen, vier Kojen und neuwertigem Honda-Außenborder mit 10 PS. Bootsgewicht etwa 800 Kilogramm. Ein Trailer war auch dabei. Am nächsten Tag war ich in Wilhelmshaven. Wir wurden uns schnell einig. Es gab einige Kleinigkeiten zu ver-bessern, aber sie waren eher von kosmetischer Natur. Ich zog mit dem Boot auf dem Anhänger zufrieden heimwärts.

Jetzt fehlte nur noch ein Wohnmobil. Wir entschieden uns für ein Euramobil 585. Alkoven, Fiat-Ducato-Basis mit 2,5-Li-ter-Turbodiesel. Boot und Wohnmobil standen neben unserem Haus. Wir malten uns den ganzen Winter über aus, wo wir mit dem Gespann hinfahren würden. Doch es sollte anders kom-men – wir fuhren nirgendwo hin.

Es muss im Januar gewesen sein, als wir aus unserem Traum erwachten. Ankern ist toll, aber Campingplätze mögen wir einfach nicht. Mit einem Wohnmobil, besonders wenn ein langes Boot dranhängt, gibt es aber kaum andere Alternativen. In Skandinavien sieht das besser aus. Doch in Südeuropa? Wir würden das Wohnmobil nur maximal drei Wochen im Jahr nutzen können. Was hatten wir uns da nur ausgedacht? Inner-halb von einer Woche verkauften wir das Wohnmobil wieder. In Puttgarden übergab ich es an ein schwedisches Pärchen aus Stockholm. Dabei sah ich die Ostsee und wusste, dass ich mit einem Landreisefahrzeug niemals glücklich wäre.

Zu Hause angekommen, tätschelte ich unsere kleine Elv-ström und übernachtete am gleichen Abend warm eingepackt mit zwei Schlafsäcken und Pudelmütze an Bord. Draußen rieselte der Schnee, 5 Grad minus. Egal. Friedlich schlief ich in der Kajüte von *Kenterprise* und war glücklich. Eine buddhistische Lehrmeinung besagt, dass uns manch materieller Besitz nur belastet, anstatt uns glücklicher zu machen. Was Wohnmobile angeht, stimme ich dem voll zu.

Im März kam *Kenterprise* auf der Aller zu Wasser. Ihre Segeleigenschaften ließen keine Wünsche offen. Zum Binnen- oder Küstensegeln war sie allemal geeignet. Noch nie hatte jemand auf der Aller eine Segelyacht gesehen, wodurch sie eine regelrechte Lokalattraktion wurde. Sogar die Zeitung berichtete davon. Titel: „Einsame Segelyacht auf der Aller sucht Gefährten". Überall an den Ufern blieben die Leute stehen und winkten uns zu. Ich leistete mir so manchen Spaß: *Kenterprise* drang in unendliche Weiten vor, die nie zuvor eine Segelyacht gesehen hatte – meine Philosophie, wie bei der Crew der *B´Elanna*, war ganz ähnlich – nur würde ich mir ein Raumschiff nicht selbst bauen, weil es mich zu viel Segelzeit kosten würde. Es gibt so viele gebrauchte Boote, die sich dem persönlichen Geschmack anpassen lassen. Und so gingen wir schon bald am Wasserauslauf der Celler Ratsmühle vor Anker – mitten in der Stadt.

Ein anderes Mal steckte sie den Bug in die Mündung der Örtze, einem kleinen Heidebach. Paddler rieben sich verwundert die Augen. Schon wegen des Bildmotivs ist es reizvoll, ein Segelboot an ungewöhnlichen Orten aufnehmen zu können und an Stellen zu sehen, wo man so etwas nie vermuten würde.

Eine Kindergruppe sollte durch mich ein besonderes Erlebnis haben: Sie machten ein Geburtstagspicknick am Allerstrand. Aufgeregt winkten sie, als *Kenterprise* um die Kurve gesegelt kam. Zufällig hatte ich eine Augenklappe im Verbandskasten. Ich band sie mir um und legte ein Handtuch als Stirnband um den Kopf. Mit vollen Segeln fuhr ich direkt auf ihren Strand und sprang an Land. Ich spielte einen Piraten und rief: „Habt ihr ihn gesehen? Eine goldene Dublone für den, der ihn mir zuerst zeigt!" „Wen denn?", fragte ein Mädchen verschüchtert. „Na ihn", rief ich. „Moby Schlick, den weißen Aal! Seit Wochen bin ich auf seiner Spur. Zum letzten Mal sah ich ihn bei Helgoland. Er soll hier sein." Die Bande durfte gleich anheuern und mitfahren.

Der Vorteil eines kleinen Bootes: Die Entdeckung unendlicher Welten in nächster Nähe. Hier: Kenterprise am Allerstrand.

Im Urlaub segelten wir über Aller und Weser das erste Mal zu den ostfriesischen Inseln und ahnten, dass wir unser Traumrevier entdeckt hatten. *Kenterprise* war ein gutes Boot, aber sie war wegen ihrer Krabbelkajüte ohne Waschraum doch etwas zu klein. Nach nur einem Sommer verkaufte ich die Elvström 22 und wechselte zum dritten Mal auf eine Hai 710 namens *Niobe*. Doch die Begeisterung für unseren Fluss vor der Haustür hielt an.

Wie prüft man, ob ein Fluss „besegelbar" ist?

Celle hat einen Hafen. Ab hier ist der Fluss eine Bundesschifffahrtsstraße. 1994, noch vor dem Kauf unserer ersten Hai 710, hatte ich schon einmal darüber nachgedacht, das Boot zum Üben hierher zu legen. „Die Aller ist grundsätzlich nicht besegelbar", sagte mir ein Skipper. „Junge, du wirst doch wohl deine Hai wenigstens zum Steinhuder Meer bringen?"

Ich ließ mich davon nicht abhalten und sah mich weiter an der Aller um. Gleich hinter dem Celler Hafen kommt schon eine Eisenbahnbrücke. Mit ihren fünf Metern Durchfahrtshöhe ist sie zu niedrig für einen Mast. Also fuhr ich weiter nach Winsen, 15 Kilometer unterhalb von Celle. In einem Motorbootclub hatte man noch einen Liegeplatz frei, aber unmittelbar am Steg führte eine Stromleitung über den Fluss. Durchfahrtshöhe um die 7 Meter. Ebenfalls zu niedrig.

Ich sollte aber doch noch ein begeisterter Allersegler werden. Bei einer Paddeltour mit meinem alten Faltboot fand ich die Lösung: Am Stadtrand von Celle kam ich am Wassersportclub Unteraller vorbei. Vielleicht hatten sie noch einen Liegeplatz für mich? Ich paddelte weiter stromabwärts bis zur ersten Schleuse von Oldau. Zwei Stromleitungen querten den Fluss. Aber sie hingen hoch. Das waren mehr als 10 Meter. Sollte hier wirklich ein Mast durchpassen? Bei meinen Erkundigungen am nächsten Tag erfuhr ich, dass die Durchfahrtshöhe bis 11,4 Meter frei war. Die tatsächliche Höhe ist zwar größer, aber je nach Stromstärke gelten Mindestabstände. Bei 15 000 Volt führenden Bahnoberleitungen beträgt der Mindestabstand 1,5 Meter, damit kein Lichtbogen überspringt. Das sei allen ins Logbuch geschrieben, die „mal eben" Bahnübergänge mit Booten auf Ackerwagen überqueren wollen. Den Sicherheitsabstand würde ich auf der Aller mit 10 Metern Masthöhe bis zu einer gewissen Hochwassermarke einhalten. Somit war die Entscheidung gefallen. Die Aller sollte unser neues Hausrevier sein: Eine Anfahrt zum Liegeplatz von 20 Kilometern klang besser als unsere bisherigen 220 Kilometer.

Die Wassertiefen zwischen Celle und der Schleuse in Oldau liegen bei 1 bis 2 Meter. Es gibt keine Brücken, sodass bis zur Schiffsschleuse in Oldau und von dort weiter nach Winsen gut 12 Kilometer mit stehendem Mast gefahren werden können. Einen Liegeplatz und eine Slipbahn findet man beim Wassersportclub Unteraller oder beim Oldauer Yacht Club. Der Celler Yachtclub ist wegen der niedrigen Brücken im Stadtgebiet von Celle nur für Motorbootfahrer interessant. Ein Sportboot sollte zurzeit maximal 70 Zentimeter Tiefgang haben. Stromleitungen erlauben eine Durchfahrtshöhe bis circa 11 Meter. Spätestens stromabwärts von Winsen muss der Mast wegen der Brücken und tiefer hängenden Stromleitungen gelegt werden. Die nächste Segelmöglichkeit findet man in Marklendorf vor der dritten Schleuse. Dort gibt es eine Steganlage mit etwa 30 Liegeplätzen.

Über den Reiz des Fluss-Segelns

Vom Celler Ortsrand aus fährt man unter Motor einen Kilometer stromabwärts. Ab Boye weicht der Wald zurück und der Fluss wird breiter. Ab hier gibt es Wind! Bis Oldau kann man 7 Kilometer durchgehend segeln. Auch zurück gegen den Strom ziehen die Segel, denn meistens sorgt der Südwest für achterlichen Wind. Das Segeln hier ist nicht ohne Reiz. Ein kleines Wäldchen lenkt den Wind immer an der gleichen Stelle ab. Man muss lernen, den Fluss zu lesen, und sucht das Kräuseln auf der Wasseroberfläche, das uns den nächsten Schub verspricht – so stellt man sich schon vorher auf eine Halse ein. Mit etwas Übung schafft man die ganze Strecke ohne Motorunterstützung.

Der Fluss hat jede Menge feinsandige Strände. An natürlichen Uferböschungen kann man mit Erdnägeln festmachen. Die Strände liegen zwischen Buhnen, die für Ausspülungen sorgen. Bis unmittelbar vor das Ufer hat man so tiefes Wasser. Sogar eine Kielyacht mit 1 Meter Tiefgang kann wie ein Paddelboot mit dem Bug auf den Strand fahren – wäre das Wasser an den Liegeplätzen in Celle nicht so flach. Trockenen Fußes kommt man so an Land. Und erst das freie Ankern über Nacht! Es duftete nach Wiesen, Heu und Wald. Da war sie wieder, meine Kindheitsemotion aus der Geschichte *Vom kleinen Häwelmann*, der in seinem Bettchen durch den Wald segelt. Wenn es dunkel wurde, der Wein auf den Tisch kam und die AC/DC-CD den Seemannsliedern von Hans Albers weichen musste, war es egal, ob wir in einer Meeresbucht oder auf der Aller lagen. Die Stimmung war genauso schön. Am nächsten Morgen fuhr ich dann in einer halben Stunde zurück an den Steg und von dort weiter zur Arbeit.

Das Segeln auf einem Fluss hat einige Vorteile: Hier wird niemand seekrank. Süßwasser lädt zum morgendlichen Vollbad ein, bei dem schmerzhafter Kontakt mit Feuerquallen nicht stattfindet. Dafür gibt es viele schöne Begegnungen mit anderen Tieren. Rehe kommen ans Ufer zur Tränke, manchmal sogar Wildschweine. Haubentaucher und Eisvögel sind zu sehen. An der „Whiskey-Kurve" liegt ein kleiner Auenwald, überall zirpt und pfeift es aus den Bruthöhlen. Der Name der Whiskey-Kurve stammt aus dem 18. Jahrhundert. Schmuggler luden an dieser Stelle heimlich Alkohol von ihren Booten um, den sie in Bremer Häfen organisierten. Zwei Kilometer stromaufwärts lag die Zollstation des Herzogs von Celle.

Die Aller fließt über die Weser in die Nordsee. Nach 117 Flusskilometern und vier historischen Schleusen erreicht man Verden. Zwischen den Schleusen auf den ersten 45 Kilometern hat man mit einem Tiefgang bis zu 70 Zentimeter keine Probleme. In den Kurven ein wenig außen haltend, ist es dort gut 2 Meter tief.

Flussfahrten haben ihre eigenen Herausforderungen

Ab der letzten Schleuse in Hodenhagen mündet die Leine ein. Ab hier bis zur Mündung in die Weser bei Verden fließt die Aller frei. Die Strömung beträgt circa 2 Knoten. Je nach Regenfällen ändern sich die Wasserstände schnell und Sandbänke sind auch veränderlich. Aber besondere Vorsicht ist stromabwärts der Fähre Eickeloh geboten. In der ersten langen Linkskurve unterhalb der Brücke von Eilte muss man sich außen sehr dicht am Ufer halten. In der ersten Rechtskurve vor Bosse sollte man dagegen bereits am Kurvenscheitelpunkt wieder zur Strommitte ziehen. Im Kurvenauslauf ist es am Ufer ungewöhnlich flach. Im Zweifel ganz langsam fahren und das Echolot im Blick behalten: Stromaufwärts kann man sich an Untiefen herantasten, aber bei Talfahrt sind diese Stellen gefährlich. Wer in trockenen Sommern den Fluss hinunter möchte, muss sich auf der gesamten Strecke zwischen Hodenhagen und Rethem vorsehen.

Aber wer bis Rethem gekommen ist, wird auch den Rest der Strecke schaffen. Wie der aktuelle Pegelstand ist, erfährt man rund um die Uhr nach telefonischer Abfrage des Pegels Rethem (Tel. 05165-19429) oder im Internet unter:

 https://www.elwis.de/gewaesserkunde/Wasserstaende

Wird die Wassertiefe mit 80 Zentimeter angegeben, ist es in Rethem noch bedeutend tiefer. Es ist trotzdem nur ein Anhaltswert für flache Stellen, die stromaufwärts liegen. Wer sicher sein will, hier auch in einem trockenen Sommer durchzukommen, sollte ein Boot mit maximal 50 Zentimeter Tiefgang anschaffen, bei dem der Antrieb hochgeklappt werden kann. Wenn es besonders flach wird, empfehle ich das Treideln in Badehose, was durchaus üblich an der Unteraller ist.

Die Strecke von Celle bis Verden kann man an einem Tag schaffen. Wir ließen uns dafür drei Tage Zeit. Unterwegs gibt es Übernachtungsmöglichkeiten an natürlichen Sandstränden. Auch vor den Schleusen kann kostenlos an den Stegen übernachtet werden. Wer ortsnahe Anleger sucht, findet sie in Oldau, Rethem und Westen. Besonders das kleine Dorf Westen hat unterhalb der Kirche mit ihrem mittelalterlichen Rundturm einen wunderschönen kleinen Hafen. Die enge Einfahrt wird man nur schaffen, wenn man sie gegen den Strom ansteuert.

Zur Ortsmitte und zum Bäcker geht man etwa 200 Meter. Unbedingt besuchen sollte man die alte Stadt Verden. Es gibt einen kostenlosen Anleger an einem Schwimmsteg. Sehr gut liegt man auch beim Wassersportverein. Im Internet findet er sich unter:

http://www.wsv-verden.de

Egal von wo, man ist in wenigen Minuten zu Fuß in der Altstadt. Der imposante Dom ist sehenswert und die Fußgängerzone lädt zum Bummeln ein. Jüngere Crewmitglieder freuen sich nach den 117 ländlichen Kilometern bestimmt auf einen Kinobesuch.

Auf der Weser ist die Schleuse Langwedel bald erreicht. Hier musste ich nie länger als 20 Minuten warten. Dann schiebt uns die Weserströmung mit Macht weiter und der Fluss wird immer breiter. Kurz vor Bremen liegt hinter der Autobahnbrücke ein kleiner Sportboothafen mit einer Bootstankstelle. Dann fährt man weiter zur großen Weserschleuse, die auf Selbstbedienung umgestellt ist. Man drückt einen Knopf und alles läuft automatisch ab. Eine Leuchtanzeige gibt die nötigen Anweisungen. In der Schleuse befindet sich ein Schwimmsteg. Leinen zu fieren ist unnötig. Auf dem Törn zur Nordsee wird man nun in einer Tide bis nach Bremerhaven kommen, sollte sich aber Zeit für Bremen mit seinem schönen Schnoorviertel nehmen.

Revierkombination „Binnen & Buten"

Die Vorsaison bis zum Juli verbrachten wir ausschließlich hier. Danach folgte eine Kombination aus Flussfahrt und ausgedehntem Sommertörn in Nord- und Ostsee. Danach tuckerten wir wieder nach Celle zurück.

Einmal habe ich das Boot auch auf dem Trailer von der Nordseeküste zurückgeholt. Wer sein Boot nur abslippen kann, aber zum Saisonende auf der Aller einen Kran zum Auswassern benötigt, kann sich jeweils Ende Oktober im Celler Yachthafen anmelden. Kontaktdaten im Internet unter:

http://www.yachtclub-celle.de

Den nächsten stationären Bootskran findet man erst wieder an der Weser beim Segelverein Achim-Thedinghausen.

 https://www.segeln-niedersachsen.de/verein-an-sicht/31101/

Ostfriesisches Inselspringen und eine Hommage an Helgoland.

Haben Sie je Luftbilder der ostfriesischen Inseln gesehen? Grüne Eilande, von weißen Sanddünen durchzogen, im blauen Meer. Zur Seeseite weiße Sandstrände. Im Gegensatz dazu steht die rote Felseninsel Helgoland, für Segler aus Nord- und Ostfriesland quasi als Hochseeinsel gleichermaßen anzusteuern – ein Segelrevier voller Kontraste. Das Meer hat hier eine individuelle Note. Man nimmt es noch intensiver wahr, eben wegen des Atmens der Gezeiten. Unwillkürlich zieht der Blick immer wieder hinaus: Wie läuft die Tide gerade? Ist schon Niedrigwasser? Und die Sandbank da hinten, wie hat sie sich verändert?

Bei Ebbe haben wir auf dem Sandstrand eine neue Rinne entdeckt. Wie tief sie wohl sein mag? Wie ein Bach mäandert sie durch den Sand. Steilufer im feinen Sand der Kurven. Ewig könnte man hier dem Spiel der Gezeiten zusehen. Dann stellt man sich hinein. Garnelen huschen aufgeschreckt zur Seite. Einige kollidieren mit unseren Füßen. Schneckengehäuse mit lustigen Bewohnern kullern in der Strömung – Einsiedlerkrebse in ihren Behausungen.

Allein der Weg hierher ist ein Traum. Eine Insel kommt näher. Die Konturen des Hafens zeichnen sich ab. Ringsum grüne Salzwiesen und die ersten Sanddünen davor. Zu Fuß geht es weiter. Kein Straßenverkehr. Keine Hintergrundgeräusche. Nur die Schreie einiger Möwen. Wir folgen schmalen Wegen. In Kurven führt unser Weg auf und ab durch das Meer der Sanddünen. Eine Landschaft wie aus einem Bilderbuch.

Immer wieder findet man eine Bank in dieser Abgeschiedenheit. Der Blick schweift umher. Ein beinahe handzahmer Fasan pickt zwischen dem Strandhafer herum. Kaninchen hoppeln durch die niedrigen Büsche. Schmetterlinge tanzen im Sonnenschein. Welch ein herrlicher Platz. Noch ein paar Seiten im Buch gelesen, dann weiter zum Meer. Langsam kann man es riechen. Seinen Duft nach salziger Gischt. Dann, auf der letzten Düne, öffnet sich der Blick. Eben noch begrenzt von Tal zu Tal, sehen wir nun die Weite des Strandes und der Nordsee bis zum Horizont. Draußen auf dem Meer entdecken wir ein einsames Segel. Die Schuhe sind noch an? Schnell in den Rucksack damit. Weicher Pudersand zwischen den Zehen. Man ist angekommen. Im Inselladen haben wir Brötchen, gesalzene französische Butter und eine Flasche Rotwein gekauft. Welcher Ort auf der Welt könnte schöner sein?

Was ich eben beschrieben habe, bietet jede der ostfriesischen Inseln. Die Dörfer liegen im Westen oder in der Mitte, aber nach Osten erstrecken sich kilometerweite Areale aus Sanddünen und breiten Stränden. Trotzdem hat jedes Eiland seinen eigenen Charakter behalten. Unverwechselbar und herb.

Ich beginne mit meiner Beschreibung im Westen auf Juist. Warum nicht Borkum? Eine Insel sollen Sie selbst entdecken und nicht viel darüber lesen. Hier nur so viel: In der Marina von Borkum liegt man ruhig, im ehemaligen Burkana-Hafen an den Pontons der aufgegebenen Marinekaserne im Schwell der Fähren oder bei Südwind meistens unruhig.

Zur Station der Inselbahn ist es nicht weit und in der Kajüte, dem Disco-Inselkeller, kann man zu zwei Musikrichtungen gut feiern und tanzen.

Übrigens: Es gibt im Netz zahlreiche sehr informative Seiten über das Revier. Wer mehr zu den Häfen, Liegemöglichkeiten in den Klubs oder Ankerplätzen wissen möchte, informiert sich beispielsweise unter:

http://www.wattsegler.de
https://www.skipperguide.de
http://www.esys.org

Juist: die Schmale

Aus dem Logbuch SY Niobe

Von Norddeich abgesegelt. Seenebel. Kaum 300 Meter Sicht. Fahrt bis zur Tonne B 18. Dann Kurs 265 Grad. Distanz 3,06 Seemeilen quer über das Watt zur Tonne Juist 20. Sicher den Prickenweg getroffen. Unterwegs eine Pricke mit buntem Blumenschmuck gesehen. Hier müssen freundliche Menschen leben, wenn sie die Segler so begrüßen. Als fünftes Boot im Päckchen fest. Noch der alte Anleger. Liegen ganz außen. Schöne Aussicht über das Watt. Westwind. Kein Schwell im Schutz der Mole.

Juist ist schmal, gerade mal 17 Kilometer lang und nur 500 Meter breit. Es gibt keine Motorfahrzeuge. Trotzdem werden große Wagen gezogen, um 3200 Einwohner und Touristen zu versorgen, und zwar von Pferden. Pferdefuhrwerke, wohin man sieht. Es ist wie eine Zeitreise. Nur der Baustil mag nicht so recht dazu passen: roter Backstein mit relativ modernen Fronten. Doch das weiße Seehotel am Strand mit seiner schönen Fassade macht alles wieder wett. Was auffällt, sind die vielen Geschäfte mit hochwertigen Kunstgegenständen. Dazu auch echte „Nautiquitäten". Wer ein Wohnzimmer im Kolonialstil mit maritimer

Note einrichten möchte, wird hier bestimmt fündig – allerdings auch zu entsprechenden Preisen. Im Ort selbst geht es still und beschaulich zu. Es herrscht trotzdem keine Langeweile. Abends ist Leben in den Restaurants. Musikkneipen gibt es auch, wenn man feiern möchte – und sogar ein Kino. Hin und wieder wird Livemusik auf einer kleinen Bühne mitten im Ort gespielt. Da ist dann alles dabei – von klassischen Streichern über Shanty-Chöre bis zu Rockmusik. Besonders zum Juister Drachenfest auf der Wiese am Hafen wird immer viel geboten. Krönender Abschluss ist ein Höhenfeuerwerk.

Der Strand ist wunderbar. Nichts Künstliches daran: keine Buhnen, keine Befestigungen – alles natürlich, obwohl auch hier nach Sturmfluten immer wieder Aufspülungen stattfinden. Ende 2014 hätte es beinahe wieder einen Flutdurchbruch zum süßwasserführenden Hammersee gegeben. Jetzt scheint der Sand hier noch weißer zu sein als woanders. Juist ist immer eine Reise wert.

Wie kommt der Segler nach Juist? Üblicherweise erreicht man Juist von Süd über die Memmert-Balje. Bei Tag sieht man eine auffällige weiße, spitzkegelige Gitterkonstruktion (Aussichtsturm) sowie das Juister Kurhaus, ein weißes Gebäude mit einer auffälligen Kuppel zwischen den roten Dächern der Juister Häuser. Umrandet wird der Hafen von einer Seebrücke, die zur Einfahrt führt.

Die Marina Juist bietet Platz für 150 Boote bis maximal 18 Meter Länge. Und für die Frühstücksbrötchen ist der Hafenmeister zuständig. Ein schöner Platz. Mit mehr als 1,40 Meter Tiefgang kann man allerdings bei Ostwind und Nipptide an einigen Liegeplätzen Probleme bekommen, sie wieder zu verlassen. Die Hafeneinfahrt ist zu schmal für das Baggerschiff. Wer hier mit mehr Tiefgang liegen will, fragt am besten vorab beim Segelklub, der auch den Hafen betreibt.

 http://www.segelklub-juist.de/kontakt

Der Vogelwart von Memmert

Vor Juist liegt die Vogelschutzinsel Memmert – ein Natur-schutzgebiet. Es wird von März bis November nur von einem Vogelwart bewohnt. Man kann die Insel nach Anmeldung im Rahmen geführter Touren besuchen. Mit Enno Janßen (55) führte ich ein Interview, weil ich wissen wollte, wie ein moderner Teilzeit-Robinson lebt und wie sich Segelboote auf die Vogelwelt auswirken. Seit 2003 ist Enno Inselvogt auf Memmert. Der Hüter von Flora und Fauna arbeitet im Auftrag des NL-WKN (Niedersächsischer Landesbetrieb für Wasserwirtschaft, Küsten- und Naturschutz). Seit 1907 wurde das Betreten der Insel zunehmend eingeschränkt und ist heute ganzjährig untersagt.

Herr Janßen, warum dürfen Segler bei Ihnen nicht anlegen?
Weil sie dann unzählige Vögel gefährden, die Schutzzone 1 des Nationalparks verletzen und von der Wasserschutzpolizei mit mindestens 35 Euro zur Kasse gebeten werden.
    Es liegt in der Natur des Menschen, seinen Fuß auf unbewohnte Inseln setzen zu wollen. Memmert ist ungefähr halb so groß wie Juist.

Haben Sie Verständnis für diese magische Anziehungskraft?
Natürlich, darum lebe und arbeite ich hier schon so lange. Wer Interesse an einem Besuch auf Memmert hat, kann sich auf Juist im Nationalparkhaus für eine Führung anmelden. Von August bis Oktober können mich zweimal pro Woche jeweils bis zu 40 Personen besuchen.

Ihr Vorgänger Reinhard Schopf lebte 30 Jahre auf der Insel. Er beklagte, dass viele Skipper illegal die Vogelschutzinsel anlaufen.
Das hat sich grundlegend geändert. Der Nationalpark ist mittlerweile in den Köpfen und in den Herzen der Einheimischen angekommen. Vielleicht liegt es auch an meinem Heimvorteil als Ostfriese? Einheimische akzeptieren mich eher, wenn ich sie plattdeutsch anspreche.

Dann gibt es keine ernsthaften Probleme mit Seglern?
Nein, eher mit tieffliegenden Sportflugzeugen und Segelflugzeugen, die wie Raubvögel als Gefahr wahrgenommen werden. Ansonsten kommt es schon mal vor, dass ein Boot beim Warten auf die Flut für ein paar Stunden in der Schutzzone der Juister Balje ankert. Solange niemand aussteigt und an Land kommt, kann man das tolerieren.

Warum werden Schutzzonen dann so weitgreifend eingerichtet?
Allein auf Memmert können zeitweilig bis zu 150.000 Zugvögel rasten. Im Jahreslauf besuchen bis zu 180 verschiedene Arten die Insel. Viele dieser Vögel stehen auf der roten Liste des Washingtoner Artenschutzabkommens. Sie pendeln auf der ostatlantischen Route zwischen ihren Brutgebieten in Grönland, Skandinavien oder Sibirien und ihren Überwinterungsgebieten in Afrika. Das sind überwiegend Nahrungsspezialisten, die sich nur in der Zeit um Niedrigwasser ihre Reserven für die Weiterreise anfuttern können.

Aber Möwen und Austernfischer laufen munter zwischen Strandspaziergängern herum?
Das sind Arten, die in der Regel nicht so empfindlich gegenüber Störungen sind. Bei anderen Arten kann ein einziger Wattwanderer schon auf einen Kilometer Entfernung einige Vögel zum Auffliegen bringen und schon folgt der ganze Schwarm. Oft merken die Leute gar nicht, was sie da anrichten. Besonders gefährdet sind auch brütende Vögel, beispielsweise die im Strandbereich brütenden seltenen Seeschwalben, und mausernde Vögel, wie die Eiderenten oder die flugunfähigen junge Brandgänse.

Den Fluchtreflex haben auch Seehunde und Kegelrobben, wenn Boote zu dicht an die Bänke fahren. Rund um Memmert leben ungefähr 1000 Tiere. Um die Niedrigwasserzeit nutzen sie die Sandplaten für ihre Ruhephasen. Dort bringen sie auch ihre Jungen zur Welt und säugen sie. Dichtes Ansteuern kann ein ganzes Rudel ins Wasser scheuchen. Minuten später folgt schon das nächste Boot. Wattwanderer, trockenfallende Yachten und die Tierwelt nutzen bei Ebbe dieselben Zeitfenster. Daher sind Schutzzonen so wichtig.

Ein einzelner Nationalparkwart kann nicht ständig ein großes Refugium überwachen.

Das ist zum Teil richtig und dazu hätte „Robinson" auch keine Zeit, denn da ist kein helfender „Freitag". Das Ganze funktioniert nur, weil die Akzeptanz der Schutzgebietsausweisung gewachsen ist. Doch im Watt und auf Memmert kann man weit schauen … Neben ornithologischen Aufgaben fallen zudem noch viele organisatorische Arbeiten an, um das Leben auf Memmert überhaupt zu ermöglichen. Zum Beispiel muss ich mein Trinkwasser von Juist in Kanistern heranschaffen. Als Brauchwasser nutze ich aufgefangenes Regenwasser. Die Süßwasserlinse von Memmert taugt nicht dazu.

Besitzt Memmert einen Stromanschluss?

Bis Dezember 2002 gab es eine Seekabelverbindung aufgrund des ehemaligen Leuchtturms auf Memmert. Seit das Seekabel zerstört ist, liefert mir eine Photovoltaikanlage den Strom.

Warum wurden Sie „Inselvogt"?

See-Sehnsucht ... Seit Urzeiten lebt meine Familie an der Küste. Mein Vater segelte oft mit mir. Mit 16 begann ich beim NL-WKN, wollte etwas für den Küstenschutz tun. Hierbei habe ich dann auch die Bedeutung des Naturschutzes für die Küste erkannt. An Memmert reizte mich zudem das einfache Leben in der ungestörten Natur. 2003 war mein Sohn zehn Jahre alt. Der Familienrat stimmte zu. Seither bin ich nur an jedem zweiten Wochenende zu Hause. Aber in den Ferien ist meine Familie bei mir auf der Insel.

Wovon träumt ein Einsiedler in einsamen Nächten?

Von Segelreisen. Und für den Ruhestand sparen wir auf ein atlantiktaugliches Boot.

Nordorney: oin bisschen Kurort,
ein bisschen „Ballermann"...

Aus dem Logbuch SY Niobe

Ich bin vorbeigesegelt. Norderney? Eine kurze Hafenrunde und schnell wieder weg nach Norddeich. Wollte eigentlich hier übernachten. Aber ich bin nach dem idyllischen Hafen von Baltrum in Sandinselstimmung und möchte auch am Liegeplatz den weiten Blick aus dem Cockpit des kleinen Allersegelboots Niobe genießen. Dazu der Straßenverkehr auf der Insel. Ich mag heute den Straßenverkehr auf der Insel nicht – da könnte ich gleich zum Festland weiterfahren, weil heute so ein schöner Segeltag ist. Die Versorgung in Norddeich ist gut, aber der Altstadtbummel in Norden ist noch schöner. Bin auf Skatern hingefahren. Gegenüber der Marina liegt die Bahnstation Norddeich Mole. Kaum 300 Meter vom Boot entfernt. Mit dem Zug ohne Umsteigen nach Hannover. Und Norderney? Muss später mal wiederkommen.

2006 kamen wir wieder – und danach jedes Jahr. Verzeihung, liebe Leute von Norderney – der Hafen ist nicht ganz mein Fall, auch wenn das Clubheim hervorragende Sanitärräume hat und die Hafenbar gut besucht ist. Hohe Spundwände schützen ihn ringsum, aber man sieht den Strand nicht mehr – es fehlt der weite Blick vom Liegeplatz, wie ihn die anderen Inseln bei Hochwasser bieten. Was allerdings zweifelsohne für den Hafen spricht, ist seine Wassertiefe, die zahlreichen Liegeplätze (250 an der Zahl) und das Seegatt dahin: Norderney kann somit auch von tiefgehenden Yachten angelaufen werden. Wer für längere Zeit einen Liegeplatz sucht, erkundigt sich besser unter:

http://www.norderney-hafen.de

Direkt vor dem Gelände zur Marina gibt es einen Fahrradverleih. Das ist nicht die schlechteste Art, die Insel zu erkunden, denn Norderney ist eine relativ große Insel. Wer die Ruhe sucht, kann sie auch auf Norderney finden. Ohne Frage. Mit dem Fahrrad über gut ausgebaute Wege durch die Dünen zu fahren ist ein Erlebnis.

Die Autos fahren in erster Linie auf der Festlandseite. Auf dem Weg zur Innenstadt kommt man zunächst nur durch fast leere Nebenstraßen. Im Gegensatz dazu steht das bunte Leben in den Straßen der Innenstadt. Der Begriff Stadt passt hier schon eher als auf den anderen Inseln. Partygänger und Touristen mischen sich mit den Einheimischen. Alles inmitten von Geschäften, Buchläden, Juwelieren, Boutiquen, Imbissen und Restaurants. Dazu Musikkneipen und Diskotheken. Bei all der bunten Vielfalt hat sich Norderney den Charme eines alten Seebades und Kurbetriebs erhalten. Weiße Hotelfassaden, ein Spielcasino, Kurorchester samt Shantychor im Park. Auf dieser sehr vielseitigen Insel ist für jeden etwas dabei.

Baltrum: die Bade- und Wanderinsel

Aus dem Logbuch SY Niobe

Um 10 Uhr zieht im Westen eine Schauerfront auf. Südwest 7. Laufen vor dem großen Regen gerade noch Baltrum an. Um 11:30 Uhr unter Segeln in den Hafen. Kenne mich hier gut aus. War mit Kenterprise schon mal da. Leider sind im hinteren Teil alle Päckchen voll. Gehe vor dem ersten Steg an einer Reinke Super 11 längsseits. Unruhiger Platz in kabbeliger See des Vorhafens. Der Westwind drückt Niobe mit ihrem leichten GFK-Rumpf gegen das Aluminiumschiff. Zum Hochwasser um 20:46 Uhr bläst es mit West 9 – die Hölle im Hafen. Niobe tanzt. Fender plattgedrückt. Liegen im Vorschiff. Die Bordwand bewegt sich unter dem Druck der Fender immer wieder nach innen. Drückt dabei gegen die Knie. Dazu endloser Regen. Bei dem Winddruck ist Verlegen unmöglich. Erst um Mitternacht bei niedrigem Wasserstand Ruhe gefunden. Lerne daraus: Keinen Liegeplatz wählen, an dem man bei Starkwind auf einen Steg oder ein anderes Boot gedrückt wird. Jedenfalls nicht mit einem dünnwandigen Trailerboot. Die Innenlieger hatten keine Probleme. Der Wind setzte ihre Boote etwas vom Steg ab..

Obwohl Baltrum nichts Spektakuläres zu bieten hat, bin ich sehr gerne hier. Was mir gefällt, ist der Sandstrand direkt am Hafen. Zum Baden braucht man nicht erst quer über die Insel zu laufen.

Den Hafenmeister findet man am Flugplatz. Wer einen Rundflug machen möchte, kann sich gleich hier melden. Im Ort sind viele Familien unterwegs; kein Vergleich zur Partymeile von Norderney.

Und sonst? Inselkirche, Bäckerei, Lebensmittelladen, Buchladen, Fischimbiss und einige Restaurants. Nichts Besonderes und doch liebenswert. Natürlich keine Autos. Dagegen Hand- und Pferdewagen. Über den weiten Strand und auf gewundenen Wegen kann man ungestört durch die Dünen wandern. Kein Fahrradfahrer wird einen anklingeln, denn selbst für Fahrräder sind diese Wege zu schmal. Wer Abgeschiedenheit sucht, einen Tag mit Picknickkorb und einem Buch draußen verbringen möchte, ist im Dünenmeer von Baltrum gut aufgehoben.

Der Segler erreicht Baltrum aus Westen kommend durch das Norderneyer Wattfahrwasser. An der Osthuk von Norderney wird man dicht an einer besonders gut frequentierten Seehundbank vorbeikommen. Pricken kennzeichnen den Weg wie überall, die Navigation ist einfach. Den letzten Abschnitt zur Balje, an dem Tonnen liegen, sollte man tunlichst ausfahren und nicht zum Hafen abkürzen. Von Osten aus dem Hafen von Langeoog kommend fährt man durch das Baltrumer Wattfahrwasser. Das Seegatt zwischen Baltrum und Norderney ist für Kielyachten nicht befahrbar. Wer von Ost kommt, sollte Tidenzeiten besonders gut berechnen können, denn nirgendwo ist das Wattenhoch flacher. Mit dem Tiefgang der *Fuchur* von 1,30 Meter können wir Baltrum bei starkem Ostwind oder bei Nipptide aus dem Osten nicht erreichen. Den Hafen kontaktiert man unter:

Baltrumer Bootsclub, Westdorf 16, 26579 Baltrum, Tel. 04939/448.

Langeoog: Fahrräder, Inselbahn und glückliche Kühe

Aus dem Logbuch SY Niobe

Wir waren wieder in Dornumersiel (identisch mit dem Yachthafen Accumersiel). Haben im Yachthafen an den Schwimmstegen „klar Schiff" gemacht. Mit Kenterprise habe ich hier zum ersten Mal eingesetzt – der Bootskran des Fischhallenbetreibers ist noch da. Treffe auch Hafenmeister Karl wieder, ehemaliger

KFZ-Meister und eingeheirateter Ostfriese mit Blick fürs We-
sentliche. In der Fischhalle gut und günstig gegessen. Dann
den kurzen Schlag nach Langeoog „getrieben", Westwind 1.
Der Hafen ist recht gut. Hier habe ich immer einen freien Platz
an den Fingerstegen gefunden. Allerdings fallen viele Plätze
trocken. Auch keine Probleme für Kielboote. Sie sinken im wei-
chen Schlamm ein. Bei Niedrigwasser ein ruhiger Platz, aber
bei Hochwasser läuft der Schwell von vorbeifahrenden Schiffen
rein. Auf dem hohen Ufer treffen sich die Segler im Restaurant.

Der Ort liegt ziemlich weit weg. Zu Fuß geht man eine drei-
viertel Stunde. Der westlich gelegene Weg führt durch einen
Erlenwald, der einen seltsamen Kontrast zu dieser Sandinsel
darstellt. Einfacher ist es mit der Inselbahn. Die bunten Wagen
werden von kleinen Diesellokomotiven zum Dorf gezogen. Auf
der Insel wird man oft auf Betonplatten stoßen, die unter dem
Sand verschwinden. Es sind die ehemaligen Startbahnen eines
Fliegerhorstes aus dem zweiten Weltkrieg. Auch der große Hafen, zur Hälfte verschlickt, stammt aus der Zeit.

Kurvenreiche Fahrradwege führen durch die Dünen und zu
schönen Aussichtspunkten. Um das richtig genießen zu können,
muss man sich am Hafen beeilen, damit man noch ein Fahrrad
mieten kann. Im Ort gibt es dagegen genügend Verleihstatio-
nen. Langeoog ist eine sehr weitläufige Insel. Eben lang, wie
der Name schon sagt – immerhin 12 Kilometer. Da kann man
recht gut radeln. Auf einigen Bauernhöfen wird noch Landwirt-
schaft betrieben. Für Inselverhältnisse weiden erstaunlich viele
Kühe auf den Wiesen.

Im Ort ist alles da, was man sucht: Eisdiele, Andenkenläden,
Restaurants. Es ist weniger beschaulich als vielleicht auf Baltrum
oder Juist, aber das ist bekanntlich Geschmackssache. Informationen rund um Yachthafen, Revier und Regatten finden sich unter:

http://www.sv-langeoog.de/site/index.php?Aktuelles

Besonders im Frühling ist Spiekeroog für mich eine der schönsten Inseln der Nordsee.

Spiekeroog: Friesenhäuser und windgebeugte Wäldchen

Aus dem Logbuch der Fuchur

Laufen Spiekeroog eine Stunde nach Niedrigwasser an. Hoch und trocken liegen die Sandbänke auf beiden Seiten des langen Priels, der zum Hafen führt. Laut Seekarte ist es hier bei Niedrigwasser 1,2 Meter tief. Kein Problem für Niobe mit nur 70 Zentimeter Tiefgang. Schippern mit 4 Knoten. Große Freude auf unsere zweite Lieblingsinsel. Stehen alle im Cockpit und schauen gespannt. Plötzlich fallen wir übereinander. Lukas purzelt den Niedergang hinunter. Aufgelaufen. Niobe wird abrupt gestoppt. Eine Barre hält uns auf. Wer hätte gedacht, dass es einen bei 4 Knoten von den Füßen holt? Dabei war es nur weicher Sand und kein Felsen. Sieh einer an. Die Wassertiefenangaben der Seekarte stimmen mal wieder nicht. Aber so ist es eben im Watt. Lehrreicher Anfängerfehler. Sehe erst jetzt die Gefahr, freihändig auf dem Deck herumzulaufen, während man sonst mit 5 Knoten über flache Bänke rauscht. Also gilt künftig: Wird es flach, müssen alle sitzen.

Wie hoch sind die Liegegebühren auf den Nordseeinseln?

Vorab: Inselhäfen sind ungefähr 10 Euro teurer, als Sielhäfen am Festland. Hier finden Sie ein Beispiel aus dem Jahr 2016 für die Liegegebühren der 12 Meter langen *Fuchur* für eine Übernachtung auf Spiekeroog: Liegegebühr 20 Euro, Servicegebühr je Person 2 Euro, Kurtaxe je Person 1,65 Euro, Landstrom 3 Euro. Die Kurtaxe wird wegen der Nähe zum Dorf mit eingezogen. Die Servicegebühr beinhaltet den Zugang zum hervorragenden neuen Duschhaus – allerdings ist gegen ein Pfand von 10 Euro eine Servicekarte erforderlich.

Auf den Inseln sind die Gebühren weitgehend gleich. Günstiger sind viele Festlandshäfen, wo meist nur 1 Euro pro Meter Bootslänge anfallen. Im Vergleich mit Landreisenden, die Fähren, Hotel und Verpflegung bezahlen müssen, sind die Kosten unterwegs relativ gering. Wir ankern in der Regel jede zweite Nacht, sodass ein Inselwochenende für die Familie nur rund 30 Euro kostet.

Friesische Dorfidylle

Wenn man nach einer typisch friesischen Idylle sucht, wird man sie in vollem Umfang auf Spiekeroog finden. Wer die „heile Welt" alter Zeit sucht, entdeckt sie hier.

Schon auf den ersten Blick erscheint Spiekeroog für mich als eine der schönsten ostfriesischen Inseln. Die Häuser im Dorfkern sehen nicht nur alt aus, sie sind es auch. Rote Steine, grüne Giebelverkleidungen, weiße Fensterrahmen, viele Reetdächer. In manche Dachrinnen kann man fast hineinsehen, so tief sind die Dächer heruntergezogen. Dazu die kleine Inselkirche von 1696 mit ihren uralten Grabsteinen im Kirchgarten. Das Dorf blieb über Jahrhunderte von Sturmfluten verschont. Zudem war während der beiden Weltkriege kein Militär stationiert, das Bombenangriffe auf sich ziehen konnte. Die Spiekerooger sind wohltuend spießig geblieben, als der Bauboom der 60er- und 70er-Jahre so manche Küste verschandelte. Sie blieben sogar so konsequent in ihrer Haltung, dass sie das einzige Betonhotel abreißen ließen, welches, sagen wir mal versehentlich, gebaut worden war. Es stand auf dem freien Wiesengelände am Rathaus.

Angenehm ist der kurze Weg vom Hafen in den Ort. Obwohl sich im Sommer tagsüber jede Menge Touristen durch die engen Gassen schieben, verliert das Inseldorf nichts von seinem urwüchsigen Charme. Denn außer einem Supermarkt befinden sich alle Geschäfte in den geduckten kleinen Häusern. Sie werden ausnahmslos im Tante-Emma-Stil betrieben. Wer hier bauen will, muss sich anpassen. Rote Klinker, grüne Giebel.

Man muss die ganze Insel durchqueren, um an den Strand zu gelangen. Vormittags zieht der Strom von Tagestouristen und Feriengästen zu Fuß über den befestigten Dünenweg, abends geht es zurück. Doch viele Nebenwege führen in die Einsamkeit.

Der Hafen hat das vielleicht beste Ambiente aller ostfriesischer Inseln: Bei Hochwasser hat man einen weiten Blick über das Wattenmeer und schaut nicht auf Spundwände. Im neuen Sanitärhäuschen gibt es heiße Duschen ohne Zeitlimit – ein Genuss, wenn es kalt ist. Die Liegegebühren sind eben etwas höher, enthalten allerdings auch die Kurtaxe – ein Zugeständnis an den kurzen Weg zum Dorf. Geradezu fürsorglich verhält sich der Stegwart, der sogar am Pfingstwochenende zur Regatta noch Boote unterbringt, wenn der Hafen aus allen Nähten platzt. Zur Not wird ein „Fünfzehnerpäckchen" gebildet. Sonst findet man zumindest unter der Woche immer einen freien Fingersteg. Gäste gehen an den Oststeg. Der Weststeg ist den Clubmitgliedern vorbehalten – freie Plätze werden dort mit grünen Schildern ausgewiesen.

Weil Spiekeroog so einzigartig ist, möchte ich an dieser Stelle meinen Freund Julius Zimmermann zu Wort kommen lassen. Er ist auf Spiekeroog aufgewachsen:

„Was mich persönlich an dieser Insel fasziniert, ist ihre ursprüngliche Schönheit, selbst abseits der bewohnten Gegenden. Kilometerweite Sandstrände, auf denen man sich sehr allein und verloren fühlen kann. Landschaften im Osten der Insel, die berauschend schön und ungewohnt zugleich sind. Die im Norden vorgelagerten Sandbänke lassen sich bei auflaufendem Wasser mit Neoprenanzug erschwimmen und erkunden.

Spiekeroog hat sich im Bereich der Infrastruktur getraut, technische Errungenschaften rückgängig zu machen. Das Westende wurde bis in die 80er-Jahre von einer Eisenbahnstrecke durchzogen. Die Inselbahn verband den alten Anleger mit dem urbanen Teil der Insel. Man fuhr seinerzeit über pollergestützte Gleisanlagen aus Holz vom Dorf zum Anleger. Der ‚Inselchief' fand es zu aufwendig, jedes Jahr den angespülten Grund im Hafenbecken entfernen lassen zu müssen, weswegen man sich für eine baggerschiffschonende Variante entschied. So hoffte man jedenfalls. Der Anleger wurde nach Osten verlegt. Damit hatte sich die Existenzberechtigung der Inselbahn erledigt – wahrscheinlich ging es in erster Linie darum, sie einzusparen. Die Eisenbahninfrastruktur wurde zurückgebaut. Mittlerweile wird eine Teilstrecke im Sommer für Touristen als Pferdebahn zum Westend betrieben.

Ein Tipp für Insider: Trockenfallen am alten Anleger (Achtung – der Bereich ist teilweise stark versandet und der Grund verändert sich laufend), anschließend zu Fuß entlang des alten Bahndamms – und nach etwa 30 Minuten erreicht man ein kleines Holzhaus. Hier führt Lars, ein Bremer, der mit seiner Familie auf Spiekeroog lebt, einen kleinen Laden. Dieser Schuppen ist der kulturelle Dreh- und Angelpunkt am Westend. Ab 23 Uhr verlagert sich das Treiben ins *Laramy*, eine Discokneipe mit einem eigenwilligen, aber kultigen Ambiente." Informationen für Segler gibt es beim Spiekerooger Segelklub.

http://www.spiekerooger-segelclub.de

Wangerooge: Hafenstrand, Rapunzelturm und Bummelbahn

Aus dem Logbuch

Bremerhaven, ablegen 08:45 Uhr – Wangerooge, anlegen 16:30 Uhr: Bei Windstärke 0 ist die Nordsee ein Ententeich. Zumindest bis zur Tonne 32 auf der Außenweser. Aber auf den Outerbanks große Schaukelei: hohe Dünung aus Nordwest vom Starkwind der letzten Tage. Außen um Wangerooge herum gesegelt bei Südwest 3. Tonne Harle 2 des Seegatts gut getroffen. Mit auflaufendem Wasser hinein. Direkt vorbei an der Seehundbank von Spiekeroog. Dann fällt der Blick auf die Sandstrände von Wangerooge und den einzelnen Westturm. Wir legen als drittes Boot im Päckchen neben der Seezwerg an.

Die Liegegebühren auf Wangerooge sind etwas günstiger als auf Spiekeroog, aber es gibt für Gastlieger kaum Fingerstege, sodass in den Ferien häufiger in Päckchen angelegt wird. Mehr als drei Boote nebeneinander sind jedoch selten.

Die Gebühren für die 12 Meter lange *Fuchur* betrugen im Jahr 2016: Liegegebühr 18 Euro, Servicegebühr je Person 1,50 Euro, Strom an Automaten auf dem Oststeg je Kw 1 Euro, am Weststeg pauschal 3 Euro. Die Servicegebühr beinhaltet auch den Zugang zu Toiletten und heißen Duschen, die jedoch im Vergleich mit Spiekeroog nur klein sind. Kurtaxe ist wegen der Entfernung von 5 Kilometern zum Dorf nicht extra zu bezahlen.

Bis in den Ort ist es ein langer Fußmarsch, aber da wir meist um die Hochwasserzeit ankommen, fährt auch die Inselbahn mit den Gästen der Fähren. Auf der Insel gibt es außer dem Kurpark nur wenige Bäume. Die Häuser sind überwiegend im Stil der 60er-Jahre errichtet. Erst auf den zweiten Blick habe ich Wangerooge für mich neu entdeckt. Und das mit erhöhtem Suchtfaktor. Hier könnte ich mein Leben oder zumindest einen ganzen Sommer verbringen.

Die Ansteuerung des Hafens ist leicht. Jedenfalls wenn man ungefähr den Kurs von 30 Grad einhält und den Strom aussteuert, der vor der Einfahrt setzt. Kommt man über das Wattfahrwasser von Minsener Oog aus hierher, ist man versucht, in Sichtweite des Hafens zu früh einzudrehen. Man landet dann unweigerlich auf den flachen Bänken. Darum steuert man so lange brav nach den roten Tonnen, bis die Peilung von 30 Grad steht. Sorgen wegen der Wassertiefe braucht man in der Hafeneinfahrt auch bei Niedrigwasser nicht zu haben. Allerdings gibt es eine Engstelle in Höhe der Pricken, an der ich Fähren gerne die gesamte Breite überlasse und warte, bis sie diese passiert haben.

Ein Vorteil, den sonst nur noch Baltrum bieten kann, ist der tolle Badestrand direkt am Hafen. Feiner Dünensand weht bisweilen herüber, aber er erreicht die Boote nicht. Obwohl der Hafenstrand an das innere Wattenmeer grenzt, gibt es keinen Schlick, sondern bei Niedrigwasser badewannengleiche Ausspülungen mit festem Sand, die sich in der Sonne schnell erwärmen..

136

Was im Hafen fest gebaut ist, steht auf Stelzen: das Haus des Fährhafenmeisters, das Clubhaus und die sanitären Anlagen. Sogar die Telefonzelle. Bei Sturmflut ist hier „Land unter". Wir haben es selbst schon erlebt: Ein Nordweststurm der Stärke 10 ließ das Wasser ansteigen. Die Schwimmstege „am Anschlag" und die festen Stege bis zum Hafenmeister standen einen halben Meter unter Wasser. Man kam bei Hochwasser nur noch barfuß und mit kurzen Hosen an Land. Unsere geplante Strandwanderung brachen wir schnell wieder ab. Im Sturm wurden wir regelrecht gesandstrahlt. Keine Chance, dabei die Augen offen zu halten. Drei Tage ging das so. Dann kam der Sommer zurück.

Die Inselbahn mit ihren bunten Wagen fährt langsam. Unterwegs kann man sogar Vogelnester entdecken. Hasen und Kaninchen hüpfen durch die niedrigen Büsche und Gräser. Die Schienen werden hin und wieder vom Dünensand überweht. Durch Tümpel, Priele und Salzwiesen führen sie zum Ort. Weichen werden noch von Hand umgelegt. Die Bummelstrecke ist nur wenige Kilometer lang und wirkt wie die Märchenbahn in einem Freizeitpark. Der Anblick der Inselbahn macht mich sentimental. Mit ihr fährt unsereins nicht zur Arbeit, sondern macht Pause von der hektischen Welt auf dem Festland. Und dann kommt man am alten Bahnhof an. „Kehr wieder" steht auf dem für Inselverhältnisse großen Gebäude. Ich kann das nur bejahen, denn ich möchte unbedingt wiederkommen. Immer wieder.

Vom Bahnhof aus führt eine Bummelmeile schnurgerade durch den Ort bis zum Kaffee Pudding. Vorbei am Leuchtturm mit einem Museum und der Dampflokomotive, die noch auf der alten Inselstrecke zum ehemaligen Ostanleger fuhr. Vom Ende der Promenade hat man einen tollen Blick auf die Nordsee und ihren Großschifffahrtsverkehr. Eindrucksvoll ist es, wenn ein Supertanker die Jade ansteuert und dabei nur eine Seemeile vor dem Strand auf den neuen Kurs um Minsener Oog eindreht.

Erwischt man am Hafen keine Inselbahn, dann hat man einen recht langen Fußmarsch zum Inseldorf vor sich. Doch ich mag ihn sehr. Denn abwechslungsreicher kann es kaum sein. Zuerst führt der Weg am Schutzgebiet der Salzwiesen vorbei. Dann am verwunschen anmutenden Westturm. Er steht so unwirklich in dieser Insellandschaft, als gehöre er nicht hierher. Ringsum befinden sich keine Straßen.

Es gibt nur einen Deich und Sanddünen. Man kann am Tresen der Herberge den Schlüssel gegen Pfand erhalten und darf bis in das oberste Turmzimmerchen steigen, in das man nach acht steinernen Treppen über eine immer schmaler werdende Holzwendeltreppe gelangt. Mit vier Personen passt man da gerade hinein und hat einen atemberaubenden Blick. Ich verrate nicht, wo darin der Geocache zu finden ist, doch gerade die friesischen Inseln sind für das Hobby wegen ihrer Weitläufigkeit und verträumt wirkenden Topografie ideal.

Anstatt rund und gestreift zu sein, wie es sich für einen Inselturm gehört, ist der Westturm eckig, mittelalterlich und hat ein spitzes Kupferdach. Der erste Eindruck? „Rapunzel, lass dein Haar herunter!" Dabei ist der Turm noch gar nicht so alt. Erst Anfang der 30er-Jahre wurde er als Ersatz für den alten Westturm erbaut. Seinen Vorgänger hatte man 1914 gesprengt, um der englischen Flotte die Ansteuerung auf Wilhelmshaven zu erschweren. Aus heutiger Sicht sehr bedauerlich – hatte doch der alte Turm seit 1602 im Gegensatz zu anderen Gebäuden der Insel nicht nur alle Sturmfluten überstanden, sondern auch den Umzug der Insel von Westen nach Osten. Denn Wangerooge ist instabil und fordert stets neue Küstenschutzmaßnahmen.

Der Turm wurde ursprünglich an der Ostseite gebaut, um Schiffen als Landmarke zur Weseransteuerung zu dienen. Im Laufe der Jahrhunderte ist Wangerooge dann auf Wanderschaft gegangen. Aber keine Angst. Sie brauchen sich auf dem Fußweg über den Anschlussdeich ins Dorf nicht zu beeilen. Denn so schnell ist die Insel heute nicht mehr. Die Buhnen am Westende haben sie gestoppt, doch nun kämpft man wieder mit Sandaufspülungen an den Hafendünen und im Mittelteil der Insel um die Strandpromenade. Informationen für Segler gibt es im Wangerooger Yachtclub unter:

 http://www.wyc-wangerooge.de.

Helgoland: Wirklich nur ein „Fuselfelsen"?

Deutschlands einzige „Hochsee"-Insel darf an dieser Stelle nicht fehlen, auch wenn sie nicht zu den ostfriesischen Inseln gehört. Mir persönlich tut es leid, wie viele Landsleute im Zusammenhang mit billigen Spirituosen abwertend von dieser Insel sprechen, denn sie hat viel zu bieten.

Was Menschen hier in grauer Stein- und Bronzezeit trieben, ist nicht ganz klar. Es wurden Hügelgräber auf dem Oberland nachgewiesen und es gibt Hinweise auf Kupfergewinnung. Erst im Mittelalter macht Helgoland wieder von sich reden. Denn unbedingt genannt werden muss hier Klaus Störtebekers Piratenstützpunkt. Bestimmt kam es bei der Vernichtung der Alkoholreserven erbeuteter Schiffe zu ausgedehnten Gelagen. In späteren Jahrhunderten ergänzte der Alkoholschmuggel die Einnahmen der Bevölkerung. Und das nicht nur zur Zeit der napoleonischen Kontinentalsperre. Auch heute noch sind manche Freizeitkapitäne dieser Tradition verbunden.

Helgoland ist ein einzigartiges Naturwunder. Seine 60 Meter hohen Klippen wirken in der Wasserwüste beeindruckend und stehen im Kontrast zu den flachen friesischen Sandinseln, an die des Seefahrers Auge eben noch gewöhnt war. Ringsum ist kein Land in Sicht. Versinkt die Sonne am Horizont, bemerkt man erst diese wahre Abgeschiedenheit. Die meisten Touristen verlassen die Insel jedoch am Abend mit den Bäderschiffen und nur noch wenige Menschen nutzen die einzeln stehenden Bänke, um ihren Blick in die Ferne schweifen zu lassen. Jetzt kann man in Ruhe Lummen und andere Seevögel in ihren Nestern auf den schmalen Simsen beobachten.

Wir Segler können uns in den nautischen Geschäften auf dem Unterland recht gut versorgen. Selbst eine fehlende Seekarte wird man hier bekommen, falls man spontan ein neues Segelrevier ansteuern möchte. Denn dafür bietet Helgoland unter nautischen Aspekten den besten Ausgangshafen der gesamten Nordsee. Man erreicht ihn telefonisch unter:

Tel.: 0049 47258 1593583.

Leider trifft das nicht auf den Liegeplatzkomfort zu. Deutschlands einzige und gut frequentierte Hochseeinsel hat noch immer keine richtige Steganlage. Dabei unterscheiden sich die Liegegebühren nicht von kleinen Inselhäfen mit erheblich weniger Besuchern. Platz wäre im großen Südhafen vorhanden, doch anstatt wenigstens zwei zusätzliche Stegreihen anzulegen, passiert hier nichts. So bilden sich immer große Päckchen, die den Nachteil haben, dass die Gastlieger nicht an bestimmte Tidenfenster gebunden sind wie auf den ostfriesischen Inseln.

Denn Helgoland bildet den Ausgangshafen für alle Nordseeziele. Hier will zu jeder Uhrzeit immer einer raus. Und so habe ich es noch nie erlebt, dass ich nicht morgens um 4 Uhr oder gar noch früher mit Verholmanövern beschäftigt wurde, die sich alle zwei Stunden wiederholten. Weil ich dazu keine Lust habe, bin ich stets zusammen mit dem ersten Segler wieder losgeschippert, der den Hafen verlassen wollte – also meist noch in der Dunkelheit.

Nun könnte man schließen, dass die Gemeinde für einen Yachthafen kein Geld hat. Aber so ganz ist das nicht nachvollziehbar. Viele Tagestouristen kaufen hier ein. Und durch die Windparkbauer bevölkern zahlreiche Monteure die Insel. Wenn aber stattdessen selbst die verblichenen Informationstafeln auf dem Oberland kaum noch lesbar sind, läuft etwas falsch im „Inselstaat Helgoland". Der private Wassersportklub Helgoland vergibt nur in seltenen Fällen Liegeplätze – allerdings darf ohne die Einweisung durch den Verein nicht angelegt werden. Weitere Liegeplätze gibt es im Nordosthafen. Wer auf die Helgoländer Düne möchte, muss ein Fährboot benutzen, denn es liegt kein Steg für Tagesbesucher aus.

Zurück zu interessanten Aspekten: Wer gerne Höhlen und Tunnelanlagen besichtigt, kann an einer 400 Meter langen Führung durch die militärischen Bunkeranlagen teilnehmen. Der Felsen ist hohl wie ein Schweizer Käse.

Die Gänge sind mehrere Kilometer lang, aber längst nicht mehr alle zugänglich. 1947 versuchten britische Streitkräfte, mit rund 100 000 Granaten, Wasserbomben und Torpedoköpfen die Insel zu sprengen. 6 700 Tonnen Sprengstoff verursachten im U-Boot-Bunker und im Tunnellabyrinth die größte nicht nukleare Sprengung der Geschichte. Dadurch entstand das Mittelland, doch Helgoland hielt stand.

Um keinen falschen Eindruck aufkommen zu lassen: Für Segler ist der Hafen zum Schutz bei Stürmen wichtig. Dank des weithin sichtbaren Leuchtfeuers kann man nachts auf Sicht fahren und die Ansteuerung stellt kein Problem dar. Helgolandfahrten gehören zu den schönsten Törns, die auf der Nordsee unternommen werden können, eben wegen des aufsteigenden Punkts in der Weite der See.

Geocaching – ein Hobby für Segler im Norden

Skipper und Geocacher: Christel und Martin Strangmeier vom Wolfsburger Yacht Club segeln auf dem Allersee und dem Steinhuder Meer. Als Fahrtensegler sind sie mit ihrer Hai 710 *Kumara* auch auf Nord- und Ostsee unterwegs. Wenn andere nach dem Anlegen den nächsten Einkaufsladen suchen, kommt es vor, dass sie zuerst auf „Schatzsuche" gehen. Sie haben mir erklärt, warum sie Geochaching und das Segeln im Norden kombinieren.

Was haben Argonauten mit Geocachern gemeinsam?
Segler und Geocacher folgen auch heute noch ähnlichen Motivationsmustern – es sind naturverbundene Entdecker. Geocacher suchen nach festen, wasserdicht verschließbaren Behältern, die den Inhalt vor äußeren Einflüssen schützen können. In ihrem Inneren verbergen sich in der Regel ein Logbuch, in das sich der Finder einträgt, sowie ein oder mehrere Tauschgegenstände, die man beim nächsten Geocache hinterlassen kann. Für jeden Geocacher, also modernen Argonauten, sind diese Fragen am spannendsten: Wo liegt der Cache – hinter der nächsten Kurve oder in der nächsten Bucht?

Wohin geht danach die Reise? Das kann man wunderbar miteinander verbinden.

Also moderne Schatzsucher mit GPS statt Schaufel?
Irgendwie schon – aber auch Geschichtensucher: Warum hat jemand den Ort als Versteck gewählt, welche Rätsel hat er verborgen und wer war bereits hier? Ein Geocache soll immer auf etwas Besonderes hinweisen. Beim Anlegen in Cuxhaven fanden wir in der magnetischen Hülse unter der Treppenstufe einer historischen Fischhalle interessante Informationen. Mehr dürfen wir nicht verraten …

Was benötigt man zur Suche eines Geocache?
Zur Suche benutzen wir das GPS-Handgerät, welches wir auf unserem Kleinkreuzer als Navigationsgerät verwenden. Dazu kommen Handspiegel, Stift und Taschenlampe. So leicht kann der Segler das Hobby „Geocaching" mit Bordmitteln ausüben. Es gibt viele unterschiedliche Arten von „Caches": Bei „traditionellen Geocaches" liegen Behälter und Logbuch an den angegebenen Koordinaten, während beispielsweise bei „Multi-Geocaches" Zwischenstationen dorthin führen …

… was dann Stunden dauern kann?
Gut gefallen hat uns der Multi „um Amrum rum", der mit einer 22 Kilometer langen Tour zehn Sehenswürdigkeiten der Insel zeigt. An allen Sehenswürdigkeiten musste man Zahlen ermitteln, die die Koordinaten zum Ort des Behälters mit Logbuch ergaben.

Gibt es noch Wanderrouten ohne Caches?
Weltweit gibt es etwa 2,5 Millionen Caches. Sie liegen in allen möglichen Bereichen. An der Küste und auf den Inseln gibt es viele, weil es Menschen eben zum Wasser zieht. Damit kann man sich dann auch gut die Zeit vertreiben, wenn gerade kein Segelwetter ist. Mit den Augen eines Geocachers denkt man unterwegs häufig: „Hier ist es schön, das sollen andere sehen, hier gehört ein Cache hin." Und viele setzen diesen Gedanken in die Tat um.

Beispiel Wangerooge: Da liegt der Cache in der Turmspitze ...
... und man hat einen tollen Ausblick über die Insel. Man würde wahrscheinlich ohne Cache nicht auf die Idee kommen, den Turm einfach so zu besteigen, doch wenn man an der Rezeption um den Schlüssel zur Spitze bittet und seinen Ausweis als Pfand abgibt, ist das möglich.

Aber in Naturschutzzonen gibt es hoffentlich keine „Caches"?
Nehmen wir Minsener Oog: Dort liegt er in dem Bereich, den man betreten darf. Der Hinweis auf den Naturschutz ist aber trotzdem sehr deutlich gemacht worden. Bevor ein Cache veröffentlicht wird, betrachten ehrenamtliche Mitarbeiter, ob er den Regeln von Geocaching entspricht. Damit soll verhindert werden, dass zum Beispiel Caches in verbotenen Bereichen oder zu nah beieinander liegen.

Wie können Segelvereine „Geocacher" als neue Mitglieder werben?
Bei Caches, die nur per Boot erreichbar sind, ist die „Geländewertung" besonders hoch – was wiederum den Reiz des Suchens erhöht! Segelvereine, die unter Mitgliederschwund leiden, könnten selbst Verstecke anlegen. Außerdem suchen sich Geocacher Mitfahrmöglichkeiten; beispielsweise zur Posttonne im Steinhuder Meer.

Manche Seglerfamilien haben ihren autobahnmüden Nachwuchs erst durch die Verbindung mit Geocaching zu begeisterten Fahrtenseglern „transformiert": Eben moderne Schatzsucher.

Wer Geocaching selbst einmal ausprobieren möchte, findet alles Wichtige unter:

https://www.geocaching.com

143

Jade / Hooksiel: Binnen & Buten – unser Lieblingsrevier

Für uns als Niedersachsen liegt Deutschlands „abwechslungs-reichstes und verkehrsgünstigstes Segelrevier" an der Jade. Da-bei war es reiner Zufall, dass wir es entdeckten. Zu abgelegen erschienen uns die Liegeplätze. Insbesondere Hooksiel mit sei-nem Hooksmeer schenkten wir keine Beachtung. Immer durch die Schleuse, nur um zu segeln? Sich an Ebbe und Flut halten, nachdem man zwei Stunden Anreise hatte? Wir verschwende-ten keinen Gedanken daran, an dieser Küste einen Liegeplatz zu suchen.

Unsere Meinung änderte sich, als wir *Paloma* kauften. Das Boot lag am Steg eines Vereins am Hooksmeer. Es war im August. Wir beschlossen, das Boot bis zum Ende der Saison hier zu lassen. Schon am nächsten Wochenende unternahmen wir einen Segeltörn nach Wangerooge. Dann erkannten wir mit einem Schlag, welch ein Juwel von Segelrevier vor uns lag.

Wunderschönes Hooksmeer

Die Buchten des eingedeichten Hooksmeeres bieten jede Men-ge Ankerplätze im rund drei Meter tiefen Wasser, so dass man kann dicht an die Ufer heranfahren kann. Wenn es draußen zu starkwindig ist, segeln kleine Boote einfach binnen und fahren nicht durch die Schleuse. Das Hooksmeer oder der Hookssee, wie einige das Gewässer nennen, ist noch nicht sehr alt. Der Siel zum vier Kilometer landeinwärts gelegenen Ort Hooksiel wurde erst 1971 eingedeicht. Ein Segler soll den Gedanken bei der Planung des Küstenschutzprojektes eingebracht haben, weil an der Jade geschützte Liegeplätze fehlten.

Zwar liegt gleich nebenan die große Raffinerie, aber da-von sieht und hört man auf dem Hooksmeer heutzutage nichts mehr: Vom Wald umschlossen, liegt der See verborgen hinter dem Deich. Eine kleine Insel und Buchten bieten jede Menge

Ankerplätze im rund 3 Meter tiefen Wasser. Man kann dicht an die Ufer heranfahren.

Zudem ist das Hooksmeer tidenfrei. „Was macht das schon", wird manch einer denken, „woanders gibt es Schwimmstege. Um die Leinen braucht sich niemand zu kümmern." Das stimmt – bei gutem Wetter. Aber bei einer Sturmflut? Große Fluten, die in freie Hafenanlagen drücken und selbst die Steganlagen überspülen, gibt es sogar an der Ostsee. Sie können Zerstörungen anrichten. Wenn man dann über 200 Kilometer bis zur Küste fahren muss, um in Notfällen das Boot zu sichern, ist ein Binnenseehafen mit unveränderlichem Wasserstand von großem Vorteil. Man lehnt sich beruhigt zurück, auch wenn eine Sturmflut angekündigt ist.

Liegeplätze im Hooksmeer

Die Liegeplätze einer gewerblichen Marina, zwei Vereinen und der Werft Hooksiel liegen in kleinen Buchten. Egal wie sehr es stürmt, hier liegt man ruhig und sicher. Beim Wilhelmshavener Segelklub mit seiner neuen Steganlage wurden wir aufgenommen. Am Ende des Hooksmeeres liegt Hooksiel, ein romantischer Stadthafen aus dem 16. Jahrhundert mit kostenlosen Liegeplätzen für eine Nacht. Der kleine Ort mit alten Backsteinhäusern lädt zum Bummeln ein. Ein hervorragendes Restaurant mit Sonnenterrasse liegt direkt am Hafen. Während man speist, blickt man auf die Boote an der Kaje. Mehrmals im Jahr finden Feste am Hafen statt, oft mit Livemusik. Gut essen kann man auch im Restaurant vor der Schleuse. Im Netz findet sich der Klub unter:

http://www.segelnimwsc.de

Rings um den See gibt es Wanderwege und Badestellen. Für Abwechslung sorgen eine Reitanlage für Feriengäste und ein Wasserskilift.

Wer den Service einer Werft mit Kran und Winterlager sucht, braucht das Hooksmeer nicht zu verlassen: Direkt an der Deichschleuse liegt die Werft Hooksiel mit Steganlage und technischem Service.

Was will man mehr? Wenn es draußen auf der Nordsee zu sehr „kachelt", bleibt man einfach auf dem Binnenmeer und hat garantiert kein langweiliges Wochenende.

Die Schiffsschleuse stets durchfahren zu müssen, um aufs Meer zu segeln, schien mir zunächst nachteilig zu sein. Aber man verliert keine Zeit. In die Schleuse zur Jade passen zwölf Boote. Von Freitag bis Sonntag wird stündlich geschleust. Will man zur Nordsee hinaus, steht das innere Tor in der Zwischenzeit offen. Wir legen vom Steg ab, wie es uns passt. In der Schleuse legen wir an einem ihrer beiden Schwimmstege an und machen das Boot seeklar. Selten herrscht großer Andrang. Sonst folgt umgehend eine zweite Schleusung.

Den Vorhafen kann man bei Niedrigwasser anlaufen. Er fällt nicht trocken. Das ist selten für einen Sielhafen. Kostenlose Übernachtungen sind möglich. Man geht an einem Kutter oder an der Spundwand mit langen Leinen längsseits. Die Verpflegung sichert eine recht gute Fischbude.

Segelrevier Jade / ostfriesisches Wattenmeer

Die tiefe Jade bietet außerhalb des Tonnenstrichs jede Menge Platz zum Aufkreuzen und den Großschiffen kommt man nicht zu nahe. Außerdem ist die Jade im Gegensatz zur Elb- und Wesermündung gegen Seegang gut geschützt. Selbst bei starkem Nordwestwind kann man unter Land bis zur Insel Minsener Oog segeln. Wangerooge erreicht man von Hooksiel aus in drei Stunden, ohne ein Seegatt durchfahren zu müssen. Zurück schafft man es in zwei Stunden – dann schiebt die Tide einen Segler mit zusätzlichen 2 Knoten über Grund.

Das Vorurteil, dass es an der Nordsee für Wochenendfahrten keine nahen Ziele gibt, ist hier schlichtweg falsch: Wilhelmshaven, Dangast, Varel, Eckwarden, Wapelersiel, Fedderwardersiel, Horumersiel, Harlesiel, Neuharlingersiel, Wangerooge, Spiekeroog: All diese Häfen kann man in 2 bis 4 Stunden ansteuern. Wer etwas mehr Zeit hat, kann in einer Tide „außen herum" nach Langeoog oder Norderney fahren. Hochseesegler lockt dagegen Helgoland. Dann führt der Kurs direkt am Leuchtturm Roter Sand vorbei.

Wir bekommen niemals genug von der Schönheit des Wattenmeeres, genießen die weiten Sandflächen mit ihren Prielen, freuen uns über Krabben und Einsiedlerkrebse im flachen Wasser der Strände, über die riesigen Vogelschwärme oder die munteren Robben, die oft in der Nähe des Bootes auftauchen. Der Seegang ist so gering, dass selbst seekrankheitsgeplagte Familienmitglieder immer wieder gerne mitfahren. Zudem bieten sich viele Möglichkeiten zum Trockenfallen an. Diese Zeit kann man sinnvoll nutzen: Man spart das Hafengeld und kontrolliert zwischendurch das Unterwasserschiff.

Über die Saison verteilt finden im gesamten Revier viele Hafenfeste statt. Ein Höhepunkt ist im Juli in Wilhelmshaven das Wochenende an der Jade, Musik und Veranstaltungen auf vielen Bühnen. Dann folgt jeweils am ersten Oktoberwochenende der Jade-Weser-Port-Cup: Dafür starten in Wilhelmshaven 20 Traditionssegelschiffe zu einer Regatta auf der Jade. Wer bei dieser maritimen Zeitreise direkt neben bekannten Schiffen, wie der Alexander Von Humboldt oder der Artemis segeln will, der informiert sich vorab auf der Webseite der Regatta.

http://www.jadeweserport-cup.de

Andere ostfriesische Häfen

Weitere ostfriesische Alternativen für Binnenlandpendler bieten die Häfen direkt am Wattenmeer; beispielsweise Accumersiel, auch Dornumersiel genannt. Informationen unter:

http://www.yachtclub-accumersiel.de

Meinen Trailer konnte ich auf einem Abstellplatz zurücklassen. Am Kutterhafen im Siel vor dem Yachtclub befindet sich eine Fischhalle mit einem Restaurant. Der Inhaber betreibt einen Bootskran. Mehrfach nutzte ich ihn, um mit dem Trailerboot ins Wasser zu kommen.

Willhelmshaven, innere Häfen: Die Drehbrücke öffnet auf Aufruf, sonst zu festen Zeiten.

Accumersiel ist ein idealer Ausgangshafen zum Segeln im Wattenmeer. Den Törn beginnt man inmitten der ostfriesischen Inseln. In einer Stunde kann man nach Langeoog segeln. Vielleicht 30 Minuten länger ist es nach Baltrum oder Spiekeroog. In derselben Tide sind auch Norderney und Wangerooge erreichbar.

Hallig-Land: ein Törn zu den nordfriesischen Inseln.

1988 stand ich am kleinen Fluttor des Sommerdeichs der Hallig Hooge. Ich wünschte mir, eines Tages ein eigenes Boot zu haben und hier aufzukreuzen. Irgendwie kamen immer andere Törnziele dazwischen, doch im August 2015 war es endlich so weit. Dass es die spannendste Hafenansteuerung meines Seglerlebens werden sollte, ahnte ich nicht. Der Grund: Das Hafenbecken der Hallig fällt trocken. Ich lief untiefe Bereiche zwei Stunden vor Hochwasser an. Erst kurz vor der Durchfahrt war zu erkennen, wie ein starker Strom durch das schmale Tor läuft, er füllt den Hafen und die Gräben der Hallig. Um noch Ruderwirkung zu haben, musste ich einen Zahn zulegen, schneller sein als der Strom: Mit mehr als 4 Knoten hielten wir darauf zu.

Vom Steuerrad aus gesehen war ich unsicher, ob *Fuchur* durch die Hafeneinfahrt passte. Sie ist 3,46 Meter breit und trotz der massiven Aluminiumscheuerleiste schlug mein Puls höher. Doch Anhalten ging nicht. Wer ein breites Boot hat, sollte erst bei Stillwasser einlaufen, um mit langsamer Fahrt das Hafenbecken von Hallig Hooge zu erreichen. Das können Boote bis zum Tiefgang von 1,80 Meter, aber nicht bei Ostwind und Nipptide. Ihr Aufenthalt könnte dann länger dauern, wie wir es vom ostfriesischen Juist kennen. Was aber unterscheidet das nordfriesische Revier vom östlichen Pendant?

Es beginnt mit der Anreise: Nordwind ist nicht ideal, um von Ostfriesland nach Nordfriesland zu segeln. Von der Jade über Helgoland nach Amrum, quer durch die Deutsche Bucht, ist jede andere Windrichtung besser. Doch vier Wochen Urlaub liegen vor uns. Seit vielen Jahren sollte es schon zu den Halligen, Marsch- und Geestinseln gehen. So sind wir auch dieses Mal bis nach Wangerooge-Ost gefahren, haben den Anker auf Tauchstation geschickt, um trockenzufallen und in Ruhe das Ziel auszuklamüsern.

Belohnt werden wir mit einem atemberaubenden Sonnenuntergang, so rot und unwirklich, wie wir ihn selten erlebt haben. Abgelöst wird das Rot vom illuminierenden Grün des Meeresleuchtens. Eine Stunde rühren wir, fasziniert wie die Zauberlehrlinge, mit dem Bootshaken in der Planktonsuppe, während mein Blick auf den großen Wagen fällt. Der Nordstern, er steht über Helgoland und rechts davon liegt Amrum. Was sind schon 55 Seemeilen?

Der Wetterdienst *Windfinder.com* verspricht leichten Wind bis zur Hochseeinsel, 25 Knoten Nordwind sollen sich in der nächsten Nacht zum Nordwest mit 3 Beaufort abschwächen. Dann könnte man von Helgoland aus, hart am Wind, 22 Seemeilen zum Rütergatt anlegen und die restlichen 11 Seemeilen werden auch kein Problem, um Amrum zum Hochwasser gegen Mittag zu erreichen.

Als ich aus der Blauen Balje auslaufe und die Familie schlaftrunken den Kurs nach Spiekeroog erwartet, sind wir tatsächlich schon nach Helgoland unterwegs. Josephine (10 Jahre) freut sich auf ihren ersten Törn dahin. Der Autopilot darf steuern, am Schifffahrtsweg stoppen wir für 15 Minuten, um ein Containerschiff passieren zu lassen, und schauen ein paar Windjammern auf dem Kurs zur SAIL Bremerhaven nach. Fünf Stunden später machen wir im Hafen von Helgoland fest. Erfreut stelle ich fest, dass die Päckchen mit acht Booten recht klein sind. Nur fünf Minuten später weicht die Freude dem typischen „Helgoland-Phänomen": Irgendeiner will immer raus.

Mindestens 50 Gastboote liegen heute im Hafen. Zu schätzen weiß ich aber wenigstens die günstigste Bootstankstelle an der Nordseeküste, wo der Diesel auch keine Biodieselanteile enthält, sodass keine Teerablagerungen am Boden entstehen. Warum man so einen sauberen Tank behält, habe ich im ersten Buch beschrieben.

Um Mitternacht bläst es mit 6 Beaufort. Es heult im Rigg. Und als kurz vor 3 Uhr der Wecker klingelt, setze ich verschlafen einen Tee auf. Ich habe *Fuchur* am Abend seeklar gemacht. Das Päckchen löst sich auf und ich habe keine Lust, für zwei Stunden erneut anzulegen; also hinaus in die Nacht. Nur unter Fock kann der Kurs bei Nordwestwind gerade so gehalten werden. Die weiß blinkenden Untiefentonnen geben Orientierung und im Norden ist das rote Blinken des Windparks zu sehen. Der Seegang ist mit 1,5 Metern akzeptabel. Ab und zu knallt die Gischt gegen die Scheiben des Deckshauses. Ich schließe die Persenning und schalte den Autopiloten ein. Weit und breit ist kein Schiff in Sicht und keine Schifffahrtsroute muss gekreuzt werden. So liege ich im Cockpit unter einer Wolldecke, döse vor mich hin, beobachte aus den Augenwinkeln Kurs und Fahrt auf dem Kartenplotter und werfe nur alle 15 Minuten einen Blick rundum. Mit meiner alten *Paloma* hätte ich jetzt draußen im Ölzeug am Ruder gestanden und Gischt geatmet. Ein geschütztes Cockpit ist Gold wert – jedenfalls bei diesem Wetter und gerade nachts. Nach zwei Stunden dreht der Wind, früher als angesagt, auf Nordost. Also runter mit dem Segel. Der Beta-Diesel pröttelt gegen Wind und Strom. So erreichen wir um 9 Uhr die Ansteuerungstonne des Rütergatts.

Erfreulich – im Gegensatz zu den ostfriesischen Inseln – ist die fehlende Barre. Es ist überall tief genug; das Fahrwasser bis nach Amrum, Föhr oder Hallig Hooge ist breit. Allerdings stehen die Tonnen 1 Seemeile auseinander. Bei schlechter Sicht ist wegen des quersetzenden Stroms genaue Navigation erforderlich. Das gilt ganz besonders für die Ansteuerung der Eider, wo man nicht vor halbem Hochwasserstand eintreffen sollte.

Dort kommt es in jedem Jahr zu schweren Grundberührungen, oft verbunden mit Ruderschäden.

Im Vereinshafen von Amrum gibt es einen neuen Schwimmsteg. Für Gäste ist die beste Seite reserviert, da fällt man nicht trocken. Wasser und Strom gibt es auch. Ein Restaurant in einem der bunten Holzhäuser ist zugleich Zahlstelle des Liegegeldes. Wenn es nicht gerade mit mehr als 6 Beaufort aus Ost pustet, ein toller Hafen. Und es wird noch besser: Im Umkreis von zehn Minuten Fußweg gibt es Einkaufsmöglichkeiten und Bushaltestellen für die Fahrt über die ganze Insel. Außerdem den vielleicht schönsten Bohlenweg zum breitesten Strand der Nordseeküste aller deutschen Inseln – er führt durch das Meer der Dünen, windet sich dabei durch alle Vegetationszonen. Man geht durch Miniwäldchen, durch das Randmoor eines Sees. Solide Holzbänke laden zum Verweilen ein, zum Innehalten und dazu, die Landschaft und den weiten Himmel zu genießen.

Und dann gibt es da noch eine ganz besondere Kneipe mit 400 Whisky-Sorten – die legendäre *Blaue Maus* – 2015 immerhin zur besten Whisky-Bar Deutschlands gekürt. Viele Segler sind unter den Gästen. Man fachsimpelt und schnell bildet sich eine Gemeinschaft. Schnell vergeht der Abend und angesichts der gut sortierten Karte sollten wir wiederkommen – 398 Whisky-Sorten kenne ich noch nicht.

Am nächsten Tag, wieder nur 300 Meter vom Yachthafen entfernt, steigen wir in den Bus, der halbstündig nach Norddorf und Nebel fährt. Die Bushaltestelle trägt den Namen Blaue Maus und liegt direkt neben der Whiskybar. Besonders Nebel lohnt einen Besuch wegen seiner reetgedeckten Häuser und der Lebensgeschichten der Kapitäne auf den Friedhofsgrabsteinen. Mit einer Bustageskarte für 4,80 Euro sieht man auf diese Weise die ganze Insel.

Zwei Tage später segeln wir nach Hallig Hooge. Das dauert weniger als zwei Stunden. Von Amrum aus hätten wir auch dicht unter Land nach Sylt segeln können, doch wir lassen diese Insel absichtlich aus. Ich lasse gerne einen Anziehungspunkt im Kielwasser, um einen Grund zu haben, wiederzukehren und Neues zu entdecken. Also Hallig Hooge: Beim Einlaufen weist uns der Stegwart freundlich einen Liegeplatz zu und fragt nach

Hallig Hooge bei Flut. Der Inselhafen hat einen ganz besonderen Zauber. Im Hintergrund die einzige Zufahrt, 4,80 Meter schmal.

den Kielen, falls eine Landleine gegen das Umkippen erforderlich ist. Die brauchen wir wegen unserer Kimmkiele nicht und die anderen Plätze sind auch recht eben. Boote sinken im Schlamm ein, aber darunter ist harter Sand, weshalb man zum ersten Trockenfallen auf die Leinenlänge achten muss. Bei rund 2 Meter Tidenhub ist das aber moderat. Steile Kanten gibt es auch keine.

Dieser Inselhafen hat einen ganz besonderen Zauber, vergleichbar mit der Stimmung auf Birkholm in der dänischen Südsee: klein, heimelig, abgelegen. Nur drei Gastboote sind da. Eigentlich ist es ein Schlickhafen, doch die Flut bringt überraschend klares Wasser. Sind die Salzwiesenufer überflutet, sind die Pflanzen am Grund bestens zu sehen. Wir schwimmen und machen Kopfsprünge vom Bug. Angeblich kommen täglich Hunderte von Touristen auf die Hallig, aber im Hafen merkt man nichts davon. Außer auf der Hanswarft ist es überall ruhig und beschaulich. Überhaupt herrscht hier Stille, die man förmlich atmen kann. Es gibt an den Wiesenrändern nicht mal Büsche, in denen sich der Wind verfängt. Und so hat man hier den weiten Blick und die unvergleichliche Stimmung, die eine Hallig von den Geest- und Marschinseln unterscheidet – eine Welt für sich.

Ein kurzer Fußmarsch führt uns zuerst auf die Kirchwarft. Gräber, windschiefe Bäume, die offen stehende Inselkirche: Eine ganz eigenartige mystische Aura prägt diesen Ort.

Die Warften und ihre Bewohner … Das Leben auf ihnen ist vielleicht mit dem Leben an Bord vergleichbar. Sie sind wie ein Schiff, das dauerhaft vor Anker liegt. Man sieht immer das Meer, kann bei Sturm und Eis oft nicht auf das Festland, muss stets die Versorgung planen und Plan B für den Fall einer besonders hohen Sturmflut parat haben. Die Häuser haben Schutzräume, ihre tragenden Pfähle sind tief im Boden verankert, ihre Mauern können notfalls wegbrechen. Früher waren die Dachböden als Schwimmdächer ausgelegt. Man warf die Pfannen herunter und trieb auf einem überspülten Floß davon, steuerlos – und auch ohne echte Chance auf Rettung.

Auch heute noch, wenn der „Blanke Hans" seine wilden Wellen über die flachen Sommerdeiche schickt, muss gehandelt werden: Kühe, Schafe und Pferde werden von den Weiden auf die Warften geholt, Fahrzeuge und Pferdewagen dürfen ebenfalls nicht unten bleiben. Die Sorge der Bewohner gilt auch der Länge der Festmacher ihrer Boote im Hafen, denn Schwimmstege gibt es keine.

Wer bei Sturmflut etwas kontrollieren will, kann es nur in Anglerhosen mit einem langen Stock voraus tun, um nicht in einem Graben oder durch einen Tritt neben dem Steg zu versinken – alles liegt dann unter Wasser. Wer medizinische Probleme hat, wechselt rechtzeitig zum Festland, um keinen Hubschraubereinsatz zu provozieren. So schweißt die Nordsee eine Gefahrengemeinschaft zusammen.

Als eine Regenfront die Hallig für zwei Tage in grauen Dunst hüllt, segeln wir weiter. Zwei Stunden vor Hochwasser passieren wir das schmale Deichtor, dieses Mal langsam gegen den Strom bei bester Ruderwirkung. Nur unter der Fock segeln wir bei 6 Beaufort moderate 13 Seemeilen über Süder- und Norderaue zum Sportboothafen von Wyk auf Föhr.

In der Marina gibt es den gewohnten Komfort an Schwimmstegen mit vielen freien Liegeplätzen, einige sind breit und auch für Katamarane geeignet.

Ebbe und Flut: Der kleine Hafen der Hallig Hooge bietet immer wieder neue Ansichten.

Wyk ist der ideale Versorgungshafen des Reviers. Mit einem Handkarren der Marina holen wir Diesel in Kanistern von einer Straßentankstelle direkt am Hafen, die per Automat rund um die Uhr geöffnet ist. Dahinter liegen zwei große Supermärkte, im Gegensatz zu Amrum mit großer Auswahl und Festlandspreisen. Nachdem der Kühlschrank voll ist, steht der Inselerkundung nichts mehr im Wege – wir lassen die kleinen Bordfahrräder auf dem Deck und mieten uns große Drahtesel. Fast alle Dörfer enden auf „-um": Alkersum, Borgsum, Wrixum oder Boldixum, um nur einige zu nennen.

Gefallen haben uns die Strandpromenade und die Vielfalt der Geschäfte und Restaurants. Besser konnten wir nirgendwo sonst an der Nordseeküste bummeln. Breit ist der Strand, besonders bei Ebbe – und er hat festen Sand. Bei Hochwasser kann man am Ufer entlangsegeln.

Nach ein paar Tagen verlegen wir noch einmal nach Amrum, unserem Absprunghafen zurück in die Jade. Weil ein mäßiger Südostwind herrscht, werfen wir um 5 Uhr die Leinen los, ziehen am Prickenweg ins Rütergatt und segeln unter Vollzeug in 12 Stunden 65 Seemeilen nach Hooksiel. Es geht immer hart am Wind, ohne auch nur einmal den Bug zu wechseln.

Ebbe und Flut an der ostfriesischen Küste. Hier wird geankert und trockengefallen – an den Ostflanken der Inseln stets ohne Schlick auf festem Sand..

2
Wie wir im Norden segeln.

Ost- vs. Nordfriesland: die Unterschiede im Revier.

Die nordfriesischen Inseln sind – mit Ausnahme der kleinsten Halligen – nicht autofrei. Diese verderben zuweilen das Inselfeeling; trotzdem sind diese Inseln immer eine Reise wert, und zwar wegen ihrer barrenfreien Erreichbarkeit von See her, ihrer unterschiedlichen Charaktere und einzigartigen Hallig-Landschaft. Sie wirken wie Häuser, die auf dem Wasser schwimmen. In den Häfen ist viel Platz, man hat keine Liegeplatzsorgen und Päckchen bilden sich selten, denn Nordfriesland liegt abseits des „Sailinghighways" von der Nord- zur Ostsee.

Nördlich von Cuxhaven dürfte somit das ursprünglichste Segelrevier der deutschen Küste liegen. Das Wattenmeer wirkt einsamer, denn das Trockenfallen und freie Ankern scheinen nicht so beliebt zu sein wie an der ostfriesischen Küste. Der gravierendste Unterschied offenbart sich jedoch in der Redefreudigkeit der schleswig-holsteinischen Küstenbewohner: Statt des ostfriesischen „Moin" wird in Nordfriesland das redselige „Moin-Moin" gepflegt.

Das Wetter im Norden.

Nordsee ist Mordsee?

Vor der Nordsee haben die meisten Segler großen Respekt. Ich auch. Wer hier segeln kann, der kann es überall. Allerdings hat der Filmtitel „Nordsee ist Mordsee" so rein gar nichts mit der Wirklichkeit zu tun. Nach einigen Jahren auf der Ostsee habe ich die vielen liebenswerten Seiten der Nordsee und insbesondere des Wattenmeeres besser kennengelernt. Seitdem bin ich infiziert. So schön die Ostsee auch ist – die ständig wechselnden Bilder des Wattenmeeres sowie die Dünen und Sandflächen der friesischen Inselstrände sind einzigartig auf der Welt. Auch das Hafenleben ist anders. Zum Teil gibt es hier noch Arbeitshäfen und keine Marinas. Der Unterschied? Eine illustre Mischung aus Besatzungen von Kuttern, Fähren, Ausflugsdampfern, Rettungsschiffen, Behörden- und Freizeitbooten teilen sich kleine Häfen. Charteryachten dagegen sieht man nicht so häufig.

Aber wie steht es denn nun mit dem Spruch „Nordsee ist Mordsee"? Das Vorurteil gilt eben nicht für das Wattenmeer:

Bei Starkwind bieten die Priele noch sichere Fahrt. Flussmündungen weit vor der Küste? Hier kann der Seegang bei Wind gegen Strom, reflektiert von den Sandbänken, durchaus unangenehm und zuweilen gefährlich sein. Seegatten zwischen den Inseln? Sie fressen manchmal Schiffe. Bereits ab Windstärke 5 können sie unpassierbar werden, wenn sich bei auflandigem Wind Grundseen bilden. Generell ist die Navigation anspruchsvoll, aber schnell lernbar. Wo es für unsere Boote flach wird, helfen Prickenwege weiter. Wasserstände zu berechnen ist keine Kunst, es gibt nur viele Variablen, die durch Mondphasen, Windrichtungen und Windstärken beeinflusst werden. Mehr dazu finden Sie im nächsten Kapitel. Richtet man sich danach, sind faszinierende und schnelle Reisen mit 10 Knoten über Grund möglich. Zudem ist die Tierwelt stets präsent. Schweinswale, Seehunde und die unterschiedlichsten Seevögel begleiten einen beständig.

Nachdem ich die Sicherheit gewonnen habe, die Nordsee einschätzen zu können, empfinde ich Fahrten im deutschen Teil der Ostsee, trotz ihrer schönen Küsten, nicht so aufregend wie die Nordsee. Doch es gab auch eine Nordsee-Erfahrung, von der ich mir wünsche, sie nie erlebt zu haben.

Schottlandtörn – oder: Traue keinem Wetterbericht

Ich wollte reich werden. Reich an Erfahrung und reich an Bargeld. Letzteres ist nicht ganz ernst gemeint. Aber da gibt es doch immer noch diesen Preis einer britischen Zeitung für ein besonderes Foto. Ein Foto von Nessie! Ich wollte unbedingt zum See dieses Monsters, auch wenn es wohl nur ein Fabelwesen ist. Loch Ness – die Vorstellung, einige Nächte auf diesem See zu ankern und gespannt auf das torfig-dunkle Wasser zu schauen, fand ich faszinierend. Über Monate hatte ich Spaß an den Planungen dieses Törns.

Zunächst wurden Seekarten und ein Seehandbuch bestellt, den *Macmillan Reeds Nautical Almanach*. Ein fantastisches Buch mit Strömungskarten, Wettersendern, Revierzentralen und farbigen Hafenplänen der gesamten Nordsee, des Ärmelkanals, der Biskaya, der Britischen Inseln und der Küste bis Gibraltar.

Ich legte an einem vermeintlichen Unglückstag ab: Freitag, 13. Juli, da ich keine Zeit verlieren wollte und auch nicht abergläubisch bin. Mit an Bord waren zwei Freunde. *Leviathan* hatten wir für einen mehrwöchigen Törn ausgestattet. Ihr 10 Meter langer Stahlrumpf lag einige Zentimeter tiefer als sonst, da unser Wassertank mit 180 Litern und der Dieseltank mit 170 Litern randvoll waren. In Schottland sollte dann der Crewwechsel mit der Familie folgen.

Innerhalb von einer Woche wollten wir Schottland erreichen. Die Ostsee bis Kiel, NOK, Brunsbüttel, eventuell Helgoland. Dann irgendein schottischer Hafen, als Ziel Inverness. Hier liegen die Einfahrt und die erste Schleuse zum Kaledonischen Kanal. Um 16 Uhr warfen wir in Neustadt die Leinen los. Die Crew sollte für die kommenden Nachtfahrten trainieren und es war gut, das noch in bekannten Gewässern zu tun. Ein frischer Südwest schob uns mit 7 Knoten von Neustadt nach Fehmarn. Im letzten Tageslicht passierten wir die Fehmarnbrücke und schipperten in die Nacht hinein. Der Wind war eingeschlafen. Nur noch Süd 2. Eine ruhige Fahrt. Wir übten uns an Lichterkennungen und nächtlicher Navigation. Ab Mitternacht gingen wir zu zweistündigen Wachen über. Als die Sonne aufging, hatten wir Kiel-Holtenau erreicht.

Note „Schlafmanagement" – Skipper 6, setzen: Meine Freunde steuerten während der Kanalpassage abwechselnd. Ich versuchte, möglichst lange zu schlafen, um als verantwortlicher Skipper fit für die erste Nacht auf der Nordsee zu sein. Erst ab Helgoland wollte ich außerhalb der Schifffahrtsrouten wieder zur Ruhe kommen. Doch das klappte nicht. Die ganze Vorfreude und Spannung der letzten Monate ließ mich keinen Schlaf finden und so wälzte ich mich unruhig hin und her, obwohl ich in der letzten Nacht nur eine Stunde geschlafen hatte. Noch einmal in Rendsburg getankt, dann kamen wir in Brunsbüttel an. Um 19 Uhr entließ uns die Schleuse hinaus auf die Elbe.

Note „Wetterkunde" – Skipper 6, setzen: Kurz vorher hatte ich eine Wetterberatung angemeldet. Im direkten Gespräch mit einem Meteorologen des Deutschen Wetterdienstes hoffte ich auf fachlichen Rat zur ersten Nachtfahrt und zur Prognose für die vier- bis fünftägige Überfahrt. Der Mann war zuversichtlich. Sinngemäß hörte ich Folgendes: „Zunächst Süd 3, dann im Laufe der Nacht schwach umlaufende Winde. Gelegentlich etwas Regen. In den nächsten Tagen stabilisiert sich eine Südwestlage." Keine Nordwestlage in Sicht. Auch keine Prognose mit mehr als Windstärke 5 für die nächsten drei Tage. Genau das wollte ich hören. Etwas mehr Ostwind wäre zwar besser, aber das hier war völlig ausreichend. Wir wollten nach Nordwesten.

Note „Bordverpflegung" – Skipper 6, setzen: Bei so positiven Aussichten bestanden keine Einwände gegen eine üppige Abendmahlzeit. Ich brutzelte Käsegriller in der Pfanne. Dazu ein Glas Rotwein. Meine Freunde aßen sie nicht, was später ihr Vorteil war. Mittags hatten wir Spaghetti Bolognese mit Napolisoße und viel Tomatenmark. Ich schildere den Speiseplan so genau, weil er im direkten Zusammenhang mit meinem Ausfall stehen sollte, der sich bald ereignete.

Note „Seemannschaft bei Starkwind" – Skipper 6, setzen: Um 19 Uhr schipperten wir bei leichtem Südwind die Elbe hinunter. Keine Eile. Die Segel hingen vor dem Wind recht müde, aber der Ebbstrom schob. Gegen 21:30 Uhr vorbei an Cuxhaven. Die Crew verzog sich in die Kojen. Erst querab von Helgoland sollte der nächste Wachwechsel sein. Der Wind war mittlerweile bei Süd 1 fast ganz eingeschlafen. Die See glatt. Es fing an zu regnen. Ich schloss die Kuchenbude und startete die Maschine. Durch *Leviathan*s Doghouse mit Lexanscheiben und Scheibenwischern hatte ich gute Sicht. Entspannt machte ich es mir im Cockpit bequem. Die Tonnen waren gut auszumachen. Immer wieder ein Blick zur letzten Tonne zurück, um zu sehen, ob wir noch auf der richtigen Linie lagen. Besonders nachts merkt man sonst nicht so schnell, wenn einen Querströmungen versetzen. Um 23 Uhr kam etwas Wind auf. Schwach umlaufend, das hatte der Wettermann ja auch gesagt. West 2. Wind gegen Strom, aber nur eine müde Briese. Kurz darauf hörte ich eine Windwarnung der Revierfunkzentrale. Nordwest 6 noch im Laufe der Nacht. Kein konkreter Zeitpunkt vorausgesagt. Um 23:30 Uhr frischte der Wind tatsächlich auf – zunächst Nordwest 5. Von Nordwest hatte der Meteorologe in der Wetterberatung nichts gesagt. Und überhaupt diese schnelle Winddrehung von Süd auf Nordwest. Wir waren bei der roten Tonne Elbe 6, mitten in der ablaufenden Tide. Umkehren war nicht möglich. Dann nahm der Regen plötzlich zu. Die Sicht wurde schlecht. Das Leuchtfeuer Helgoland war gerade noch auszumachen, aber die direkte Sicht zur nächsten Tonne war kaum noch möglich. Anstatt mich rechtzeitig ins Ölzeug zu werfen und die Kuchenbude wegzuklappen, hielt ich weiter dagegen. In kürzester Zeit hatte sich ein übler Seegang aufgebaut. Und der Wind legte weiter zu.

Mitternacht, Außenelbe Tonne 2, Nordwest 10

Die Crew musste ich nicht mehr wecken. Meine Freunde kamen schlaftrunken ins Cockpit. Die Wellen brachen bereits um uns herum. Ihre Höhe? Keine Ahnung. Navigation war nicht mehr möglich und einen Kartenplotter hatten wir damals noch nicht. Ich hielt einfach nur Kurs auf das Leuchtfeuer Helgoland, wollte keinesfalls zurück in das Mauseloch der Elbe. Das ging aus mehreren Gründen nicht: Wir hatten noch ablaufendes Wasser. Die befeuerten Tonnen waren durch die fliegende Gischt und den starken Regen nicht mehr zu sehen. Wir hätten nur nach GPS und Wegpunkten fahren können. Aber das in diesem Seegang? Verdammt schwierig, hier einen genauen Kurs zu halten. Erst recht nicht nach der wild tanzenden Kompassrose. Die Querströmungen im Bereich der Außenelbe hatten uns ständig versetzt.

Um 2 Uhr zeigte der Windmesser Stärke 9. Wir kämpften auf der Stelle irgendwo vor dem großen Vogelsand. Ängstlicher Blick zum Echolot. Bloß nicht in die Grundseen der flachen Bänke geraten. Wir schätzten die See mittlerweile auf 4 bis 6 Meter. Ab und zu schoss *Leviathan* über einen Wellenkamm hinaus, stürzte im freien Fall und bohrte sich in die nächste Welle. Grünes Wasser überrollte das Schiff. Dank des stählernen Deckshauses blieben wir dahinter noch halbwegs geschützt. Wir schöpften schon neuen Mut, als plötzlich Hellsbells erklangen. BONG. BONG. Immer wieder ein lauter Glockenschlag vom Bug. Der Anker war der Klöppel!

Wegen der Schwachwindprognose hatte ich ihn nicht weggestaut. Er blieb darum klar zum Fallen auf der Ankerrolle. Mangels Wind und bei den Strömungen der Außenelbe war das eigentlich die richtige Entscheidung, falls der Motor ausfiel. Gesichert mit einem Bolzen und festgezurrt mit einer Leine – doch die Verhältnisse hatten sich geändert: Nun waren beide Ankersicherungen gebrochen. Der Anker hing an einem halben Meter Kette, die sich noch im Kasten verklemmt hatte. So donnerte er bei jeder Welle gegen den Bug. Ich bin mir nicht sicher, ob er die Bordwand eines leicht gebauten GFK-Boots durchgeschlagen hätte, aber auch bei *Leviathans* 4 Millimeter starkem Stahlplatten oberhalb der Wasserlinie konnte das nicht lange gut gehen. Er musste geborgen werden.

Bei diesem Wetter war das ein lebensgefährliches Kommando. Da konnte ich niemanden hinschicken. Gesichert mit einer Leine kroch ich nach vorne. Bald hing ich mit dem Bauch über dem Bugkorb und versuchte, den Anker zu bergen. Das ist ein übler Platz – im Seegang geht es mehrere Meter rauf und wieder runter. Ich wurde von Wasser überschüttet und immer wieder von den brutalen Brechern getroffen, die mich mitreißen wollten. Dabei schluckte ich jede Menge Salzwasser. Es dauerte mehrere Minuten, bis ich den Anker geborgen, den Schäkel gelöst und ihn in der Backskiste verstaut hatte. Mittlerweile hatten wir Windstärke 10.

Note „Seefestigkeit" – Skipper 6, hinlegen: Bei dieser Aktion erwischte mich die Seekrankheit. „Fahr nach Helgoland. Da wo das Licht herkommt", stammelte ich nur noch, dann verschwand ich in der Kajüte und hielt den Kopf ins Spülbecken. Es war ein völliger Kontrollverlust. Nur noch spucken und liegen. Immer wieder. So etwas hatte ich noch nie erlebt. Kleine Anflüge von Schwindel? Ja, das kannte ich – aber mit einer Viertelstunde liegen und Bauchentspannung war das kein großes Problem gewesen.

Und nun das. In der Stunde der Not mein Totalausfall. Alle paar Minuten erneut zur Spüle, dazu Krämpfe und ein taubes Gefühl in Armen und Beinen. Ich wollte nur noch sterben – ohne meine beiden Freunde hätte ich wohl wirklich Schiff und Leben verloren. Draußen kreischte der Wind im Rigg.

Irgendwann hörte ich eine angsterfüllte Stimme aus dem Funkgerät: Mayday! Eine Segelyacht war in Not – ganz in der

Nähe. Bevor ich mich aufgerappelt hatte, antwortete schon Bremen Rescue: Der Rettungskreuzer aus Helgoland zog sie rein. Mit unserem 20-PS-Diesel hätten wir ohnehin nichts für die Yacht tun können. Wir kamen auch so schon kaum von der Stelle. Unmöglich, einen Kurs zu steuern, der von der Ideallinie zu den mörderischen Wellen abwich. Kentergefahr beim Querschlagen wegen der verdammten „Wind-gegen-Strom-Konstellation". Dazu der Vogelsand und das Scharhörnriff auf Legerwall. Wir erreichten Helgoland erst gegen 8 Uhr am nächsten Morgen. Kaum waren wir in Lee der Insel, kam ich mühsam auf die Beine. Ich schäkelte mit wackeligen Knien den Anker wieder an. Dann warfen wir das Eisen im Vorhafen. Das war besser, als im immer noch tobenden Sturm ein Anlegemanöver im Päckchen zu fahren.

In der Kajüte herrschte Chaos. Was in offenen Regalen gelagert war, lag nun auf dem Boden. Aber immerhin: *Leviathan* war unbeschädigt. Der Anker hatte mit seinen Flunken nur ein paar Lackschäden verursacht. Nicht mal Beulen. Völlig fertig, aber erleichtert verzogen wir uns in die Kojen und schliefen drei Stunden. Gegen Mittag wurden wir wieder munter. Das Beiboot aufgeblasen, dann brachen die beiden zum Inselrundgang auf. Ich blieb deprimiert an Bord zurück und begann mit dem Aufklaren. Vorbei waren Freude und Elan. Als Skipper hatte ich die Niederlage meines Lebens erfahren. Nicht seetauglich und die Crew im Stich gelassen. So jemand wollte nach Schottland segeln, der bereits auf dem Törn nach Helgoland versagte? Am besten verkaufte ich das Schiff, bestieg eine Fähre zum Festland und beendete dieses Horrorhobby.

Doch bevor ich weiter mit mir haderte, wollte ich gerne jemanden schlagen. Zumindest mit Worten. Ich rief beim Deutschen Wetterdienst an. Dort bekam ich denselben Meteorologen an die Strippe, der mich am Abend so optimistisch beraten hatte. Ob er uns denn umbringen wollte, indem er nicht mal einen orkanartigen Sturm fünf Stunden vorher voraussagen könne, ging ich ihn an. Der Mann war kleinlaut. Natürlich konnte er nichts dafür. Es war eine der heimtückischen Trogwetterlagen – ein begrenztes Sturmtief, das sich schnell bilden kann. Keine Anlehnung ans Festland. „Die Wetterstationen in England und Dänemark hatten es auch nicht rechtzeitig erkannt", gab der Mann an. Als es endlich bemerkt wurde, gingen über Funk Sturmwarnungen raus – doch da war es für uns zu spät.

Ich versuchte, ihm seine Erklärungen zu glauben. Dass schon am nächsten Tag ein umfangreicheres Sturmtief aus Irland folgen sollte, wovon am Vorabend ebenfalls keine Rede war, hinterließ jedoch Zweifel. Ich bat um Verständnis, dass ich die Beratungsgebühr nicht mehr überweisen würde. Er akzeptierte das. Später habe ich mich näher mit Wettervorhersagen befasst und mit den tatsächlichen Verhältnissen verglichen. So sehr daneben lagen die Vorhersagen nie wieder, aber Unterschiede von bis zu 4 Beaufort waren nicht selten. Besonders bei Gewitterlagen lassen sich kaum lokale Prognosen erstellen.

Wir brachen den Schottlandtörn ab. Dafür gab es zwei Gründe: Mein Selbstvertrauen lag am Boden. Schon oft war ich bei Starkwind gesegelt, doch meinen seekrankheitsbedingten Ausfall konnte ich mir nicht erklären. Das Risiko war nicht zu vertreten, als Skipper das Leben von zwei Freunden und Familienvätern durch eigene Unfähigkeit aufs Spiel zu setzen. Beide waren zwar Segler und konnten navigieren, nur war es nicht ihr Schiff. Sie kannten die Technik nicht in allen Einzelheiten, um sich mit einem seekranken Skipper diesen Herausforderungen zu stellen. Bevor ich die Ursache meiner Seekrankheit unter extremen Bedingungen nicht kannte, würde ich keinen weiteren Hochseetörn unternehmen. Der zweite Grund der Aufgabe bestand im weiteren nahenden Sturmtief. Die langfristige Wetterprognose ließ auf nordwestliche Winde für eine ganze Woche schließen. Damit brach unser Zeitplan mit Familienurlaub und Crewwechseln zusammen. Also zurück in die Ostsee, weil ich mich mit den Möglichkeiten im Wattenmeer noch nicht beschäftigt hatte. Das Wetter entwickelte sich wie „erraten". Es folgten zwei Wochen mit kräftigen Tiefdruckgebieten und westlichen Winden.

Wir wollten allerdings nicht wieder durch den Nord-Ostsee-Kanal fahren. Mit hängenden Ohren denselben Weg zurück? Wie deprimierend. Wenn schon, dann wenigstens über ein unbekanntes Revier. Vielleicht die Elbe rauf, versumpfte Männernächte in Hamburg, dann den Mast legen und durch den Elbe-Lübeck-Kanal zurück? Wir entschieden uns dagegen, denn auf dem Binnentörn über Lauenburg waren wir schon oft unterwegs gewesen.

Lieber nach Norden und durch den Limfjord? Seekarten dafür hatte ich an Bord. Doch zum Ende des nächsten Tages hätte uns das neue Sturmtief aus England auch dort eingeholt. Wir wären dann erst vor Sylt oder Römö gewesen. Bis zum Limfjord weiter auf Legerwall und die Grundseen bei westlichem Starkwind vor Thyborön? Lieber nicht.

Die Eider war eine Alternative, weil wir sie in einem gemäßigten Wetterfenster erreichen konnten. Über den Fluss quer durch Schleswig-Holstein führt die reizvolle Fahrt bis zur Hälfte des NOK. Noch hatten wir moderaten Westwind um Stärke 3. Ein relativ kurzer Schlag von rund 35 Seemeilen vor dem Wind. Das sollte auch für ein Weichei wie mich zu schaffen sein. Wie bescheiden man doch wird, wenn man eine Nacht mit dem Kopf in der Spüle verbracht hat. Ich ruderte mit dem Schlauchboot zum Strand des Helgoländer Unterlandes und kaufte beim Schiffsausrüster die fehlende Seekarte der Eider. Dann legten wir ab.

Die Nordsee zeigte sich im Sonnenschein von ihrer besten Seite. Weit im Westen war die neue Front erkennbar, aber bis zum Abend hätten wir das Eidersperrwerk passiert. Wir kamen am Nachmittag in der Außeneider an. Auf dem breiten Priel segelten wir an den unendlich erscheinenden Sandbänken vorbei. Sie greifen mehrere Seemeilen weit in die Nordsee hinaus. Zum ersten Mal sah ich dieses Naturwunder. Ein Sommertraum.

Als die Außeneider immer enger und kurvenreicher wurde, nahm die Wassertiefe ab. *Leviathan* hatte 1,4 Meter Tiefgang. Das Echolot zeigte genau diese Tiefe an. Wasser unterm Kiel 0,3 Meter / 0,2 Meter / 0,1 Meter: Sanft schob sich der breite Stahlkiel auf eine Sandbank. Wir saßen fest. Mit uns noch drei Yachten. Rufe ringsum. Welchen Tiefgang habt ihr? Hatte jemand weniger, dann wusste man, dass es an seiner Stelle auch kein Durchkommen gab. Doch nur die Ruhe, hier gab es gerade keinen Seegang. Es war erst zwei Stunden nach Niedrigwasser. Eine halbe Stunde Geduld, dann kam *Leviathan* frei. Wir hatten die Barre überquert. Wie friedlich war es hier bei leichtem

Wind und Niedrigwasser. Aber wie mag es an derselben Stelle eine Nacht zuvor bei Hochwasser und Windstärke 10 ausgesehen haben? Jetzt bot die Außeneider einen sicheren Schoß, in der Nacht vorher den sicheren Tod: Auch das sind die Gegensätze der Nordsee.

Nachdem wir wieder im Heimathafen von Neustadt lagen, erfolgte der Crewwechsel. Wir verbrachten einen Familienurlaub zwischen den dänischen Inseln, Fehmarn und Wismar. Ich wurde einstweilen nicht mehr seekrank und gewann einen Teil meines Selbstvertrauens zurück. Kein Gedanke mehr an die Aufgabe des Segelsports.

Fehleranalyse: Was hatte ich falsch gemacht?

Fehler Nr. 1: Nachtfahrten zu Beginn der Reise

Die erste Nacht auf bekanntem Ostseekurs durchzufahren war zum gemeinsamen Training nicht verkehrt. Aber warum um alles in der Welt wollte ich die zweite Nacht ab Brunsbüttel ebenfalls durchfahren, wo der Schiffsverkehr am dichtesten ist? Im Nachhinein musste ich es mir eingestehen: Überheblichkeit und Zeitstreben. Die Außenelbe ist eines der anspruchsvollsten Seereviere der Welt. Nicht bei guter Sicht und schwachem Wind. Nicht mit Ebbstrom und Ostwind. Aber brandgefährlich bei Nordwestwind ab Stärke 6.

Dazu kommt die Großschifffahrt. Man hat genug Platz, solange man manövrierfähig ist. Aber ohne Wind und zuverlässigen Motor können einen die Querströmungen in wenigen Minuten vor den Bug eines Schiffsriesen setzen. Also warum sollte man bei Nacht hier herumschippern, wenn man nicht muss, auch wenn die Navigation bei guter Befeuerung noch so einfach erscheint? Dazu kam meine Übermüdung. Die Nächte zuvor hatte ich kaum geschlafen. Dabei kann Schlafmangel unter schlechten Voraussetzungen zur Seekrankheit beitragen. Darum: Niemals wieder unausgeschlafen zum Hochseetörn ablegen.

Fehler Nr. 2: Falsche Lebensmittel als Auslöser der Seekrankheit?

Ein wichtiger Grund für meinen Totalausfall sollte mir erst vier Jahre später klar werden. In der *YACHT* las ich den ersten Bericht über die Forschungen von Professor Jarisch. Ich lernte, dass Histamin Seekrankheit auslösen kann. Es ist besonders in Rotwein, Tomaten, altem Käse und gepökelten Lebensmitteln enthalten. Stress setzt ebenfalls Histamin im Körper frei. Aber Vitamin C, in hoher Dosierung eingenommen, kann Histamin neutralisieren. Alle Tiere können seekrank werden – selbst Fische – aber Ratten nicht. Sie produzieren selbstständig Vitamin C.

Mit unserem Essen hatte ich den Grundstein für den Ausfall gelegt: Ich war eine segelnde Histaminbombe, über deren Haupt ein Sturm explodierte, während mein Körper übermüdet war. Meterhohe Wellen, die aus der dunklen Nacht herandonnerten, verursachten zusätzlichen Stress. Noch mehr Histamin wurde frei. Vielleicht hätte ich mich aufrecht stehend am Ruder besser auf die Wellen einstellen können. Doch ich hatte das Verdeck nicht rechtzeitig weggeklappt und saß mit eingezwängtem Bauch im Trockenen, statt stehend den Seegang auszugleichen, während die Übelkeit schon begann. Hier und da noch ein Schlückchen Salzwasser, während der Kopf nach unten über der Reling beim Ankerbergen hing, und dazu der Druck auf dem Bauch durch das Gewicht des Ankers: Da half auch das Skopolamin-Pflaster nichts mehr, dass mir die Crew mitleidig hinter das Ohr klebte.

Fehler Nr. 3: Auslaufen in Brunsbüttel noch vor Einsetzen des Hochwassers

Um den stärksten Ebbstrom bis aus der Außenelbe hinaus zu haben, legten wir kurz vor Hochwasser ab. Eine logische, jedoch unkluge Strategie. Auf der Außenelbe kann man bei westlichen Winden im Schutz von Neuwerk und Scharhörn westwärts des grünen Tonnenstrichs und außerhalb des Fahrwassers auf der „falschen" Seite unterwegs sein. Doch ab Scharhörn liegt freier Seeraum. Dazu die schnell ansteigende Tiefenlinie am Riff. Kommt man hier in der Zeit von zwei bis vier Stunden nach Hochwasser an, läuft der Strom am stärksten. Dann herrscht in diesem Bereich bei Westwind der übelste Seegang.

Es ist daher besser, Scharhörn bei Stillwasser zu passieren. Bei Nordwest steht nicht mehr Wind gegen Strom und man kann in diesem kabbeligem Bereich notfalls wenden und wieder nach Cuxhaven zurück, falls es die Umstände erfordern. Denn wenig später wird der Flutstrom einsetzen. Bei Nordwest herrschen dann moderate Wellenhöhen. Man wird leicht mit 8 bis 9 Knoten über Grund zurückkommen. Meine Faustregel für Cuxhaven? Herrscht keine stabile Ostlage, laufe ich erst zwei bis drei Stunden nach Hochwasser aus.

Fehler Nr. 4: Traue keinem einzelnen Wetterbericht

Trotz persönlicher Törnberatung durch einen Meteorologen wurden wir überrascht. Seither höre ich beim Segeln auf offener See möglichst stündlich die Durchsagen der Revierfunkzentralen. So kann ich mir ein besseres Bild von der tatsächlichen Wetterentwicklung machen. Die Revierzentralen stehen direkt mit Lotsen und Schiffsführungen in Verbindung. Aus erster Hand erfahren Sie die Windverhältnisse des Seegebietes, das Sie befahren wollen.

Fehler Nr. 5: Fahrwassertonnen im GPS-Gerät sind nicht einprogrammiert – oder der Kartenplotter fehlt

Zur Nachtfahrt oder bei schlechter Sicht in einem Revier, in dem es auf den genauen Kurs ankommt, müssen alle Fahrwassertonnen als Wegpunkte programmiert werden. Da ist ein Kartenplotter sein Geld wert, sofern die Seekarten halbwegs aktuell sind. Das gilt insbesondere für Boote ohne Radar. Wären wir bei Stillwasser in der Außenelbe angekommen, hätten wir im Sturm trotz schlechter Sicht vor dem Wind nach Cuxhaven ablaufen können. Dazu muss das GPS vom Rudergänger einsehbar sein.

Ich halte in extremen Situationen nichts von einem zweiten Crewmitglied als Navigator in der Kajüte, der jeweils einen neuen Kurs zuruft. Schön, wenn er zuverlässig arbeitet. Aber was ist, wenn auch er ausfällt? Das Gleiche gilt für die Radarberatung der Revierzentrale: Sie um Unterstützung zu bitten, wäre hilfreich – bei nicht zu hohem Seegang und Nebel keine Frage. Aber nicht bei bis zu 10 Knoten Fahrt über Grund vor dem

Wind und meterhohen Wellen, die von achtern auf das Heck drücken. Der Steuermann muss sich voll auf den Kurs konzentrieren. Das Boot darf beim Ablaufen keinesfalls querschlagen. Wie soll man das machen, wenn man zwischen Pinne und Funkgerät hin- und herläuft? Ein Handfunkgerät ist in einem solchen Fall absolut Gold wert und sollte auf keinem Schiff fehlen, das keinen Außenlautsprecher hat. Außerdem kann man das Handfunkgerät mit in die Rettungsinsel nehmen – nur für den Fall der Fälle.

In diesem Zusammenhang rate ich allen Tablet-Navigatoren noch zu einem wichtigen Detail: Eine 12-Volt-Steckdose im Cockpit kann entscheidend für die Sicherheit sein. Die Fahrt könnte bei Wetterwechsel deutlich länger dauern. Wenn der Akku schlapp macht, sorgt eine Lademöglichkeit im Sichtbereich des Rudergängers für unbegrenzten Betrieb.

Gefahren im Seenebel

Es gibt kaum etwas, das ich mehr fürchte als Seenebel. Seenebel ist tückisch: Nebel und schlechte Sicht vereinen sich zu einer im wahrsten Sinne undurchsichtigen Lage. Ist die Sicht zu schlecht, bleibe ich im Hafen. Und doch hat es mich einige Male erwischt. Das folgende Erlebnis ist typisch für die Gefahren im Seenebel.

Wir segelten von Neustadt nach Wismar. Um in die Bucht von Wismar zu gelangen, muss man die Fahrrinne durch eine Sandbank treffen. Eine relativ schmale Passage führt hindurch. 2 Seemeilen vor der Ansteuerungstonne kam eine Nebelbank aus Nordosten auf uns zu. Es dauerte keine halbe Stunde, da war vom Festland nichts mehr zu sehen. Die Bucht von Wismar lag in einer undurchdringlichen Suppe. Auch wenn ich mich dort gut auskannte, war die Weiterfahrt nicht zu verantworten. Viele Tonnen und ein zunehmend schmaler werdendes Fahrwasser – das ist nichts für eine Nebelfahrt. Per GPS kann man den mehrfach wechselnden Kurs bis in den Hafen von Wismar halten, aber beim kleinsten Fehler droht eine Kollision. Viele kleine und große Schiffe sind hier unterwegs. Ohne Radar waren wir blind.

Was also tun? Der Seegang war bei Windstärke 5 zu ruppig, um vor der Sandbank zu ankern. Überhaupt gab es in der gesamten Lübecker Bucht bei dieser Windrichtung keinen geschützten Ankerplatz, alles lag auf Legerwall. Rüber nach Großenbrode zu gehen, quer zum aufkommenden Nebel, war ebenfalls nicht besser. Die Einfahrt in den Binnensee ist besonders schmal. Und der Kurs nach Travemünde schied aus. Auf dem Großschifffahrtsweg der Fähren zu bleiben hätte das Risiko einer Kollision noch erhöht. Also zurück nach Neustadt, Raumschotskurs. Möglichst noch über den Schifffahrtsweg, bevor die Ostsee ganz dicht war. Der Zeitplan war günstig, in den nächsten drei Stunden würde keine Fähre kommen. So blieb ein relativ geringer Verkehr von Fischerei oder Marine.

Ungefähr 10 Seemeilen vor Neustadt hatte uns der Nebel vollständig umschlossen. Bei einer Sichtweite von gerade noch 20 Metern fuhren wir unter Schleichfahrt weiter. Selbstverständlich hatten alle ihre Rettungswesten angelegt. Nochmals gab ich eine Einweisung zum Einsatz der Rettungsinsel, dann stellte ich zwei Leute auf das Vorschiff. Alle lauschten und starrten angestrengt in die Nebelsuppe. Einige Nebelhörner waren zu hören. Wir gaben selbst Schallzeichen mit der Tröte, was mit der Zeit anstrengend ist und auf die Nerven geht. Denn nur anfangs hatten wir eine Fußballfanfare. Als ihre Gaskartusche leer war, pusteten wir mit der Tröte. Sie sah hübsch und dekorativ aus, mit ihrem blanken Messing und der Gravur. Ein traditionelles Bild: Ein Seemann im Nebel, der ins Horn stößt. Das brachte aber nur wenig und war bestimmt nicht auf der Brücke eines großen Schiffes zu hören. Heute hat meine *Fuchur* ein elektrisches Horn – nur noch Knöpfchen drücken. Ich konnte bei der Nebelfahrt nach Neustadt nur darauf vertrauen, dass mein Radarreflektor für ein ausreichendes Echo sorgte. AIS gab es noch nicht, aber da nicht alle Schiffe und Yachten damit ausgerüstet sind, vermittelt es nur eine trügerische Sicherheit, ebenso wie ein Radargerät, weil nicht alle Boote einen wirkungsvollen Reflektor haben. Die Reflektoren, die in zylindrischen Plastikröhren stecken, sind ihr Geld nicht wert.

Wir fuhren nach GPS und Kompass auf die Ansteuerungstonne von Neustadt zu. Immer wieder kamen Zweifel auf, ob
man wirklich den richtigen Kurs hält. Ständig verglich ich am
Echolot die Wassertiefe mit den Angaben der Seekarte. Diese letzten Stunden wurden lang. Manchmal lieferte der Nebel
Trugbilder. War da ein Schatten zu sehen? Immer die Angst,
vor den Bug eines Schiffes zu geraten. Dann hörten wir plötzlich Stimmen aus dem Nebel: Militärische Kommandos hallten
herüber. Ich nahm die Fahrt aus dem Boot und kurz darauf lag
ein riesiger Schiffsbug auf Kollisionskurs voraus. Doch wohin
ausweichen bei kaum zwei Bootslängen Abstand? Der Schreck
dauerte nur eine Sekunde, dann sahen wir die Ankerketten des
Marineschiffs. Sie lagen still. Wir grüßten hinüber. Verdammter
Nebel. Wenn der Pott Fahrt gemacht hätte, hätte es übel ausgesehen.

Drei Stunden später hatten wir nach der GPS-Anzeige die
Ansteuerungstonne von Neustadt erreicht. Nur war sie nicht da.
Auf Wanderschaft geschwommen, wenn man sie am nötigsten
brauchte. Wir fuhren hin und her. Keinesfalls wollten wir ohne
gesicherte Position weiter in Richtung Hafen fahren. Es kam
einfach keine Tonne in Sicht. Doch bei nur noch 10 Metern
Sichtweite musste das nicht viel bedeuten. Stimmte denn meine
einprogrammierte Position des Wegpunkts überhaupt? Das See-
kartenformat war korrekt eingestellt – WGS 84. Noch einmal
maß ich in der Karte genau den Punkt der Tonne nach. Und entdeckte eine Schludrigkeit. Der letzte Wert stimmte nicht – statt
einer 9 hatte ich eine 0 eingegeben. Ich korrigierte und wir steuerten mit *Leviathan* erneut die Tonne an. Große Erleichterung,
als sie genau vor dem Bug auftauchte. Per Kompass fuhren wir
nun den korrekten Kurs in den Hafen. Natürlich waren die kleinen Fahrwassertonnen noch schlechter auszumachen. Aber bei
der verbleibenden Distanz von weniger als 1,5 Seemeilen kamen wir voran – in Schleichfahrt von 2 Knoten.

Segeltaktik für Nebelfahrten

Bei Nebel gibt es eigentlich nur eine sinnvolle Segeltaktik:
Rechtzeitig einen Hafen ansteuern oder vor Anker gehen.
Je flacher das Wasser am Ankerplatz, umso geringer ist die

Gefahr einer Kollision mit einem fahrenden Schiff. Wer kein gutes Echolot hat, sollte bei schlechter Sicht nicht mehr unterwegs sein. Elektronische Seekarten bieten keine endgültige Sicherheit, weil sie nicht unbedingt stimmen und weil vertriebene Tonnen auf dem eigenen Kurs liegen können. Wer so ein Unikum mit einer GFK-Yacht rammt, sollte eine gute Rettungsinsel oder Erfahrungen in der Leckbekämpfung haben. Außerhalb von Schifffahrtsrouten oder Verkehrstrennungsgebieten ist ebenfalls keine Sicherheit zu erwarten, denn da treiben sich vielleicht Fischer und Treibnetze herum. Oder Crews wie wir, die auch irgendwie nach Hause kommen wollen. Daher – ganz ehrlich: Lieber einen Anruf mit der Bitte um Urlaubsverlängerung tätigen als einen Mayday-Ruf an Bremen Rescue absetzen. So einfach kann das sichere Verhalten bei Nebel sein.

Wettergefahren:
Die Weiße Bö – reale Gefahr oder Seemannsgarn?

Ruhe vor dem Sturm: Weiterfahren oder noch einen sicheren Hafen gewinnen? Eine halbe Stunde später weht es mit 10 Beaufort. Erlebt haben die weiße Böe nicht viele Seeleute. Einige haben sie wohl auch nicht überlebt.

Ob es sie überhaupt gibt, darüber sind sich Meteorologen nicht mal sicher. Und doch deuten mehrere Schiffsunglücke und Berichte darauf hin. Englischsprachige Segler nennen sie „The White Squall" – so heißt auch der Film über den Untergang der Albatross mit Jeff Bridges in der Rolle des Kapitäns. Am 2. Mai 1961 sank das 25 Meter lange Segelschulschiff – ehemals ein Nordseeschoner – auf der Fahrt von Mexiko nach Nassau auf den Bahamas. Doch was ist eine „Weiße Bö"?

War diese Gewitterfront in der Nordsee eine „Weiße Bö"?

Eine Weiße Bö in der Nordsee?

Auf dem Törn von Wangerooge nach Hooksiel entlädt sich ein Gewitter über dem Festland auf Höhe von Horumersiel, gut 3 Kilometer entfernt von uns. Wir haben klare Sicht und Wind bei 3 Beaufort aus Südost, als wir von der Blauen Balje in das Wattfahrwasser südlich von Minsener Oog einfahren. In der Ferne sind die Ladekräne des Jade-Weser-Ports zu erkennen. Wegen des Donners und der Blitze über dem Festland haben wir die Segel geborgen und fahren unter Maschine. Plötzlich senkt sich wie aus dem Nichts von oben ein weißer Schleier über die Jade und kommt rasend schnell auf uns zu. Innerhalb von nur einer Minute wird die Sicht von 10 Seemeilen auf 10 Meter reduziert, bis auch der Klüverbaum nicht mehr zu erkennen ist. Ich schicke meine Frau und ihre Freundin unter Deck und komme in der Eile nicht mehr dazu, eine Sicherungsleine anzulegen.

Als uns die Wand erreicht, wird *Paloma* augenblicklich von einer gewaltigen Faust getroffen und krängt in der Bö trotz ihrer 3 Tonnen Bleiballast vor blankem Mast auf geschätzte 40 Grad. Damit habe ich nicht gerechnet – unter Vollgas drehe ich den Bug gegen den Wind. Das Wasser kommt von oben und scheinbar auch von unten, irgendwie von allen Seiten. Das Atmen fällt schwer; alles ist in weißes Licht getaucht. Selbst die Sicht auf das GPS oder das Echolot geht vollständig verloren. Es ist mir nicht klar, ob ich mit dem Bug gegen den Wind noch Fahrt über Grund machte. So rechne ich mit dem Auflaufen, aber das wäre auf der Sandbank im flachen Wattenmeer eine Stunde vor Hochwasser nicht dramatisch. Wenige 100 Meter zuvor haben wir die Buhnen der Blauen Balje passiert. Hätte uns die Bö dort erwischt, hätten wir Schiffbruch erleiden können.

Der Spuk ist nach einer Minute vorbei. Die weiße Wand zieht weiter Richtung Wangerooge, scheint sich aber noch vor der Insel aufzulösen. Wieder eine weitere Minute später herrscht gute Sicht über rund 10 Seemeilen in alle Richtungen.

Vergleicht man Seeunfallberichte, so trafen „Weiße Böen" meist größere Segelschiffe, auf denen die Segel nicht so schnell geborgen werden können: 1986 sank auf ähnliche Weise der Rahschoner *Pride of Baltimore*, Nachbau eines historischen Baltimoreklippers, 250 Seemeilen nördlich von Puerto Rico.

Die jüngste Tragödie ereignete sich am 30. Mai 2015. Der polnische Schoner *Down North,* immerhin 23 Meter lang, segelt von Swinemünde aus nach Spitzbergen. Der Schoner ist auf nordwestlichem Kurs – es weht mit Windstärke 5, in Böen 6, als die Yacht in einer plötzlichen Bö kentert und 6 Seemeilen vor Koserow sinkt. Ein 53-jähriger Mann kommt ums Leben, obwohl er noch in die Rettungsinsel gezogen wird.

Am Unglücktag des letzten Maiwochenendes herrscht an der ganzen deutschen Küste „Aprilwetter". Es ist turbulent, dunkle Wolken jagen heran und wechseln sich nur vereinzelt mit Sonnenfeldern ab. Bei solchen Verhältnissen können lokal andere Windspitzen auftreten, als vorhergesagt wird. Weil die Ursache der Kenterung unklar ist und keine näheren Berichte der Crew veröffentlicht wurden, kann eine „weiße Bö" nicht bestätigt werden. Doch lassen sich zumindest Parallelen ableiten, die zum Kentern und schnellen Untergang geführt haben.

Segelyachten können normalerweise eine 90-Grad-Kenterung vertragen: Zieht die Bö ab und werden die Schoten losgeworfen, richten sie sich wieder auf. Voraussetzung ist jedoch, dass Luken und Niedergänge seeschlagsicher geschlossen sind. Und auch die Motorraumklappe und Backskisten sollten beim Durchkentern nicht aufspringen.

Am Tag des Untergangs der *North Down* sind wir mit *Fuchur* auf der Jade unterwegs. In der Nähe der Position, in der wir 2012 mutmaßlich eine weiße Bö erlebt haben, zeigt sich 3 Seemeilen entfernt ein ähnliches Bild. Allerdings zog diese Bö nach Osten und nicht auf uns zu. Sie ist auch nicht so breit, dass sie als „Walze" über die gesamte Jade reicht. Deswegen habe ich keine Hinweise, was sich in der Turbulenz ereignet hat. 2012 hatte ich keine Gelegenheit mehr, zur Kamera zu greifen. Und außer einer lichtweißen Wasserwand wäre nichts erkennbar gewesen. Nun haben wir Segler mit rechtzeitigem Reffen eigentlich keine Probleme. Schoten sind schnell losgeworfen. Wenn nicht gerade ein Spinnaker und Spibaum gesetzt ist, wäre eine schwere Bö kein Grund zur Sorge.

Ich meine, dass man sich mit dem Phänomen dennoch auseinandersetzen sollte. Studiert man Berichte über dieses Naturschauspiel, wird darin eine Fallbö beschrieben, die sehr lange andauert. Sie kann von starkem Regen oder Nebel begleitet werden, in kalten Regionen sogar mit Schnee. Weil diese Fallbö mit enorm starker Geschwindigkeit heranrauscht, ist auch die Wasseroberfläche durch die entstehende Gischt sofort weiß. Alles zusammen ergibt die „weiße Bö". Ausgelöst wird sie wahrscheinlich durch Luftdruck-Einbrüche, die von der oberen Atmosphäre bis auf Meereshöhe reichen. Weil das Phänomen selten ist, liegen keine Messergebnisse vor.

Ähnlichen Sichtverlust haben wir in Gewitterlagen auch erlebt. So kann es im Sturzregen durchaus passieren, dass man sehr schnell den Kurs verliert. Deswegen haben wir uns die Vorsichtsregel auferlegt, bei plötzlichen Böen und starkem Regen flaches Wasser zu verlassen. Keinesfalls darf in einen engen Tonnenstrich, eine Hafeneinfahrt oder in die Nähe von Buhnen gefahren werden. Zuletzt haben wir eine ähnliche Situation im August 2014 vor der Fehmarnsundbrücke erlebt: Zwischen Burgtiefe und der Rinne zur Brücke wetterten wir den Sturzregen im tiefen Wasser ab. Dank des Deckshauses von *Fuchur* lässt sich auch unter solchen Bedingungen der Kartenplotter ablesen und die Position kann gehalten werden. In der vielbefahrenen schmalen Rinne befinden sich jedoch stets weitere Boote. Ohne Sicht besteht Kollisionsgefahr.

Ein Meteorologe des Deutschen Wetterdienstes erklärt
das Phänomen „Weiße Bö"

Herr Dr. Bruns, könnte unser Erlebnis im Juni 2012 eine „Weiße Bö" gewesen sein?
In der meteorologischen Fachsprache gibt es kein als „Weiße Bö" bezeichnetes Phänomen. Es wird sich um ein schweres Gewitter gehandelt haben.

Unter welchen Wettergegebenheiten kann eine „Weiße Bö" eintreten?
Unabhängig davon, wie man das Phänomen nennt, berichten die Augenzeugen übereinstimmend von einhergehender Gewittertätigkeit. Daher handelt es sich aller Wahrscheinlichkeit nach um eine starke Gewitterbö, bei der kalte Luft aus der Höhe herabstürzt und sich an der Meeresoberfläche mit hoher Geschwindigkeit ausbreitet. Im Englischen nennt man das „Downburst".

Wie unterscheidet sich das Phänomen von einem „Trogsturm" oder einer Gewitterböe?
„Trogsturm" ist ebenfalls ein in der Meteorologie unüblicher Begriff. Gemeint ist damit wohl die im Bereich eines Troges verstärkte Konvektion (Schauer- und Gewittertätigkeit). Es gibt also keinen prinzipiellen Unterschied.

Welche Windgeschwindigkeiten können auftreten?
Das ganze Spektrum von 7 bis 12 Beaufort kann auftreten. Das hängt von der Intensität der Konvektion ab. Und die wiederum hängt von verschiedenen Faktoren ab. Dies sind zum Beispiel die Temperaturdifferenz Luft zu Wasser, die vertikale Schichtungsstabilität in der Atmosphäre, die Feuchtigkeit in den unteren Schichten, die Stärke der Höhenwinde, die Struktur der Druckfelder am Boden und in der Höhe. Je stärker der Wind, umso höher die Wellen und die Gischt. Kommt Niederschlag dazu, verschlechtert sich die Sicht weiter. Dem Beobachter mag das dann als eine „weiße Wand" erscheinen. Es ist aber deswegen kein anderes Phänomen. Es bleibt ein (schweres) Gewitter.

Ist die Nordsee gefährlicher als die Ostsee?

Wie auf jedem Meer können auf Legerwallpositionen besondere Gefahren lauern. Wo der Meeresgrund schnell ansteigt und der Wind die Wellen draufdrückt, können sie brechen. Schlimmstenfalls können Grundseen entstehen. Die besondere geografische Lage der Nordsee begünstigt zwangsläufig diese Faktoren. Über West bis Nord hat die Deutsche Bucht eine offene Küste. Sandriffe gibt es reichlich. Steht in solchen Bereichen auch noch Wind gegen Strom, kann es lebensgefährlich werden.

Doch auch in der Ostsee gehen Schiffe verloren. In diesem vermeintlich leichteren Revier gibt es Legerwallbereiche, die Gefahren bergen. Ich erinnere mich an den Überführungstörn der Leisure 27 auf der Fahrt von Kiel nach Fehmarn. West 6 meldete die Wettervorhersage. Dazu war an diesem Tag freie Fahrt unter der Küste durch das Schießgebiet möglich. Wir liefen aus. Dann legte der Wind zu. Vor Fehmarn auf 8 bis 9 Beaufort. Nur unter Sturmfock bedeutete das noch wunderbares Segeln vor dem Wind. Aber vor dem ansteigenden Grund in der Meeresenge zwischen Fehmarn und Heiligenhafen hatte ich Respekt. Die Wellen wurden steil – das Steuern erforderte höchste Konzentration.

In diesem Sturm versuchte ich gar nicht erst, in Orth zwischen den Pfählen anzulegen. Wir fuhren unter der Brücke durch und weiter bis in den Großenbroder See. Im Schutz des Ufers fiel der Anker.

Typische Gefahren der Nordsee: Seegatten

Eine Meldung aus Ostfriesland lautete wie folgt: *Ein 23 Meter langer Holzkutter geriet am Sonntagnachmittag auf dem Harleriff etwa eine Seemeile nordwestlich von Wangerooge auf Grund. Er erlitt einen Wassereinbruch. Ein Seenotrettungsboot der DGzRS leistete Lenzhilfe. Als der Kutter freikam, wurde er nach Hooksiel begleitet.* Was könnte geschehen sein? Vor der Havarie herrschte bereits tagelanger Ostwind und am Nachmittag zum Unfallzeitpunkt Nordost 5. Der Wasserstand war wegen des Ostwinds ungefähr 1 Meter niedriger als sonst zum durchschnittlichen Stand der Tide.

Hinzu kommen die nicht exakten Tiefenangaben für das Seegatt Harleriff. Sie stimmen fast nie. Die ostsetzende Sanddrift lässt das Seegatt zwischen Spiekeroog und Wangerooge immer wieder versanden. Würde man der Seekarte vertrauen, müsste es bei Niedrigwasser noch 2 Meter tief sein. Ich habe jedoch bei einer vorsichtigen Testfahrt und ruhiger See mit unserer flach gehenden *Paloma* bei Niedrigwasser nur 1,30 Meter Wassertiefe gelotet, während wir 1,15 Meter Tiefgang haben.

Am Tag der Kutterhavarie herrschte erst halbe Tide. Somit dürften durch die Ostwindlage nur etwa 1,5 bis 2 Meter Wassertiefe vorhanden gewesen sein. Bei allen Windrichtungen aus dem nördlichen Sektor herrscht bereits ab Windstärke 4 starker Seegang auf der Barre. Legt der Wind zu, entsteht hier eine Brandung mit Grundseen. Außerdem wird die Wassertiefe in den Wellentälern nochmals reduziert. Bei halber Tide zu wenig für ein großes Schiff.

Gefährlich ist das Seegatt außerdem, weil die Barre noch weit vor der Küste liegt. Das suggeriert tiefes Wasser. Trügerische Sicherheit. Der Grund steigt sehr schnell an. Wer hier unter vollen Segeln raumschots hineinfährt, hat keine Chance mehr, rechtzeitig zu wenden. Die betonnte Fahrrinne selbst ist kaum 50 Meter breit. Ehe man sich's versieht, haben Wellen, Wind und Strom das Boot auf den Sand geschoben. Von achtern knallen Brecher gegen das Heck und schieben das Boot herum. Jede weitere Welle hebt es an und setzt es wieder auf den harten Sand. Metallyachten haben vielleicht eine Chance, geborgen zu werden. Aber bei Holz- und GFK-Booten ist das Schadensrisiko groß.

Aus diesen Gründen beobachte ich die Wettersituation sehr genau, wenn ich ein Seegatt durchfahren möchte. Bei Windrichtungen von Nordwest bis Nordost versuche ich, die Durchfahrt zu vermeiden, und plane andere Routen ein.

Beispiel eines Nordseetörns:
Bei Nordwest 5 von Helgoland nach Wangerooge

Wie beschrieben, verbietet sich bei starkem Nordwind die Fahrt durch die Seegatten zwischen den Inseln. Es ist sicherer, die tiefe Jade anzulaufen. Selbst die Passage durch die Mittelrinne zur Jade würde ich meiden, falls hier ruppiger Seegang steht. Unter solchen Bedingungen wählt man besser den tiefen Großschifffahrtsweg in die Jade hinein. Dann an der Insel Minsener Oog vorbei bis zur roten Tonne B 18. Hat man nicht mehr als 1,5 Meter Tiefgang, kann man ab zwei Stunden vor Hochwasser den geschützten Prickenweg hinter den Inseln befahren. Wegen der nördlichen Winde wird man mit einem hohen Wasserstand rechnen können. So erreicht man sicher den Hafen von Wangerooge. Die Windstärke kann uns auf der Fahrt über das Watt fast egal sein. Der Weg führt dicht unter Land im Schutz der Inseln vorbei. Einzig bei der Überquerung der Blauen Balje zwischen Wangerooge und Minsener Oog wird es nochmals holperig. Aber die großen Sandbänke vor der Blauen Balje haben den Wellen schon vor der Küste ihre Kraft genommen.

Das Wrack der Festina Tarde. Was von diesem kleinen Küstenkreuzer nach der Strandung übrig blieb, passst auf einen Pferdewagen.

Der Untergang der Festina Tarde:
Gibt es „goldene Regeln" in Seegatten und Brandungsgürteln?

Das Boot verloren, ihr Leben gerettet: Am 26. Juli 2012 wurde ein niederländisches Ehepaar, beide 54 Jahre, zwischen Baltrum und Langeoog gerade noch rechtzeitig von ihrem sinkenden Boot von einem Fischkutter gerettet.

Der Skipper hatte über UKW-Kanal 16 einen Notruf abgesetzt. So wurde das MRCC Bremen alarmiert. Auch die Besatzung des deutschen Fischkutters *Ozean* mit Heimathafen Accumersiel wurde aufmerksam. Kapitän Onno Kruse konnte die Schiffbrüchigen unverletzt an Bord nehmen. Die kleine Segelyacht *Festina Tarde* konnte jedoch nicht mehr geborgen werden.

Da es aufgrund der Bedingungen vor Ort nicht möglich war, eine Leinenverbindung mit dem sinkenden Schiff herzustellen, vertrieb das Wrack mit der Flut ins Wattgebiet, wo es auf einer Sandbank strandete und am Folgetag von der Kurverwaltung Baltrum bei Ebbe mit Traktor und Wagen geborgen wurde.

Die Crew befand sich auf dem Törn von Norderney nach Langeoog. In der Ansteuerung auf das Seegatt der Accumer Ee zwischen Baltrum und Langeoog kam es im Bereich des Westerriffs zu einer Grundberührung. Es ist unklar, ob die Crew den Tonnenstrich wegen des konfusen Seegangs in diesem Bereich zu spät erkannt hat und auf eine der Bänke neben dem schmalen Fahrwasser lief, denn nur die rot-weiße Ansteuerungstonne ist gut sichtbar. Die kleinen Fahrwassertonnen sind von Bord eines Küstenkreuzers erst spät erkennbar. Weiter heißt es zur Unfallursache, dass die Yacht schnell vollgelaufen sei. Augenscheinlich ist bei der Grundberührung der Kiel und damit einhergehend der Rumpf des Bootes erheblich beschädigt worden. Am später gefundenen Wrack fehlte er.

Betrachtet man den Fall näher, so hat die Crew bei der Törnplanung zunächst alles richtig gemacht. Aber vielleicht wäre es besser gewesen, das Seegatt erst bei höherem Wasserstand anzulaufen oder wegen des starken nördlichen Windes die Passage innerhalb des Wattenmeeres zu wählen. Wurden sie auf der offenen Nordsee durch Wind und Strom zu weit südlich versetzt? Auch die Größe einer Yacht ist bei hohem Seegang nicht unerheblich. Es ist ein Unterschied, ob man auf einer großen Yacht navigiert oder auf einem tanzenden Boot von nur 7 Metern Länge fährt.

Das Wrack der *Festina Tarde*, einer Kolibri 700 ID, liegt am Folgetag des Unglücks in zwei Teile zerbrochen auf einer Sandbank am Oststrand von Baltrum. Mast und Takellage hängen daran. Der Deckel des Außenbordmotors ist abgerissen, die Batterie aus der Verankerung gefallen. Kiloweise haben die brechenden Wogen Sand eingespült. Das Hab und Gut der Crew hat sich am Strand verteilt. Einer der Helfer, ein Insulaner, freut sich kaum über eine unbeschädigte Flasche Bier, die er 100 Meter weiter aus dem Sand zieht. Denn die Betroffenheit in den Gesichtern der Männer ist unverkennbar. „Es ist eine traurige Aufgabe, ein zerschlagenes Boot und die Sachen von Menschen einzusammeln, die gerade alles verloren haben", sagt einer der Helfer. Und so ziehen sie weiter die Takellage und die Segel aus dem Sand. Bei Ebbe kommt die Bergungsmannschaft mit Traktor und Wagen an das Wrack heran. Der Ebbstrom hat den nach der Havarie kiellosen Rumpf von der Untergangsstelle wieder aus der Accumer Ee herausgetrieben und eine Seemeile weiter an den Strand von Baltrum gespült.

Unfallrckonstruktion

Boote vom Typ Kolibri 700 ID sind 7 Meter lang, rund 1,4 Tonnen schwer und aus formverleimtem Sperrholz gebaut. Ihr Tiefgang beträgt 115 bis 140 Zentimeter. Es sind schnelle Segler mit schmaler Kielwurzel und frei stehendem Spatenruder, was sie jedoch anfällig für Grundberührungen macht: der dünnwandige Sperrholzrumpf muss die Kräfte des untergebolzten Kiels über eine geringe Auflagefläche tragen. Warum die Crew den Weg von Norderney nach Langeoog „außen herum" wählte, anstatt ein paar Stunden später innen über das Watt zu fahren, bleibt unklar. Möglich ist, dass sie das sehr flache Wattenhoch des Baltrumer Wattfahrwassers umfahren wollten, wo Grundberührungen leicht möglich sind. Bei Ostwetterlage ist es da bei Hochwasser nur 1 Meter tief.

Die Crew war durch das Dovetief zwischen Norderney und Juist noch mit dem Ebbstrom ausgelaufen. Mit dem einsetzenden Flutstrom umfuhren sie Norderney und Baltrum bei nördlichen Winden um 4 bis 5, Sonnenschein und guter Sicht. Dieser Törn von rund 15 Seemeilen dürfte in dem kleinen Boot durchaus anstrengend gewesen sein. Trotzdem befanden sich die beiden nach Angabe des Kutterkapitäns auch bei der Bergung in guter Verfassung und waren nicht seekrank. Eigentlich hatte der Skipper zunächst richtig geplant, um mit auflaufendem Wasser in das Seegatt zu fahren. Doch warum das Boot auf eine der Sandbänke geriet, bleibt unklar. Fest steht jedoch, dass Niedrigwasser gegen 11:30 Uhr war und ihr Mayday-Ruf um 13:05 Uhr mit gemeldeter Position vom Westerriff aufgefangen wurde. Daraus ergibt sich, dass das Wasser gerade erst um rund 75 Zentimeter gestiegen war. Wie jedes Seegatt hat auch die Accumer Ee eine berüchtigte Flachstelle in der schmalen Rinne gut 2 Seemeilen vor den Inseln.

Flachstellen werden bei auflandiger See durch weißes Wasser angezeigt. Doch hätte die Crew sie erkennen können, wenn sie mit den Wellen fuhr? Eher nein! Nördliche Winde um 5 Beaufort, wie sie an diesem Tag herrschten, lassen dort die ersten Grundseen entstehen.

„Sobald die Situation bei Annäherung an das Seegatt unübersichtlich oder unklar ist, auf tiefem Wasser bleiben!", rät

Harm Olchers, Vormann der DGzRS-Station Baltrum. „Im Zweifel ist es besser, einen anderen Hafen anzulaufen." Das ist wegen der großen Entfernungen nicht einfach. Allenfalls die tiefen Mündungen von Ems und Jade bieten sichere Durchfahrten. Helgoland ist fern. Wie verlockend erscheinen dann die nahen Inselhäfen zu sein?

Kapitän Enno Kruse rettete das Pärchen. Er beschreibt Seegatten folgendermaßen: „Wir Fischer loten ständig die Tiefen in Seegatten und geben die Erfahrungen weiter. Auf Tonnen verlassen wir uns nicht. Oft nehmen wir ganz andere Kurse zwischen den Bänken. Wenn wir auf Flachstellen im Fahrwasser hinweisen, werden Tonnen trotzdem nicht sofort verlegt, was wir uns natürlich wünschen würden. An diesem Tag hatte ich wegen des Rettungsmanövers dann ebenfalls eine Grundberührung bei Tonne 4. Denn als ich den Mayday-Ruf aufnahm, kam ich gerade vom Krabbenfischen von der holsteinischen Küste. Die Seenotposition war eine halbe Meile entfernt. Wir hatten Nordost um 5 Beaufort. Mein Kutter geht sogar 2,80 Meter tief, was nach meinem Wissen zu Tiefen des Seegatts schon eineinhalb Stunden nach Niedrigwasser gerade eben zum Überqueren der Barre gereicht hätte. Als ich den Notruf auffing, wartete ich nicht länger und fuhr durch. Mehrfach setzte mein Kutter auf, dann konnte ich die Segelyacht am Westerriff ansteuern. Das kleine Boot hing vorne schon recht tief. Ich ging längsseits und nahm das Pärchen an Bord. Der Skipper war nervös, aber seine Frau recht gefasst. Beide trugen Rettungswesten, doch glücklicherweise brauchte niemand bei dem Seegang ins Wasser. Die Leinenverbindung zum Boot musste ich wieder kappen. Abschleppen war nicht mehr möglich. Anschließend blieb das Ehepaar zwei Tage bei mir zu Gast."

Um keine falschen Ängste zu schüren, noch einmal und in aller Deutlichkeit: Die Nordsee ist keine Mordsee. Gerade das Wattenmeer ist familienfreundlich. Auf der Nordsee kann man auch mit kleineren Booten oder als Einsteiger segeln, sofern man ihre Besonderheiten respektiert. Was Seegatten und Sandriffe der Nordsee zu anspruchsvollen Passagen macht, ist ihr enorm schnell ansteigender Grund. War es eben noch 6 Meter tief, sind es plötzlich nur noch 2 Meter. In Wellentälern ist es dann noch flacher. So muss sich jeder Schiffsführer darüber klar sein, dass er mit Wind und Strom auf rauen Kursen mit bis zu 10 Knoten auf ein Sandriff zufährt, dessen tatsächliche Wassertiefe nur geschätzt werden kann. Grundberührungen müssen auf den Barren unbedingt vermieden werden. Dazu gehören Sicherheitsreserven durch hohen Wasserstand.

Haben Langkieler aus Stahl oder Aluminium gute Chancen, eine Grundberührung glimpflich zu überstehen, so sieht es für GFK- und Holzboote, insbesondere mit frei stehenden Spatenrudern, nicht gut aus. Jede Welle setzt sie wieder auf den harten Sand. In die Rümpfe stauchende Kiele verursachen Wassereinbrüche. Ruderwellen können schon mit der ersten Grundberührung verbogen werden. Ohne Schlepphilfe ist eine leicht gebaute Yacht innerhalb weniger Minuten verloren. Und genau das scheint der *Festina Tarde* zum Verhängnis geworden zu sein.

Die Kolibri 700 hatte einen weiteren konstruktiven Nachteil: der fehlende Innenbordmotor. Ihr schwacher Außenborder mit 8 PS hätte sie kaum gegen Wind und Brandung aus der Gefahrenzone retten können. Es ist allgemein bekannt, dass Außenborder, insbesondere wenn sie am Spiegel angehängt sind, in kurzen Hackwellen oder gar in der Brandung nicht helfen, weil die Schrauben immer wieder austauchen und das Ruder nicht anströmen.

Selbst eine veritable Segelyacht mit starker Maschine bietet mit guter Sicht vom höheren Deck keine Gewähr dafür, nicht auf eine Barre aufzulaufen, wie die Polizeidirektion Itzehoe berichtete.

Wassereinbruch auf britischer Segelyacht nach Grundberührung

Am 10. Juli 2014 um 12:40 Uhr kam es im Bereich der Eider zwischen den Tonnen 9 und 11 zu einer Grundberührung der britischen Segelyacht *Integral*, einer Moody 422, Länge 12,80 Meter, Heimathafen Hull. Tiefgang der Yacht: 1,83 Meter. An Bord war ein britisches Ehepaar (64/62) mit mehrjähriger Segelerfahrung sowie ihr Hund. Es wurde niemand verletzt.

Die Integral verlor jedoch das Ruder und es entstand ein Riss im Bereich des Kiels. Wasser drang in das Schiff ein. Durch die Seenotrettungskreuzer *Theodor Storm* und *Paul*

Neisse konnte die Segelyacht Lenz gehalten, also über Wasser gehalten, und nach Büsum geschleppt werden. Ein Kran hob die Moody sofort aus dem Wasser. Sie wurde von einem Sachverständigen untersucht. Danach lag die Schadenshöhe bei etwa 50 000 Euro.

Auch wenn sich die Polizei hinsichtlich der tatsächlichen Ursache bedeckt halten muss, so ist davon auszugehen, dass sich das Unglück aufgrund einer Fehleinschätzung des Schiffsführers hinsichtlich der Fahrtdauer von Helgoland, des Niedrigwasserzeitpunkts und der damit einhergehenden Wassertiefen in diesem Seegebiet ereignet hat.

Nach der Recherche war der Unfallzeitpunkt etwa eine Stunde nach Niedrigwasser. Gemäß den Angaben der Seekarte liegen Wassertiefen im Bereich der Tonne 9 dann zwischen 3 und 4 Meter, was jedoch bei veränderlichen Sandbänken beziehungsweise in Wellentälern deutlich unterschritten werden kann. Zudem reicht ein geringer südlicher Kursversatz, schon kommt man den flachen Ausläufern der Linnenplate zu nahe.

Kommen wir noch einmal zurück zu den ostfriesischen Inseln. Wie sehr sich die Ursachen von Seenotfällen beim Durchfahren von Brandungsgürteln ähneln, zeigt der folgende dramatische Bericht der DGzRS.

Im Seegatt gekentert und über Bord gespült

Ein Segelboot mit zwei Brüdern an Bord wurde am 25.9.2010 vor Langeoog durch das Seenotrettungsboot Casper Otten der Station Langeoog aus Seenot gerettet.

Um circa 13:25 Uhr hatte die Seenotfunkstelle Bremen Rescue Radio über UKW-Kanal 16 einen Mayday-Ruf der Segelyacht *Spirit* erhalten. Die 8,5 Meter lange Yacht war auf dem Westerriff der Accumer Ee in 3 bis 4 Meter hohen Wellen nahezu gekentert. Nach Aussagen der beiden Brüder aus Esens war die Spitze des Mastes bereits im Wasser. Dabei wurde einer der beiden über Bord gespült, jedoch durch eine Sicherungsleine am Boot gehalten. Das ins Boot eingedrungene Wasser führte zu sofortigem Maschinenausfall. Nachdem es dem zweiten Mann gelungen war, seinen Bruder wieder an Bord zu nehmen, setzten die beiden das Mayday ab. Die Seenotleitung

Bremen alarmierte die auf Langeoog, Baltrum und Norderney stationierten Einheiten. Der zuerst eintreffende Seenotkreuzer *Bernhard Gruben* sicherte die Yacht bis zum Eintreffen des Seenotrettungsbootes *Casper Otten* von Langeoog. Während die *Casper Otten* die Segelyacht in Schlepp nahm, machte das Seenotrettungsboot *Elli Hoffmann-Röser* (Station Baltrum) zusätzliche Sicherungsbegleitung durch das Seegatt. Am späten Nachmittag traf der Schleppverband wohlbehalten in Bensersiel ein.

Auch die vorherrschende Windrichtung der letzten Tage ist bei Fahrten in der Nordsee zu beachten, wie aus einer weiteren Meldung der DGzRS zu schließen ist.

Starke Nordwestwinde:
Große Segelyacht treibt manövrierunfähig vor Norderney

Frische bis starke Winde aus nordwestlicher Richtung, Maschinenausfall wegen eines verstopften Kraftstofffilters, Grundberührung und ein verbogenes Ruderblatt – für eine 15 Meter lange Segelyacht und ihre vier Personen starke Besatzung kam am 6. Juli 2010 viel Unglück zusammen. Dank der schnellen und kompetenten Hilfe durch die Besatzung des Seenotkreuzers *Bernhard Gruben* aus der Station Norderney der Deutschen Gesellschaft zur Rettung Schiffbrüchiger (DGzRS) konnte dieser Seenotfall um ca. 13:30 Uhr abgeschlossen werden: Die Yacht lag gesichert im Hafen von Norderney. Die Besatzung hatte das Unglück mit Schrecken, aber unversehrt überstanden. Das Seegebiet Schluchter zwischen den ostfriesischen Inseln Norderney und Juist wird von Berufs- und Freizeitschiffern als äußerst anspruchsvoll respektiert und verlangt ausgeprägte Revierkenntnis sowie nautisches Können. Die Yacht sollte, von Hooksiel kommend, nach einem Zwischenstopp auf Norderney in den Hafen von Emden überführt werden.

Wenn plötzlich eine Handbreit Wasser unter dem Kiel fehlt

Aus dem Logbuch der Paloma
*Position: Harle-Seegatt zwischen Wangerooge und
Spiekeroog, Barre zwischen roter Tonne H2 / H4*

*Wir kommen von Helgoland und sind in der Ansteuerung auf
Wangerooge. Gute Sicht, Nordwestwind um 4. Laut Seekarte ist
es auf der weit seewärts gelegenen Untiefe vor den Inseln bei
NW noch 2 Meter tief. Wir kommen drei Stunden vor NW an.
Somit ist nach der Seekarte mit einer Wassertiefe von ca. 3,5
Meter zu rechnen. Palomas Langkiel geht 1,20 Meter tief.*

Wie schon unzählige Male davor lassen wir die roten Tonnen
der Harle an Backbord und passieren sie im Abstand von etwa
20 Metern auf der westlichen Seite. Wir wissen, dass bei der
Ansteuerung die Wassertiefe auf der Barre bei Tonne H4 innerhalb von 50 Meter von 6 Meter Tiefe auf etwa 2 Meter unter
dem Kiel zurückgeht. Doch dieses Mal ist es anders.

Rasend schnell: 2 Meter / 1 Meter / 0,2 Meter / 0 Meter! *Paloma* setzt in der kurzen Welle auf. Die 11 Meter lange
Stahlyacht mit ihren 6-Millimeter-Blechen und rundum verschweißten Spanten im Unterwasserschiff kann es vertragen,
aber jede weitere Welle lässt sie wieder auf den harten Sand
krachen.

Die Takellage zittert. Es droht ein Querschlagen des Schiffes. Wenden ist unmöglich. Unter Maschine vorwärts, um Ruderwirkung zu haben. Noch fünfmal rumpelt es unter dem Kiel, dann
sind wir drüber. Wir haben keine Schäden, sind aber kreidebleich
und zugleich froh, keine GFK-Yacht mit Kurzkiel zu führen. Hier
wäre unweigerlich mit Schäden im Bereich der Kielaufnahme
und des Ruders zu rechnen gewesen – vielleicht sogar mit einem
Kieldurchbruch. Und nur eine Viertelstunde später wären auch
wir gar nicht mehr freigekommen. Dann wäre der Wasserstand
um weitere 20 Zentimeter gefallen. Es war mein „Anfängerfehler", bei ablaufendem Wasser hier hindurchzufahren. Dabei kreu-
ze ich seit 2004 in diesem Seegebiet.

Doch warum war es im betonnten Fahrwasser so flach? Erst beim Blick zurück gegen die Brandung kam Klarheit: Weiße, brechende Wellen auf der Westseite der Tonnen, wo es tief sein müsste – glattes und tiefes Wasser 100 Meter ostwärts des roten Tonnenstriches, wo es flach sein müsste. Fährt man gegen die Wellen, kann man es erkennen. Mit den Wellen nur sehr schwer.

Dem Seegatt gingen wir „auf den Grund". Gewendet und mit langsamer Fahrt auf der „falschen Seite" des Tonnenstriches die Barre nochmals angesteuert. Und tatsächlich: Rund 100 Meter ostwärts der roten Tonnen ist es im flachsten Bereich noch 3,5 Meter tief! Warum sagt einem das keiner? Wäre das nicht eine Meldung für den Revierfunk, der stündlich auf Kanal 20 von Jade-Traffic gesendet wird? Eine Mindertiefe von rund 3 Metern innerhalb eines betonnten Fahrwassers gehört da hinein, aber nach der Karte sind die Fahrwassertiefen in Seegatten veränderlich. Jeder weiß es und begegnet ihnen mit Respekt.

„Nachkontrolle" SY Paloma

Passiere bei gleichem Tidenstand das Seegatt „zur Sicherheit" wieder auf der „falschen Seite". In der Nacht herrschte frischer Nordwestwind. Brandungswellen von bis zu 2 Metern Höhe stehen auf der Barre. Fahren nun sicher bei 3 Meter Wassertiefe ostwärts der roten Tonnen. Wir sehen schwere Grundseen im „betonnten Fahrwasser" westlich der roten Tonnen. Gnade dem Skipper, der hier im Vertrauen auf die richtige Betonnung unterwegs ist …

Ein Bild aus dem Seegatt von Wangerooge: Hohe Wellen mit kurzem Tal. Wehe, wenn es jetzt zu flach wird und das Boot bei diesem Seegang aufsetzt.

Checkliste: Grundregeln im Seegatt

- Seegatten läuft man erst bei halber Tide und steigendem Wasser an. An der ostfriesischen Küste sind sie ab Windstärke 5 aus nördlichen Sektoren trotzdem tabu. Gleiches gilt für westliche Sektoren an der nordfriesischen Küste.
- Auf mögliche Brandung alter Wellen ist ebenfalls zu achten.
- Das Großsegel sollte man insbesondere auf Kursen vor dem Wind wegen der Verletzungsgefahr durch „Patenthalsen" ganz bergen, denn Querschlag droht trotz aller Vorsicht.
- Grundseen oder von achtern anrollende Seen können die Fahrtgeschwindigkeit überschreiten. Dadurch lassen sie die Strömung am Ruder immer wieder abreißen – die Maschine sollte mitlaufen, um durch den Propellerstrom die Ruderwirkung zu erhalten.
- Gerade in Brandungspassagen der Barren sind die Rinnen teilweise nur 30 Meter breit. Ein präziser Kurs ist lebenswichtig, der mit Vorsegel und Maschine am ehesten gehalten werden kann.

Vom Umgang mit Seekartendaten.

Sandbänke wandern nicht nur in der Nordsee. Um diese Gefahren auszuweisen, ziehen die Tonnenleger die Tonnen entsprechend nach. Aber wie lange dauert es, bis notwendige Korrekturdaten in den Seekarten – seien sie nun aus Papier oder elektronisch – veröffentlicht werden? Und wer bietet die aktuellsten Quellen über die Seegebiete? Vermeintlich topaktuelle „Updates" elektronischer Karten sind manchmal in der Berichtigung von Daten gar nicht so aktuell, wie man vielleicht denken mag. Deswegen sind für alle Segler die persönliche Kenntnisse und Erfahrungen über ihr Revier unabdingbar. Das Echolot sollte genau eingestellt werden.

Unser Törn führt von Cuxhaven nach Wilhelmshaven. Es herrscht Südwest, Stärke 5 bis 6. Bei Elbe 1 wird der Kurs über die Nordergründe und die Mittelrinne zur Jade abgesetzt. Regenfronten ziehen durch, die Sicht beträgt kaum eine Kabellänge. Wo ist sie, die Tonne 4 der Mittelrinne? Laut GPS und Kartenplotter hat *Fuchur* sie erreicht, doch nichts ist zu sehen. Wir drehen Kreise, der Strom versetzt, es wird flacher – nur noch 2 Meter ...

Elektronische Seekarten sind Hilfsmittel der Navigation – darauf verlassen darf man sich aber nicht. Nach § 13 der Schiffssicherheitsverordnung sollen Segler ihre amtlichen Papierseekarten stets auf dem neuesten Stand halten. Die Wasserschutzpolizei kontrolliert dies zuweilen. Wenn ein Schaden infolge eines Navigationsfehlers im Zusammenhang mit veralteten Seekarten vermutet wird, wird auch die Versicherung Fragen stellen.

Doch wie viel Zeit vergeht, bis die aktuellen Positionsdaten des Tonnenlegers bei den Seglern ankommen? Der Weg führt von der Schiffsbrücke über die Wasser- und Schifffahrtsämter und über deren Bekanntmachungen für Seefahrer zu den nautischen Diensten der Verlage. Der Zeitraum, der verstreicht, bis Karten berichtigt sind, variiert von Land zu Land – Unmengen von Daten müssen von Verlagen eingeholt und umgesetzt werden.

Moderne Navigationstechnik ist durch ihre Menüführung leicht bedienbar. Aber wird man dadurch den Siebten Sinn für Warnzeichen verlieren? Trauen wir Kartenplottern mehr als dem sich kräuselnden Wasser einer Untiefe?

Vermessung eines Seegebiets

Am 19. August 2014 wird in Cuxhaven ein aktueller NV-Kartensatz „Von Brunsbüttel bis Borkum" gekauft, im Laden ausgezeichnet am 15. August 2014. Ich kenne das Seerevier wie meine Westentasche, aber für herbstliche Törns mit Seenebelfeldern ist mal wieder ein neuer Kartensatz fällig. Der Stand ist vom März 2014. Einige Fahrwasseränderungen sind noch nicht enthalten: So verläuft das Fahrwasser der Mittelrinne zur Jade neuerdings ostwärts des Radarturms *Mellumplate* und nicht wie ehedem nordwestlich – die südlichste Tonne 12 liegt mehr als 1 Seemeile von ihrer alten Position entfernt.

Auch die Seegatten haben sich verändert. Die Ansteuerungstonne der Accumer Ee zwischen Baltrum und Langeoog liegt 1,2 Seemeilen ostwärts, dass Seegatt der Harle zwischen Spiekeroog und Wangerooge ist eine halbe Seemeile gewandert: Distanzen, bei denen verlegte Tonnen bei Nacht und Nebel nicht zu finden sind. Korrekturblätter zum Einkleben sind nicht enthalten, dafür eine CD mit dem Link zum Herunterladen von Korrekturmeldungen des Verlages.

Diverse Kartenausschnitte auf neun Seiten müssen ausgedruckt, ausgeschnitten und einklebt werden. Um am gleichen Tag weiterzusegeln, müsste man sich erst einen Farbdrucker kaufen, um der seemännischen Sorgfaltspflicht zu genügen – oder die Daten von Hand korrigieren. Gleiches ist beim aktuellen BSH-Kartensatz der ostfriesischen Küste festzustellen: Die Angaben stammen von Anfang 2014, ebenfalls keine Korrekturblätter. Das hat seine Gründe: Kartenverlage können nicht nachträglich Korrekturblätter an die Verkaufsstellen senden, weil Kartensätze oft lang in den Regalen liegen, bis sich Abnehmer finden.

Bei Updates elektronischer Seekarten geht man als Segler jedoch davon aus, dass Korrekturdaten sofort eingepflegt werden. Ein Trugschluss? Der Windpark vor Anholt erschien bei einem Anbieter erst ein Jahr nach Errichtung auf den elektronischen Seekarten.

Praxistest auf der Nordsee: Mit *Fuchur* ermitteln wir am 30. August 2014 die Positionsdaten der Tonnen der Mittelrinne und eine Woche später die Seegatten von Langeoog bis Wangerooge. Zum Einsatz kommen aktualisierte elektronische Seekarten von C-Map und Navionics sowie NV-Papierseekarten.

Für den Kartenplotter wird am 29. August 2014 für 119,90 Euro ein ein C-Map-Update geladen. Zusätzlich wird ein Navionics-Seekartensatz auf ein Acer-Tablett mit integriertem GPS installiert. Dazu kommen ein konventionelles Garmin-GPS und ein Furuno-GPS, um Fehlfunktionen auszuschließen. Die Testbedingungen enthalten die gewünschten Voraussetzungen: Schietwetter – Südwest 5 Beaufort, in Böen bis 7, Sichtweite bei Regenschauern eine Kabellänge. Der Kurs führt von Hooksiel über die Jade und durch die Mittelrinne in die offene Nordsee.

Das Ergebnis

Die Tonnen der Jade werden zuverlässig angezeigt; auf den Meter genau stimmen die Daten in elektronischen und analogen Seekarten überein. Hier gab es bis auf die Muschelzuchtnetze vor Hooksiel nur wenige Änderungen.

Anders in der Mittelrinne: Der NV-Verlag hat die Verlegung der Tonnen vom 8. Mai kurz darauf in den Korrekturblättern vom Juni eingepflegt, Navionics ebenfalls – aber C-Map nicht: Der Kartenplotter zeigt falsche Positionen von rund einer Seemeile, drei grüne Tonnen fehlen gänzlich. Dabei ist der Bereich besonders veränderlich: Der nahe „Spoilground" der Sandverklappung westlich des alten Fahrwassers hat die Passage zwischen den früheren Positionen der Tonnen M12 und M10 behindert. Die Veränderungen findet man in den amtlichen Bekanntmachungen.

Deutschland. Nordsee. Weser/Jade. Mittelrinne, Änderung der Schifffahrtszeichen Verlegung des Fahrwassers

Bekanntmachung für Seefahrer 11/14	WSA Wilhelmshaven, 08.05.2014
aktuell gültig:	ja
Karte(n):	D2 (INT 1456)
Geografische Angabe in:	WGS 84
Frühere BfS:	(P) 10/14
Zeit der Ausführung:	sofort
Gültig von:	07.05.2014
Gültig bis (einschl.):	auf Widerruf

Angaben:
Im Zuge morphologischer Veränderungen wurde das Fahrwasser „Mittelrinne" verlegt.

Folgende Tonnen wurden verlegt:

Tonnenart	Name	Farbe	Kennung	Position	
Spierentonne	M4	rot	unbeleuchtet	53° 49.7826' N	008° 02.9173' E
Spierentonne	M6	rot	unbeleuchtet	53° 48.7580' N	008° 04.9627' E
Spierentonne	M8	rot	unbeleuchtet	53° 47.6243' N	008° 06.1711' E
Spierentonne	M10	rot	unbeleuchtet	53° 46.8497' N	008° 06.3969' E
Spierentonne	M12	rot	unbeleuchtet	53° 45.9543' N	008° 05.6061' E

Folgende Tonnen wurden neu hinzugefügt:

Tonnenart	Name	Farbe	Kennung	Position
Spitztonne	M1	grün	unbeleuchtet	53° 49.9096 N 008° 01.9392 E
Spitztonne	M3	grün	unbeleuchtet	53° 47.5468 N 008° 05.8996 E
Spitztonne	M5	grün	unbeleuchtet	53° 46.9283 N 008° 06.0949 E

Folgende Tonnen wurden umbenannt:

Tonne „22 / M14" in „22"
Tonne „24 / Sch-Reede" in „24 / Sch-Reede / M14"

Hinweis: Beim Befahren ist der LT „Mellumplate" unbedingt südlich zu passieren!

Die BfS (P) 10/14 ist aufgehoben.
Aushang bis 31.05.2014

197

Das Ergebnis des Tests nach eigenen Messungen
Der WSA Wilhelmshaven hat gute Arbeit geleistet. Unsere Positionsprüfungen der Seezeichen stimmen mit den Angaben der Bekanntmachungen für Seefahrer (BfS) überein. Wer veröffentlicht eigentlich diese Daten – und wann?

Für die Richtigkeit der „Bekanntmachungen für Seefahrer" sorgt in Wilhelmshaven Eric Jonas. Er sagt: „Änderungen von wichtigen Fahrwassern, wie der Mittelrinne, haben wir zwei Wochen vorher mit einer BfS angekündigt und veröffentlicht. Wenn sie erfolgt sind, werden die Daten sofort aktualisiert, einsehbar für alle in Aushängen oder im Internet unter:

www.elwis.de

Weitergemeldet werden die Daten an das BSH, an die ansässigen Segelsportvereine und die weiteren angeschlossenen Institutionen wie Wasserschutzpolizei, Schiffsagenten, Marine usw. Weltweit gibt es jedoch unzählige Bezugsquellen beziehungsweise Adressaten. Das BSH veröffentlicht die Daten selbst noch einmal in den Nachrichten für Seefahrer, allerdings später.

Wenn jedermann die Daten abrufen kann, warum ist die neue Betonnung der Mittelrinne vom 8. Mai 2014 im C-Map-Update am 29. August 2014 immer noch nicht enthalten? Für diesen Service werden immerhin 119 Euro berechnet. Die Antwort lautete, dass die Tonnendaten für das Juni-Update zu spät kamen und daher erst im Oktober in das nächste Update einfließen würden.

Damit wird die fehlende Änderung der Mittelrinne eingeräumt und man gibt als Quelle das BSH an, statt die Daten direkt bei den Schifffahrtsverwaltungen unter ELWIS einzusehen. Dafür kann der Kartenhändler wiederum nichts: Nach Angabe von Wassersportausrüstern erhält der Handel im Jahr nur zwei bis drei Updates. Was bedeutet dies für den Segler?

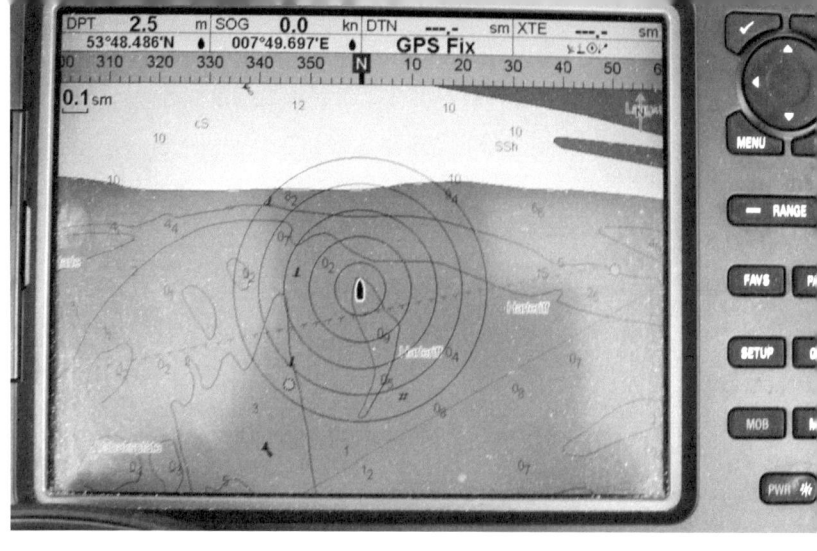

Soll: Position nach „aktualisierter" C-Map-Karte drei Kabel außerhalb des Fahrwassers. Tatsächlich befinden wir uns genau im Fahrwasser auf Höhe von H4.
Würden wir dem Kartenprogramm folgen und 500 Meter nach Westen ziehen,
würden wir auflaufen.

Lotungen in den Seegatten und im Wattenmeer

Sehr gut lassen sich die Prickenwege mit C-Map und Navionics verfolgen: Relativ sicher führen die Kurse in die Häfen von
Harlesiel, Wangerooge und Spiekeroog. Dass nicht jeder Bogen
enthalten sein kann, ist klar: Im Watt fährt man nach Sicht und
Echolot. Doch wie sieht es mit den Seegatten aus, insbesondere
mit den Barren? In der Otzumer Balje liegt die berichtigte Pa-
pierseekarte um rund zwei Kabellängen daneben, in der Harle
um eine Kabellänge bei der brisanten Barre von Tonne H4. Bei
halber Tide messen wir 4 Meter Wassertiefe, doch C-Map hätte die Yacht an der angeblichen H4-Position rund 500 Meter
neben der Spur auf eine Untiefe geführt: Schon die rot-weiße
Ansteuerungstonne liegt auf „uralter Position".

Navionics hat immerhin eine Änderung mit dem neueren Verlauf berücksichtigt, liegt nur eine Kabellänge daneben. Wie wichtig in diesen schmalen Rinnen genaue Daten sind, zeigt sich am
nächsten Nachmittag beim Blick vom Wangerooger Westturm.

09:40 Uhr: Wir erreichen die südliche Ansteuerungstonne M12 der Mittelrinne von der Jade zur Außenweser. Die Positionsermittlung mit Bordmitteln:
53°40,948 N 008°05,567 E. In unberichtigten Seekarten ist sie dort noch nicht
verzeichnet, sondern liegt über eine Seemeile nordwestlich – ebenso auf der
aktualisierten elektronischen Seekarte von C-Map.

Wegen kalter NW-Fallwinde ist innerhalb von einer halben
Stunde dichter Seenebel im Gatt aufgezogen – ohne genaue
Positionsdaten wäre kein Durchkommen. Der Stromversatz im
30 Meter breiten Fahrwasser ist zu stark. Der Grund für die
falschen Seekarten offenbart sich beim Blick in ELWIS: Die
Tonnen H2, H4 und H6 wurden eine Woche zuvor verlegt.

Kartenverlage haben es nicht leicht

Wenn schon in Deutschland zwischen BfS und NfS zeitlicher
Verzug besteht, ist es im Ausland noch schwerer? So muss man
in der Karibik direkt mit nautischen Stellen sprechen – oder
Riffpassagen selbst vermessen. Kartenmacher können sich
nicht darauf verlassen, dass lokale Dienste versprochene Nach-
meldungen auch senden. Schon die Ostseeanrainerstaaten haben unterschiedliche Meldewege.

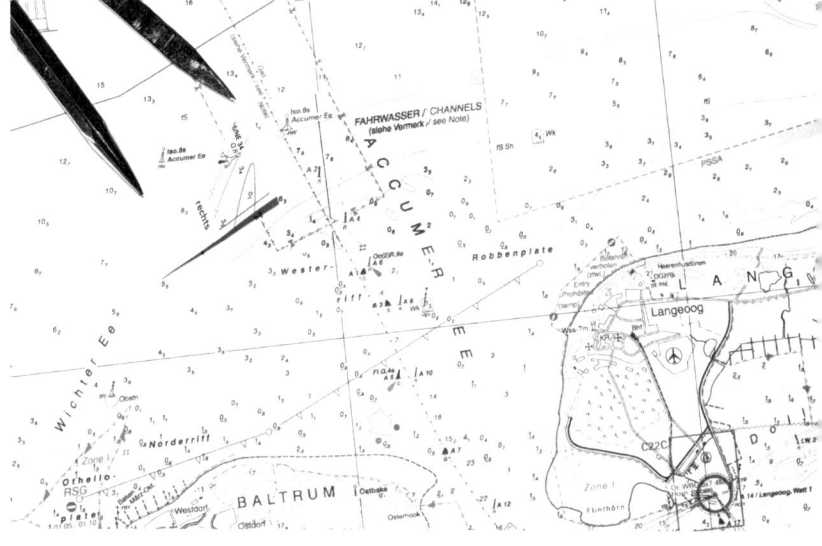

Kartenkorrekturen sind Bastelarbeit. Die ausgedruckten Kartenblätter werden eingeklebt und die Position der Tonnen verglichen. Kartenkorrektur vor dem Einkleben: Ansteuerungstonne Accumer Ee liegt nun um 1,2 Seemeilen ost-wärts.

Bei Tausenden von Küstenmeilen sind zahllose Ansprechpart-ner erforderlich. Verändern sich hierzulande Sandbänke, so sind es in südlichen Weltmeeren die Riffe.

Fazit

Navigationsdaten der Verlage sind auf hohem Niveau, aber die Old School der Seefahrt ist angebracht wie ehedem, besonders für diejenigen, die auch bei Nacht und Nebel unterwegs sind. Die Daten der Tonnenleger sind in deutschen Gewässern für jedermann verfügbar: Sie werden auf dem Elektronischen Was-serstraßen-Informationsservice (ELWIS) eingestellt.

Das Aktualisieren ist und bleibt die Pflicht aller Seefahrer. Korrekturen der Papierseekarten sollten von Hand eingetragen werden; am Rand der Seekarte wird dazu die NfS- oder BfS-Nummer vermerkt.

Bevor man ein Update einer elektronischen Seekarte lädt, sollte man sich erkundigen, wann die letzte Novellierung er-folgt ist. Zur Kontrolle bietet sich der Vergleich am Bildschirm an, sofern man sich in den BfS über die aktuellen Tonnenpositionen informiert hat.

Bei so kurzfristigen Veränderungen ist es nachvollziehbar, wenn kaum jemand Daten sofort einpflegen kann. Für jeden Schiffsführer würde sich darum die Notwenigkeit ergeben, vor jedem Ablegen seinen Kurs mit ELWIS-Daten abzugleichen. Das ist auf Sportbooten illusorisch, aber wir lernen daraus, dass wir uns in veränderlichen Fahrwassern niemals auf Kartendaten verlassen dürfen. „Wassertiefen veränderlich" – so sind diese Bereiche gekennzeichnet.

Verrechnet – eine Stunde zu früh

Am 2. Mai 2015 gabeln wir im Vorhafen von Hooksiel eine havarierte Segelyacht mit gerade 7 Meter Länge auf. Der Skipper war am Vortag zu seinem ersten Nordseetörn gestartet und im Seegatt von Wangerooge auf Grund gelaufen. Seine Bilanz: Das Ruder verloren, das Leben gerettet. Er möchte anonym bleiben. Hier folgt sein Bericht:

„Gegen 18:30 Uhr treffe ich eine Entscheidung, die ich später noch bereuen werde. Wir beginnen die Ansteuerung des Harlefahrwassers nach Wangerooge. Ich denke, dass eine Stunde nach Einsetzen der Flut der Wasserstand für unseren Tiefgang von 1,2 Meter ausreichend ist. Ich hatte mich vorher leidlich über diese Stelle informiert und wusste über die Gefahren von Buhne H, die man zu jeder Zeit weit westlich im Tonnenstrich umfahren muss und die bei Flut mit Wasser bedeckt ist. Was mir jedoch entgangen ist, sind die Flachstellen direkt im Fahrwasser.

Auf Höhe Tonne H2 wird deutlich, dass die Ansteuerung aufgrund der Seegangsverhältnisse wohl anspruchsvoll werden wird. Wir gehen daher in den Wind und holen das Großsegel ein. Die Genua bleibt draußen, der Motor ist aus. Wir segeln zurück in den Tonnenstrich; nicht so einfach, aufgrund der stark einsetzenden Strömung, die uns leicht achtern von Steuerbord erfasst. Jedoch schaffen wir es zurück und segeln weiter südwestlich, genau im Tonnenstrich.

Gegen 18:40 Uhr passiert es dann: Kurz nach Tonne H4 erfasst uns eine Welle und wirft uns hart auf Grund. Bevor wir wieder auf Kurs gehen können, kommt die nächste Welle, wirft uns wieder mit aller Macht auf den steinharten Sandgrund. Nun liegt das Schiff bedenklich schräg auf Backbord, mit der nächsten Welle kommt Wasser über und ergießt sich über das Cockpit bis hinein in den Salon. Wir sehen uns erschrocken an. Zum Glück sind wir beide noch auf dem Schiff, auch sonst scheint nichts über Bord gegangen zu sein. Ich lasse den Motor auf vollen Touren laufen und drehe ihn so, dass er uns tatsächlich nach einiger Zeit mit dem Bug in die Welle dreht. Währenddessen lasse ich das Vorsegel einholen.

Dann der nächste Schock, wir sehen Teile unseres Ruders vorbeitreiben, es sieht aus wie der Skeg. Nun kommt es uns tatsächlich zugute, den drehbaren Außenborder dran zu haben, ansonsten wären wir komplett manövrierunfähig. Dabei läuft alles erstaunlich ruhig und konzentriert ab, was uns wohl in diesem Moment vor noch Schlimmerem bewahrt. Wir setzen noch einige Male auf, jedoch sind die Schläge leichter und wir können uns gegen die Wellen behaupten, kommen allerdings kaum vorwärts. F. sucht die Nummer der DGzRS heraus und ruft an. Wir bekommen die Anweisung, den Anker fallen zu lassen und auf die Seenotretter zu warten, sie werden von Wangerooge kommen, es wird etwa 20 Minuten dauern.

Bevor wir den Anker fallen lassen, versuchen wir, noch etwas aus der Gefahrenzone zurück in Richtung Tonnenstrich zu kommen. Wir befinden uns nun schon weit südöstlich zwischen dem Harlefahrwasser und Wangerooge. Die Aufzeichnung unserer Route zeigt später allerdings, dass wir uns entgegen unserer Wahrnehmung die ganze Zeit weiter vom Fahrwasser entfernt und über Grund Richtung Wangerooge bewegt haben.

Der Anker fällt und hält auch sofort, obwohl immer noch bis zu 2 Meter hohe Wellen den Bug treffen. Ich lasse die gesamte Länge der Kette plus Leine heraus.

Gegen 19:15 Uhr erreichen uns die Seenotretter. Das nächste Problem ist nun, den Anker wieder hereinzubekommen. Der Außenborder kommt nicht gegen Welle und Strom an, ich bekomme die Leine herein, aber ab der Kette muss ich immer wieder loslassen, da ich mir sonst die Finger quetsche – keine Chance.

Die Seenotretter werfen die Leine herüber und schleppen uns kurz an, bis der Anker freikommt. Dann geht es im Schlepp nach Wangerooge.

Im Hafen von Wangerooge angekommen, warten schon viele Helfer auf uns. Alle erkundigen sich nach unserem Befinden. Bis auf meinen gequetschten Finger (den ich nicht erwähne) geht es uns aber zum großen Glück gut. Der Schock sitzt uns aber noch in den Gliedern. Alle beruhigen uns und sind sehr hilfsbereit und fürsorglich. Wir bekommen sofort eine elektrische Pumpe. Durch die schnelle Fahrt beim Schleppen haben wir durch das Führungsrohr für die Ruderwelle viel Wasser ins Schiff bekommen, das wir nun erst einmal abpumpen und -schöpfen. Es scheint nichts nachzulaufen, puh, gerade noch mal Glück gehabt!

Gegen 10 Uhr haben wir dann wieder halbwegs Ordnung im Schiff. Das Bettzeug ist zum Glück trocken geblieben, sodass wir nachher problemlos auf dem Schiff schlafen können. Wir gehen ins Hafenbüro, das gleichzeitig eine urige Kneipe und Sitz des Wangerooger Yachtclubs e.V. ist. Alle sind sehr um uns bemüht, wollen wissen, was uns widerfahren ist, und erzählen uns zu unserer Beruhigung, was ihnen schon alles passiert ist. Das beruhigt erst einmal und lenkt unsere Gedanken etwas ab. Besonderer Dank gilt hier Wilhelm, dem Hafenmeister, der bis in den frühen Morgen für uns da ist.

Am nächsten Morgen steht nun die Frage an, wie wir mit unserem havarierten Boot wieder von der Insel wegkommen. Es gibt hier keine Werft, das Boot kann also hier nicht wieder flottgemacht werden. Mit dem Außenborder können wir zwar steuern, das ist jedoch sehr riskant. Bei Ausfall des Motors wären wir wieder manövrierunfähig, denn ohne Ruder können wir nicht segeln.

Wieder ist es Wilhelm, der uns weiterhilft. Wir gehen zusammen alle Yachten im Hafen ab und suchen nach einer Schleppmöglichkeit nach Hooksiel oder zumindest bis ins Jadefahrwasser. Letzten Endes ist es die Segelyacht *Tschaika*, die uns bis Horumersiel an den Haken nimmt. Der Eigner verzichtet wegen uns auf das Segeln, vielen Dank noch einmal für diese selbstlose Hilfe!

Von Horumersiel bis zur Schleuse Hooksiel motoren wir die letzten 3 Seemeilen eigenständig (wir haben in Wangerooge noch eine Verlängerung für den Gasdrehgriff des Außenborders geliehen bekommen) und kommen gegen 14 im Vorhafen an, wo wir für die letzte Strecke bis zur Marina Hooksiel noch einmal von Holger Petersons Segelyacht *Fuchur* an den Haken genommen werden. Unser Manövrieren ohne Ruder ist einfach zu unsicher.

Zusammenfassend betrachtet, habe ich leider an diesem Wochenende einige schwerwiegende Fehlentscheidungen getroffen. Das Testsegeln wurde zu einem anspruchsvollen Törn, dem sowohl die Ausrüstung des Bootes als auch die Erfahrung der Crew nicht gewachsen war. Ausrüstungsseitig hätte das Vorhandensein eines verlässlichen Tiefenmessers wohl dazu geführt, dass wir die Ansteuerung des Harlefahrwassers rechtzeitig abgebrochen hätten. Ob das mit dem 4,5 PS Außenborder gelungen wäre, ist aus heutiger Sicht allerdings fraglich. Ein starker Motor, der auch bei Seegang zuverlässig funktioniert, ist unabdingbar, um in Gezeitengewässern mit ihren starken Strömungen und speziellen Seegangsverhältnissen sicher navigieren zu können. Ein Funkgerät war bestellt (Zulassung liegt vor), wurde jedoch nicht rechtzeitig geliefert.

Im Harlefahrwasser haben wir uns bis zur ersten Grundberührung korrekt im Tonnenstrich befunden. Die Aufzeichnung ist hier allerdings ungenau, denn wir haben die Harle-Ansteuerungstonne westlich umrundet, ebenfalls die Backbordtonnen H2 und H4. Der Trugschluß war, dass die Tiefe in diesem Bereich bereits eine Stunde nach Einsetzen der Flut für unser Boot ausreichen würde.

Offshore-Windparks: Hindernisse am Horizont?

Den Wind spürt der Skipper an seinem linken Ohrläpp-
chen – das ist die richtige Stelle auf seinem Kurs von
Helgoland nach Schottland. Ein frischer Südwest pustet sein Boot mit 6 Knoten voran, nicht schlecht für einen traditionellen Langkieler. Die Naturschutzzonen im Wattenmeer
hat er umfahren, die Verkehrstrennungsgebiete in der Deutschen Bucht im richtigen Winkel gekreuzt. Schottland kann er
gar nicht verfehlen, wenn er sich nur weit genug „links vom
Nordstern" hält. Aber so einfach war es mal, so wird es nie wieder sein: Es blinkt und funkelt rot am Horizont – Warngebiete,
Sperrzonen liegen voraus. Der Skipper weiß, dass es keinen
direkten Kurs mehr gibt. Doch der Wind soll zulegen, gerade
kommt eine Meldung herein: 8 bis 9 Beaufort hatte er nicht
einkalkuliert. Wie sollte er auch, bei einer Fahrzeit von rund
5 Tagen kann kein Wetterbericht genau sein. Umkehren gegen
den Sturm ist unmöglich. Er kann nur ablaufen oder beidrehen,
doch voraus liegt die Wasserbaustelle mit 80 Windrädern des

Windparks *Amrumbank West*, seit Oktober 2015 in Betrieb. Der Skipper muss versuchen, sie zu umsegeln…

Erst kamen die Bohrinseln, dann Naturschutzzonen, nun die Windparks: Rund 40 sind in der Nordsee avisiert, 32 bisher genehmigt. Für 22 von ihnen steht die Zahl der einzelnen Rotoren schon fest – es sind rund 1500. Konnte man früher eine 400 Seemeilen lange Kurslinie von Helgoland zum schottischen Moray Firth ziehen, um im Kaledonischen Kanal zum Loch Ness einzuschleusen, so muss man heute einen weiten westlichen Bogen um Ölfelder und Offshore-Windparks schlagen.

Auch in der Ostsee, auf den traditionellen Lieblingskursen der Freizeitskipper zu den dänischen Inseln Anholt oder Bornholm, wurden Windparks errichtet. Unfälle von Sportbooten wurden nicht gemeldet, aber die Gesamtfläche des Windparks vor Anholt beträgt 88 Quadratkilometer – die Riesenanlage liegt etwa 8 Seemeilen vor der Ostküste Jütlands. Ein deutscher Windpark – *BALTIC 1* – ist 9 Seemeilen vor dem Strand von Mecklenburg-Vorpommern zu sehen. 21 Windenergieanlagen liefern 48,3 Megawatt. Wassersportler ärgern sich über die gigantischen Schlagschattenwerfer und Naturschützer sorgen sich wegen des Unterwasserlärms, der beim Rammen der Pfähle für den Aufbau der Anlagen entsteht, um die Schweinswale.

Schaut man sich die Dreiecke, Quadrate und Rauten auf den Grafiken des Bundesamtes für Seeschifffahrt und Hydrographie (BSH) an, scheint es genug Platz in Küstennähe zu geben, doch enger wird es, je weiter den Segler die Kurse auf See führen. Legt man die Grafiken übereinander, gleichen Öl- und Gasförderzonen, Verkehrstrennungsgebiete, Schießgebiete, Naturschutzzonen und Windparks einem Irrgarten – so, als hätte ein Riese säckeweise Malefitz-Spielsteine ins Meer gekippt. Auf Ministerialebene wird diskutiert, ob neue Befahrensregeln im Wattenmeer eingeführt werden. Verbunden wäre das mit erweiterten Naturschutzzonen, die erneut Ankerplätze reduzieren. Mit Kartenplottern und GPS ist die Positionsbestimmung zwar kein Problem, doch wer bei der Törnplanung auch noch veränderliche Empfehlungen der Meteorologen für Wind und Stromversatz richtig anwenden möchte, hat viel zu beachten. Und dann gibt es noch kurzfristige Starkwindphasen, in denen beigedreht oder abgelaufen werden sollte. Liegt ein Windpark voraus, muss man vorher wissen, ob er durchfahren werden darf.

Einer, der sich mit der Verordnungslage bestens auskennt, ist Seehauptkapitän Raven Kurtz (56 Jahre) von der Generaldirektion Wasserstraßen und Schifffahrt – Außenstelle Kiel –, seit 16 Jahren zuständig für die nautischen Fragen von Sicherheit und Leichtigkeit des Schiffsverkehrs im Zusammenhang mit der Genehmigung von Offshore-Windparkanlagen. Den Zwiespalt zwischen Klima- und Umweltschutz kann er nachvollziehen. „Als Seemann würde ich die Meere auch gerne frei von Hindernissen haben; andererseits sind die Zeiten der Unendlichkeit des Meeres lange vorbei. Vor dem Hintergrund der Nachhaltigkeit bin ich eher noch froh, dass es sich um erneuerbare Energien handelt und nicht um Ölplattformen."

Es wird enger in den „Korridoren" der hochfrequentierten Schifffahrtsrouten, besonders auf der Ostsee in der Kadet-Rinne oder den Verkehrstrennungsgebieten um Rügen. Andererseits sind elektronische Seekarten und AIS zur Kollisionsverhütung geeignet. Letzteres dient ebenfalls zur Kennzeichnung von Hindernissen und Schifffahrtszeichen. Trotzdem ist das Befahren der Areale verboten, obwohl Sportboote den Pylonen der gelben Giganten wohl keinen Schaden zufügen könnten.

Kapitän Kurtz hat trotz der Einschränkungen eine gute Nachricht: „In deutschen Gewässern – damit sind das Hoheitsgebiet und die ausschließliche Wirtschaftszone gemeint – wird grundsätzlich die Freigabe des Befahrens von Offshore-Windparks für Fahrzeuge unter 24 Metern angestrebt." Natürlich sind dann Regelungen für die Gewährleistung der Sicherheit in einem Windpark zu beachten. Damit steht der Sportschifffahrt wieder eine größere Fläche für die Nutzung zur Verfügung, wodurch gleichzeitig der Konflikt mit der Berufsschifffahrt minimiert wird.

Allerdings wird die Freigabe für kleine Schiffe erst dann eingeführt, wenn im betroffenen Windpark und im Umfeld keine Bauaktivitäten mehr stattfinden, denn auf einer Offshore-Baustelle herrscht reges Treiben durch Crew-Transfer, Taucherarbeiten, Einschleppen von Bauteilen, Kabelverlegungen.

Das ist nur ein Ausschnitt aus den Tätigkeiten, die dort durchgeführt werden. Hinzu kommt, dass es ungekennzeichnete

Unterwasserhindernisse geben kann und auch die Kennzeichnung der Windanlagen noch nicht in Betrieb ist. Hier würde ein Segler oder Motorbootfahrer sich selbst und andere gefährden. Dass in Deutschland eine Sicherheitszone unter bestimmten Bedingungen für das Befahren überhaupt geöffnet wird, ist ein Vorteil gegenüber anderen Staaten, denn eigentlich ist international das Befahren einer Sicherheitszone komplett ausgeschlossen. In Deutschland sind Ausnahmeregeln in einer gesonderten Verordnung zu den Kollisionsverhütungsregeln (KVR-V) festgelegt.

Ist das Befahren erst erlaubt, dann gilt es auch bei Nacht, aber nicht unbedingt bei Nebel: Zwar sind alle Windanlagen mit einer Nahbereichskennzeichnung ausgestattet, doch bei verminderter Sicht ist das nicht mehr uneingeschränkt möglich. Bei einer Sichtweite von weniger als 500 Metern darf nicht eingefahren werden. Außerdem gilt ab 8 Beaufort eine Windklausel, weil ein durchschnittliches Sportfahrzeug auf See den Kurs bei Sturm nicht mehr frei bestimmen kann, dann droht Kollisionsgefahr.

Die Höchstgeschwindigkeit wird nicht festgelegt. Sie ergibt sich aus der Anwendung der Kollisionsverhütungsregeln. „Ausdrücklich verboten ist jedoch das Ankern", sagt der Kapitän. „Im Bereich der Sicherheitszonen werden zwischen den Anlagen viele Kabel zur Strom- und Informationsübertragung verlegt. Denken Sie nur an das gleichzeitige Blitzen der roten Positionslichter." Dazu kommen Sensoren und Messinstrumente; Anker können sich verhaken und zu einer Gefährdung des Fahrzeugs oder Beschädigung der Anlage führen.

Wer eine Sperrzone befährt, muss mit Seeknöllchen rechnen: Verwarn- und Bußgelder werden auf Grundlage der Verordnung zu den KVR erhoben, im Regelsatz fehlen dann 250 Euro in der Bordkasse. Hohe zivilrechtliche Forderungen können hinzukommen, etwa bei Einstellung der Arbeiten aus Sicherheitsgründen oder wegen Behinderung eines Transporthubschraubers im Landeanflug. Manche Skipper sehen Windparks auch positiv: „Es sind gute Seemarken beim Kurshalten", findet Torsten Burgdorf von der Segelyacht *The Blues* „Das erste große Windrad, 2008 probeweise in der Jade aufgestellt, war über 10 Seemeilen sichtbar und mein bester Ansteuerungspunkt in den Heimathafen von Hooksiel – oft ragte es sogar über Nebelbänke hinaus."

Welches Boot im Wattenmeer?

Praxistest für unterschiedliche Kielformen

Gibt es so etwas wie ein optimales Schiff für das Segeln im Watt? Ein Praxistest mit zehn Seglern und ihren Booten soll zeigen, welche Stärken und Schwächen heutige Yachten bei den speziellen Anforderungen der Nordsee haben. Die Auswahl ist riesig.

Einzige verbindliche Regel: Ein watttaugliches Boot sollte nicht mehr als 1,40 Meter Tiefgang haben, um bei Hochwasser über das Watt zu fahren, denn sonst können Inseln nur über Seegatten von der offenen Nordsee her angelaufen werden, und dann auch nicht mehr alle Häfen.

Flach gehen Kimmkieler, Dreikieler, Schwenkkieler, Hubkieler, Integralkieler, Kielschwerter, Flügelkieler und Plattbodenboote mit Seitenschwertern: Welche Kielform ist am besten für das Watt geeignet? Hier stellen zehn Segler ihre Boote vor und begründen ihre Wahl. Eines sei vorab gesagt: Für jede Entscheidung gibt es gute Gründe.

Unterschiedliche Schiffstypen im Hafen – welches ist das optimale Schiff fürs Watt?

Die Boote im Test

Vier Stahlboote und eine Aluminiumyacht liegen in Hooksiel im Päckchen. Die Svendborg aus Stahl ist eine komfortable Glacer 47. Daneben liegt *Tomke*, eine Ovni 35 aus Aluminium. Beide besitzen schwenkbare Integralkiele. Dann folgen drei traditionell gehaltene Stahlyachten mit Klüverbäumen: *Paloma*, unsere Cumulant 3, ist ein seltener Dreikieler. Alle Blicke im Hafen zieht der Nachbau eines 130 Jahre alten Fischewers auf sich, die grüne Plattboden-Ketsch *Alte Liebe* mit einer breiten Kielsohle. Als Vertreterin ehemaliger Arbeitsboote ist eine plattnasige Zeeschouw mit Seitenschwertern namens *Nij Begin* bei diesem Test dabei.

Im zweiten GFK-Päckchen liegt *Ö*, eine Moody 33 Eclipse, als Kimmkieler mit Radsteuerung und zweitem Steuerstand im Salon. Daneben sieht man die dunkelblaue *Nova*, eine zwei Jahre junge Delphia 40.3 mit der Kombination aus Kurzkiel, Schwenkkiel und Flügelkiel in Synthese mit zwei Ruderblättern. Als weiterer Kimmkieler der ehemals britischen Moody-Werft fährt die 31 Fuß große *Noctiluca* den Test mit. Ihr zur Seite liegt mit der *Ipanema* das kleinste Boot der Flottille, eine 8,40 Meter lange Gib Sea 282. Von ihrer Geschwindigkeit her außer jeder Konkurrenz hat die Sun ihre Flügel ausgebreitet – der Trimaran der dänischen Quorning-Werft ist eine Dragonfly

1000 mit neuester Segelgarderobe. Im „Drachenflug" wird sie alle Boote in diesem Test weit hinter sich lassen.

Jedes Boot hat Vorteile – und Nachteile

Der Eigner der *Nova* suchte ein neues Boot für das Flach-wasserrevier. In der 40-Fuß- Klasse war die Auswahl gering. Würde er das Boot wieder kaufen? „Ich habe trotz meiner 193 Zentimeter Körpergröße volle Stehhöhe in der lichtdurchflute-ten Kajüte. Der Kielansatz bildet zugleich ein stabiles Rückgrat und die Am-Wind-Eigenschaften der Flügel sind recht gut. Mit fünf Umdrehungen an einer Winsch wird das Integralschwert per Talje aufgeholt und ist per Sichtfenster einzusehen."

Vom Winddruck bei Anlegemanövern ist die große Sven-denborg betroffen. Die Stahlyacht vom Typ Glacer 47 bringt stolze 32 Tonnen auf die Waage. Und doch sieht man in der Schleuse den Skipper und seine Familie stets gelassen mit der Leine auf dem hohen Vorschiff stehen. Zusätzlich zum Bug-strahlruder ist das Steuerruder als „Beckerruder" ausgelegt. An der Abrisskante bewegt eine Schubstange ein zusätzliches Hilfsruder. Damit wird die Wirkung von 90 Grad Ruderlage er-reicht. Bis zu Windstärke 7 kann die 47 Fuß lange und knapp 4,5 Meter breite Svendborg breitseits verholen. Hydraulisch per Knopfdruck wird der Tiefgang in nur 18 Sekunden von 2,4 auf 1,4 Meter reduziert. Dank Warmwasserheizung, verschließba-rem Cockpit und wohnlichen Kajüten ist das Schiff ganzjährig unterwegs. Die Svendborg dürfte damit zu den besten Yachten an der ganzen Nordseeküste gehören.

Einen anderen Weg zum eigenen Boot sind Bruni Lauff-Schröder und Otto Schröder aus Rethorn mit *Alte Liebe* gegan-gen. Sie ließen sich den 10 Meter langen Rumpf eines Fischewers nachbauen. Als Architekt zeichnete Otto die Pläne kurzerhand selbst. Seine Vorlage ist die *Maria*, das Original eines Finkenwer-der Ewers von 1880 aus dem Deutschen Museum in München.

Schon die Zahnradwinsch am Mastfuß ist ein Hingucker. Die Bootswerft Wilhelm aus Wilhelmshaven baute den Rumpf seegerecht aus. Stolze 360 000 DM waren für das maritime Kunstwerk zu berappen. „Aus Altersgründen steht der Klassiker derzeit für 95.000 Euro zum Verkauf. Aber bis dahin segeln wir vielleicht wieder mal in die Biskaya", schmunzelt der Skipper.

Für einen Motorsegler haben sich Friedemann und Sybille Richter entschieden. „Wir sind gern unabhängig vom Wetter. Unsere *Ö* (der Buchstabe ist tatsächlich der Bootsname als dänisches Wort für „Insel") brachte uns schon sicher nach Oslo und Danzig. Die Moody 33 Eclipse segelt trotz der Kimmkiele auch beim Kreuzen gut. Sie hat denselben Tiefgang von 1,12 Metern, wie die Moody 31, ist aber mit 7,5 Tonnen rund 3 Tonnen schwerer und 20 Zentimeter breiter.

Die guten Segeleigenschaften britischer Kimmkieler bestätigen auch Birgit und Christian Harms. Ihre Moody 31 namens *Noctiluca* (Lateinisch: *Nachtleuchter*) hat ein beinahe identisches Unterwasserschiff, aber eine direkte Pinnensteuerung. Sie gehören zum Wilhelmshavener Segelclub. „Früher sind wir mit einer 9 Meter langen Holzketsch im Wattenmeer und nach England gesegelt. Der Rumpf war selten dicht: So ist der Komfort der Moody für uns noch immer purer Luxus."

Wir suchten mit der *Paloma* ein Boot für das Watt und für weltweite Fahrt. Ein „Klapperkieler" sollte es nicht sein. Besser ein Langkiel und ein paar Tonnen Bleiballast. Dazu die seltenen kurzen Kimmkiele. „Heavy Metall" mit 6 Millimeter starken Blechen. Dank großem Ruder vor dem Propeller, das 80 Grad Einschlag erlaubt, dreht das Boot auf dem Teller. Und die gartenbankähnliche Sitzposition auf der Achterkajüte für drei Personen mit freiem Blick geradeaus ist sogar noch besser als auf einer Hai 710. Beim Begriff „Klapperkieler" werden Monika und Klaus Hofstetter von der *Tomke* hellhörig. Sie waren seit 1980 die Eigner und „Ausbauer" der *Paloma*, haben sie dann aber wegen einer pflegeleichteren Ovni Sonate 35 aus Aluminium verkauft. Ihr Kiel klappert nicht. Nur 20 Sekunden dauert das Aufholen über eine Winsch. Im Verlauf des Törns segeln sie zum ersten Mal „gegen" ihr altes Boot und sind nur kurz überrascht, dass die neue *Tomke* nicht schneller ist. Allerdings haben sie zum Großsegel nur eine 15 Quadratmeter große Selbstwendefock gesetzt, während *Paloma* ihre Genua ausgerollt hat.

„Auf Wind, Wellen und Wenden reagiert die Ovni wie ein Jollenkreuzer", meint Klaus. Wo der einfache Knickspantrumpf und somit V-förmige Bug der Cumulant groben Seegang ähnlich einem heißen Messer Butter durchschneidet, neigt der flache Doppelknickspanter der Ovni 35 zum Feststampfen, hat aber 30 Zentimeter weniger Tiefgang: „Wir haben mal ein Boot von einer Sandbank gezogen. Der Skipper war überrascht, wie gut unsere 11 Meter lange Yacht im Flachwasser manövrieren konnte. Auf See haben wir dagegen 2,2 Meter Tiefgang."

Die 8,40 Meter lange Zeeschouw Nij *Begjin* von Skipper Walter Gomoluch hat im Hafen ihren Klüverbaum aufgestellt. Immerhin 6,5 Tonnen wiegt der solide Stahlbau als Vertreter von Plattbodenschiffen dieses Typs, die zudem am platten Bug erkennbar sind. Erst unter Wasser hat „Neubeginn" einen scharfen Bug. Leider hat sie kaum Stehhöhe, aber die schwimmende Kiste ist mit ihren 3,3 Metern Breite unter Maschine nicht langsam: 75 PS ihres Diesels hängen gut am Gas. Bei aufgeholten Schwertern beträgt der Tiefgang ganze 60 Zentimeter.

Ipanema, die Gib Sea 282 von Gerd Scheffler, hat wie die Ovni 35 ebenfalls nur 60 Zentimeter Tiefgang. Wie gut ist der Rumpf eines 23 Jahre alten Großserienbootes aus GFK erhalten? Und wie sieht es mit der Anfangsstabilität aus? Taugt die „Gewichtsplatte mit Integralschwert" zum Segeln? Die französische Werft Gilbert Marine hat mit den Di-Modellen 242, 262, 282 und 362 hunderte flachgehende Boote gebaut. Gerd Scheffler über sein Boot: „Haarrisse habe ich nicht festgestellt. Nur das Alu-Schwert kann bei Schwell im Hafen leise Geräusche von sich geben. Mit der Winsch unter der Sprayhood ist es aber innerhalb von 30 Sekunden dichtgeholt. *Ipanema* ist bei 3,15 Meter Breite ein solides Raumwunder für jedes Revier; 60 Zentimeter Tiefgang im Watt und 1,45 Meter Tiefgang beim Kurs nach Helgoland. Wegen des geringen Lateralplanes ist die Abdrift beim Kreuzen natürlich stärker als bei vergleichbaren Tiefkielversionen."

Als letztes Boot des Päckchens hat der Trimaran *Sun* vom Typ Dragonfly 1000 seine Flügel ausgebreitet. Eigner Sabine und Harald Koopmann bilden eine eingespielte Crew. „Wir haben uns nach den Erfahrungen mit einem Einrumpfboot für einen Trimaran entschieden. Die Quorning Werft überzeugte uns mit der hohen Qualität. Geschwindigkeit und geringer Tiefgang waren entscheidend." Das Baujahr 1999 sieht man dem Renner nicht an. Gemessene 19 Knoten Topspeed sind keine Illusion. Im Hafen verringern sie die Breite durch Einklappen der Ausleger von 7,60 Meter auf boxentaugliche 3,80 Meter. Die „Scharniere" sind noch original und funktionieren einwandfrei.

So hat jeder Eigner ureigenste Gründe, warum er sich für dieses oder ein anderes Boot entschieden hat. Für den einen ist es die Geschwindigkeit, für den anderen die Möglichkeit, sicher und solide zu segeln. Und der nächste verliebt sich in ein Traditionsschiff. Wie aber bewähren sich die Boote im Praxistest? Wir wollen es herausfinden und setzen Kurs auf Minsener Oog.

Auf der Jade, Kurs Minsener Oog

Gemütlich ist die Flotte das 4 Kilometer lange Hooksmeer hinabgesegelt. Eine „Fotowende" vor grüner Uferkulisse in einer Bucht des Wilhelmshavener Segelclubs, dann sollen alle zehn Boote in die Kammer einfahren. Damit es passt, klappt die Sun in kaum zwei Minuten beide Schwimmer ein. So bleibt daneben noch Platz für *Paloma*. 7 Seemeilen sind es bis zum Wattfahrwasser an der Südspitze von Minsener Oog. Wir haben Nordwind um 4 Beaufort. Zunächst fahren wir gegen Wind und Strom mit 4 Knoten über Grund unter Maschine. Bald setzt der Ebbstrom ein. Die Fahrt der Flotte erhöht sich bei halber Kraft auf 6 Knoten. Nur *Sun* mischt unter Segeln das Feld auf. Nach eineinhalb Stunden ist die kleine rote Tonne zum Einsteuern ins Wattfahrwasser in Sicht. Die Zeeschouw hängt wenige Minuten nach, weil die Crew bei zu viel Fahrt mangels Sprayhood zu sehr geduscht worden wäre. Mitzuhalten wäre aufgrund ihrer 75 Pferdestärken aber kein Problem gewesen.

Prickenweg als Sailing-Catwalk

Bei halbem Wind im Prickenweg ist es an der Zeit zum Segel-Fotoshooting. Es ist bereits eineinhalb Stunden nach Hochwasser. Die Passage ist nur noch 1,50 Meter tief. Wir wollen wissen, wie sich die Alleskönner im „Flachwasser-Modus" geben.

Um es kurz zu machen: Alle Boote segelten sauber den Prickenweg entlang. Selbst das Kreuzen im nordgehenden Abschnitt war bei nicht allzu starker Abdrift möglich. Die Festkielboote können am längsten die dichtgeholten Segel stehen lassen.

Neigt zum Einspülen des Langkiels beim Trockenfallen quer zum Strom: Im Vordergrund die Cumulant 3. Dagegen stehen Integralkieler, wie die Ovni im Hintergrund, stets aufrecht.

Und mit bis zu 7 Knoten bei teilweise nur noch 10 Zentimetern unter den Kielen dahinzusegeln zeugt von Revierkenntnis und Vertrauen der Skipper in die Konstruktionen ihrer Boote.

Trockenfallen Wangerooge-Ost

Während es Zeit ist, trockenzufallen, haben 14 weitere Yachten ihre Ankerpositionen schon gefunden. Die Boote aus unserer Flotille fallen aufrecht und gerade trocken. Nur *Paloma* nickt etwas ein und hebt das Heck in die Höhe: Wegen des starken Stroms des ablaufenden Wassers neigt sie dazu, ihren widerstanderzeugenden Langkiel vorne im Sand tiefer zu unterspülen, wenn man quer an einer Stelle mit starkem Strom trockenfällt. Dann hebt sie das Heck weiter in die Höhe. Innen lebt man die nächsten Stunden auf schiefer Ebene. Das Problem haben reine Kimmkieler, Integralkieler und Plattbodenboote kaum. *Alte Liebe* besitzt dagegen nur scheinbar einen Mono-Langkiel. Dass sie nicht umkippt, liegt daran, dass ihre Kielsohle rund 1,5 Meter breit ist.

Bunt sind die Gespräche auch mit den anderen Ankerliegern. Ein Skipper demonstriert, dass eine frisch gesammelte Auster auch zur Bratwurst lecker schmeckt. Und Friedemann ist Mitglied im Royal Suva Yachtclub von Fidschi? Freddy, der Freund der Tochter des Skippers der *Ipanema*, hat auch eine Gib Sea und restauriert historische Holzjollen? Wattensegler schnacken gerne… Nur von der Crew eines flachliegenden Monokielers, der nicht zur Flotte gehört, ist nichts zu sehen. Geschätzte 50 Grad Lage und mitleidige Blicke können verdrießlich stimmen.

Das Testergebnis

Es fällt schwer, ein Boot zum Sieger des Watt-Tests zu küren. Dafür sind die Boote, die bei diesem Praxistörn im Wattenmeer zum Einsatz kamen, zu unterschiedlich.

Wattenmeer/Hochsee

Der kombinierte Lang-/Kimmkieler vom Typ Cumulant 3 geht weich durch die Wellen. Zudem dreht die Yacht ohne Bugstrahlruder auf dem Teller. Wegen des hohen Gewichts taucht der Luvkiel nicht aus – ein echtes Multitalent. Bei den Kreuzereigenschaften liegen Moody Eclipse und Moody 31 mit ihr auf Augenhöhe, gewinnen aber auf Vorwindkursen, wo die schwerere Stahlyacht untertakelt ist. GFK und widerstandsärmere Kimmkiele bieten gegenüber den drei Kielen der Cumulant Vorteile. Bei Schietwetter gefällt besonders das Konzept der Moody Eclipse 33 mit zusätzlichem Innensteuerstand. Hohe Gebrauchtbootpreise sprechen für die begehrte Konstruktion. Festkiele um 1,2 Meter sind für alle drei Boote ein guter Kompromiss. Sie haben keinen „Klapparatismus" im U-Schiff, der gewartet werden müsste, denn rund 12 000 Euro würde beispielsweise der Austausch eines ausgeschlagenen Kielbolzens bei einer Southerly kosten. Im Winterlager benötigen Kimmkieler keinen Lagerbock. Ergo: Unkomplizierte Yachten, wie Paddelboote überall abzustellen.

Langfahrt-Freunde

Favorit für Fernreisen ist die Glacer 47. An Bord dieses Bootes fehlt es an nichts. Das Beckerruder nimmt 32 Tonnen Stahl jeglichen Schrecken. Drehen auf dem Teller, breitseits verholen,

Die Glacer 47 ist der Favorit für Langfahrt-Freunde mit geschütztem Steuerstand und 32 Tonnen Stahl.

Tiefgang reduzieren auf Knopfdruck – alles ist möglich. Trockenfallen meistert sie mit Bravour und sie hat einen geschützten Steuerstand. Aber die Glacer 47 hat Nachteile in kleinen Watthäfen, wie Spiekeroog, denn sie passt nicht mehr an kurze Fingerstege. Trotzdem: Das Boot ist ein Traum.

Segel-Performance

Spielerisch deklassiert der Trimaran Dragonfly das Feld. Aber ihre Ruder sind beim Trockenfallen empfindlich. Der Skipper muss wegen der Beams besonders auf unregelmäßigem Untergrund achtgeben. Auf dem Sandgrund des Wattenmeeres gibt es jedoch keine Probleme. Der „maritime Porsche" bietet dabei noch ausreichenden Komfort zum Fahrtensegeln.

Wattenschipper

Die Zeeschouw, die Ovni 35 und die Gib Sea 282 bieten wegen ihres geringen Tiefgangs zwischen 60 und 80 Zentimetern die größten Freiräume im Watt. Ihre Zeitfenster über Flachstellen betragen durchschnittlich sechs statt nur vier Stunden wie bei anderen Booten. Während jeder Tide erreichen sie noch Inseln, wo andere Schiffe längst trockenfallen müssen. Dafür sind ihre Eigenschaften an der Kreuz eher mäßig ausgeprägt. Auf Kursen gegenan neigen sie bei Starkwind zum Feststampfen. Für die hohe See ist besonders die Ovni wegen ihres hohen Ballastanteils geeignet. Sie ist ein Boot für große Fahrt, das sich auch in flachen Riffgebieten bewähren würde. Doch eine Ovni hat ihren Preis. Wer eine Aluminiumyacht sucht und sich an Doppelknickspantern nicht stört, wird unter Reinke-Yachten günstigere Angebote finden.

Traditionalisten

Die etwas aufwendige Takelung des Fischewers als Ketsch hat ein paar Segel mehr, ist aber der Eyecatcher der Flotte – ein Boot zum Verlieben. Mit ihrer 3 Zentimeter starken Bodenplatte aus Stahl ist dieses Schiff uneingeschränkt trockenfallfähig, selbst bei harten Aufsetzern auf steinigem Grund. Ihre Herkunft als Arbeitsboot ist unverkennbar. Die Segeleigenschaften des 130 Jahre alten Risses sind überraschend gut. Der schwere Oldie hält im Vergleich auch vor dem Wind mit der leichten Gib Sea mit, weil Gaffelsegel dafür sehr gut geeignet sind.

Modernisten

Bleibt die Frage nach der Bewertung der neuen Delphia 40.3. Diese segelnde Alleskönnerin bietet tatsächlich hervorragende Eigenschaften für jedes Revier. Sie ist schnell und steht sicher auf ihrem Flügelkiel mit den beiden Ruderblättern – aber Letztere sind zugleich Fluch und Segen: Sie ermöglichen wegen des breiten Hecks sehr gutes Steuerverhalten bei Lage, doch die Ruder werden bei Hafenmanövern kaum angeströmt. Ein leistungsstarkes Bugstrahlruder fordert die Delphia wie kein anderes Boot, sie ist damit aber wieder sicher manövrierbar.

Manche Eigner von Doppelrudern haben ein drittes Ruder vor dem Propeller nachgerüstet. Ist sie die Siegerin? Zwar sind ihre Segeleigenschaften bei aufgeholtem Kiel dank ihres modernen Unterwasserschiffs über Zweifel erhaben – die Eigenschaften am Wind sind gut, doch wenn es sehr flach wird, muss das Boot aufrecht gesegelt werden, um keinen Ruderschaden zu riskieren. Denn dann bildet das Leeruder den tiefsten Punkt. Auf Halbwindkursen kann es sein, dass die *Alte Liebe* überholt.

Wattenboote unterschiedlichster Ausprägung

Kimmkieler Moody 31

Dragonfly

Zeeshouw

Nachbau eines Fischewers

Festkiel ohne Stützen

Ovni 35 aus Aluminium

Die Kunst des Trockenfallens.

Der Norden: Dort, wo der Mond den Rhythmus bestimmt, uns entschleunigt, den Kopf wieder frei werden lässt und uns aus digitalen Sphären zurückführt – geradewegs mit den Füßen in den nassen Sand. Die sanfte Seite der Nordsee ist das Wattenmeer. Wenn es bei Flut im Schnitt nur 3 Meter tief ist und dazwischen noch hohe Sandbänke liegen, kann sich kaum Seegang aufbauen. Wer trockenfallen kann, dem erschließen sich wahre Wunder.

Eigentlich ist es ganz einfach – jedenfalls wenn man ein Boot hat, das nicht umkippt. Man fährt auf einen Strand und wartet, bis das Wasser fällt. Dann steht man herum, bis es wiederkommt. Doch die Gleichung kann zuweilen mehr Unbekannte haben, als vermutet: Tidenhub, Windrichtung, Stromstärke, Ankergrund.

Diese Faktoren sind veränderlich und nicht jedem geheuer. Die Ängste vor dem „ersten Mal im Watt" sind groß. Wie wird das Wetter sein, wenn die Wellen wiederkommen? Kann ein schief stehendes Boot durch Kiel- oder Ruderbruch beschädigt werden? Und wenn mein Boot umkippt: Säuft es im Flutstrom ab?

Zunächst: Ein stabiler Rumpf steckt all das weg. Selbst wenn das Boot auf der Sandkante steht, warum sollte dann die Neigekraft des Kiels an der Wurzel größer sein als bei 30-Grad-Lage, wenn wir segeln? Im Gegenteil, die Hebelwirkung von wechselnden Kräften der Wellen ist beim Segeln größer. Beim Trockenfallen können hohe Hebelkräfte nur durch zwei Faktoren eintreten: Wenn sich Kiele zwischen Felsen verkeilen oder hohe Wellen das Boot vor dem Trockenfallen immer wieder auf den Grund setzen.

Das wird selten vorkommen, weil man gewöhnlich nicht auf Legerwall ankert. Und doch muss das Boot harte Schläge wegstecken, wenn sich der Wind gedreht hat und er beim Aufschwimmen Wellen heranbläst.

Wer einen voll verschweißten Metallrumpf hat, das Ruder gar einen Skeg mit drittem Lager, hat weniger Gründe zur Sorge. Anders sieht es bei GFK-Rümpfen mit untergebolzten Kielen und frei stehenden Spatenrudern aus. Die Belastung durch Wellen, die den Kiel beim Aufsetzen immer wieder in den Rumpf stauchen, darf nicht zu groß werden.

Wer trockenfällt, erlebt die ganze Vielfallt einer Küste – eben dreidimensional. Dann bietet sie ein Fest für Fotofreunde. Nirgendwo sind Formen und Farben intensiver als im Watt. Liegt der Meeresboden frei, lädt uns Neptun in seinen Garten ein. In Flutmulden der Spülsäume findet jeder seine persönliche Strandbadewanne, in der sich das Wasser schnell erwärmt. Sofern das Boot aufrecht steht, ist es eine Zeit der Ruhe – frei von jeder Dümpelei. Und dann hat man dieses riesige Trockendock, um Opferanoden auszutauschen oder die Seepocken vom Propeller zu schaben. Mit der richtigen Technik lässt sich sogar das Heck gen Himmel heben, um die Ruderlager zu wechseln, und das ganz ohne Spaten.

Der richtige Platz

Der richtige Platz zum Trockenfallen ist fest, eben und frei von Schlick, damit der Anker gut hält. Er lässt sich aus dem Strand- und Strombild erkennen. Wo das Wasser Turbulenzen bildet, ist der Strom stärker. Wir suchten anfangs möglichst einen Bereich mit geringem Strom. Steht stärkerer Strom, wird das Boot in einem Bereich aufgesetzt, in dem die Strömung dem Fahrwasser folgt. Richtet man den Rumpf im gleichen Verlauf zum Strom aus, ist man auf der sicheren Seite, gerade zu stehen. Kurz vor dem Aufsetzen wird mit dem Bootshaken auf jeder Rumpfseite gelotet.

Nun kann es aber sein, dass eine Querstromrinne den Prickenweg kreuzt. Das erkennt man am Wellenbild. Diese Querstromrinnen können ein halbes Wattengebiet füllen oder leeren – der Strom ist dann bis zum endgültigen Trockenfallen gleichmäßig stark, was zum Einspülen der Kiele führen kann. Steht hier auch noch Wind gegen Strom, kann der Platz während des Aufschwimmens unruhig sein. Daher gilt: Ein gleichmäßiges Wellenbild ist oft schon 50 Meter weiter zu finden. Daran sollte man sich halten.

Wo sich zwei Tidenströme aufheben, sind die feinen Sedimente zu finden. Durch die Baljen strömen sie um die Inseln oder Sandbänke und treffen sich in der Mitte. Gewöhnlich ist das der untiefe Bereich eines Prickenweges, das sogenannte „Wattenhoch". Je weiter man davon entfernt ist, desto fester wird der Sandgrund sein, denn die Bereiche der Wattenhochs sind zum Trockenfallen nicht geeignet: Der Grund ist schlammiger – man kann bis zum Bauch darin versinken – und der Anker findet keinen Halt. Ist man noch unerfahren, erkundigt man sich besser im Vorfeld bei einheimischen Seglern. Die hohen Wattfahrwasser werden zudem durch zwei Pricken angezeigt, bis wieder zwei zusammenstehende Pricken das Ende der flachsten Passage anzeigen – auch das ist eine Orientierung. Dass wir nicht absichtlich in einem ausgeprickten Fahrwasser trockenfallen, ist natürlich selbstverständlich, denn damit würden Boote mit mehr Tiefgang die Durchfahrt für flachgehende Boote behindern.

Zeitpunkt und Windrichtung beachten

Wangerooge, 5. Juni 2015. Hochwasser ist gegen 14:40 Uhr. Wir kommen aus der Jade und steuern um 15:30 Uhr bei fallendem Pegel südlich von Minsener Oog die Blaue Balje an. Um 16 Uhr überqueren wir das Wattenhoch und haben noch 50 Zentimeter unter den 130 Zentimeter tiefen Kimmkielen. Die Telegraphenbalje, das zweite Wattenhoch, trennt uns vom Hafen von Wangerooge. Das Wasser fällt in der dritten Stunde nach Hochwasser um rund 70 Zentimeter in der Stunde. Wir könnten versuchen, noch so eben rüberzurutschen, aber wenn man festkommt, kann man sich den Platz nicht mehr aussuchen. So entschließen wir uns für den festen Sandgrund am ehemaligen Anleger Wangerooge Ost. Zweieinhalb Stunden nach Hochwasser ist der ideale Zeitpunkt zum Trockenfallen, denn dann wird man auch zweieinhalb Stunden vor Hochwasser wieder aufschwimmen, um das nächste Wattenhoch zu passieren.

Zwischen der letzten roten Tonne und der Dreierpricke könnte ich unser Boot nun stumpf auf den flachen Strand setzen. Stelle ich die Kiele in Stromrichtung, werden sie sich auch nicht einspülen. Es ist ein perfekter Platz. Das Wasser ist zu Beginn der dritten Stunde nach Hochwasser um rund 80 Zentimeter gefallen. Selbst wenn sich der Wind nach Osten drehen sollte und das nächste Hochwasser 50 Zentimeter weniger aufläuft, werden wir noch vor Hochwasser wieder abdampfen können.

Das direkte Ansteuern hat nur einen Nachteil: Der Platz liegt kaum 30 Meter von den Pfählen des ehemaligen Anlegers entfernt. Sollte der Wind zur Nachtzeit auf Süd drehen, hätten wir kaum noch Platz, auf Legerwall die Ankerkette zu verlängern. Und wenn der Anker nicht hält oder gar ein Schäkel bricht, wäre es nicht mehr möglich, zu reagieren. Die Yacht würde bei Hochwasser stranden und ließe sich ohne Schwerlastkran vielleicht wochenlang nicht mehr bergen. Das Problem: Es gibt auf Wangerooge keinen mobilen Autokran und die Nationalparkverwaltung würde es selbstredend verbieten, einen Kanal ins tiefe Wasser zu graben.

Also halte ich mehr Abstand und ankere zweieinhalb Stunden nach Hochwasser auf 50 Zentimeter Wassertiefe. Das Boot steht im Tidenstrom, aber der läuft weit neben der Balje nicht so stark. Von der Dreierpricke sind wir ausreichend weit entfernt. So werfen wir den Bordgrill auf dem Vordeck an. Nach 40 Minuten beginnt das Boot sanft aufzusetzen. Mit dem Bootshaken lote ich die Wassertiefe. Sie beträgt auf beiden Seiten 1,30 Meter. Unterdessen nähert sich eine weitere Segelyacht und fährt direkt auf den Strand, um näher am Ufer zu sein und längere Zeit trockenzufallen. Als wir mit dem Essen fertig sind, stehen nur noch 20 Zentimeter Wasser um die Kiele. Die Badeleiter fällt und wir machen uns auf zum Strandspaziergang.

Gewitterlage

Als wir zurückkehren, meldet Jade Traffic auf Kanal 20 eine Gewitterfront für den Verlauf der Nacht: Sturmböen bis zu 10 Beaufort sind angesagt. Zuvor wehte der Wind aus Südost mit 3 Beaufort, sollte aber zur Nacht auf West 4 bis 5 aufbrisen. West – Nord – Nordost, kein Problem südlich von Wangerooge. Aber wie sicher kann eine Vorhersage bei einer Gewitterfront sein? Die Ankerkette lasse ich von 15 auf 30 Meter aus, die fünfzehnfache Wassertiefe, und trage den Anker in die richtige Position, weiter weg vom Spülsaum. Diese Chance hat der andere Segler hoch auf dem Strand auch, doch er lässt seinen Anker, wo er ist – an recht kurzer Kette. Viel Platz zum Driften hat er zum Ufer nicht, sonst touchiert er bei Südwind die Pfähle des alten Anlegers.

Um Mitternacht schwimmt *Fuchur* auf. Ich krabbele müde aus der Koje. Normalerweise bleibe ich liegen und beobachte das Szenario durch die Fenster in Kopfkissenhöhe, aber jetzt droht Sturm, da muss die Maschine in Sekunden klar sein. Regen setzt ein und ich erlebe ein ungeheures Naturschauspiel: Das Meeresleuchten ist so intensiv, wie ich es noch nie gesehen habe. Jeder Regentropfen hinterlässt ein grünes Gespenstermännchen auf dem Wasser. Und die Ankerkette leuchtet auf den ersten 10 Metern wie eine Neonpeitsche aus der Tiefe. Irgendwie dämonisch. Doch ausgerechnet jetzt – beim Aufschwimmen – heulen die ersten Sturmböen im Rigg. Blitze zucken durch die Nacht. Ich zähle bis zehn – dann donnert es. Die Front ist über dem Festland. Kommt sie näher? Nun dreht auch noch der Wind auf Süd. Das Boot gerät auf Legerwall. Von wegen, zur Nachtzeit dreht der Wind auf West. Der Wetterbericht hat sich vertan. Doch weil das Wasser noch flach ist und Sandbänke im Watt nicht überspült sind, ist der Seegang trotz 7 bis 8 Beaufort moderat. Sanft hebt sich die Yacht aus dem Sandbett. Das wird in einer Stunde anders sein. Es ist Zeit, über Plan B nachzudenken.

Ankerwache

Auf Legerwall zu liegen, bedeutet immer, Ankerwache zu halten. Wenn ich sonst den Wecker stelle und aus den Kojenfenstern die Nachbarlieger peile, ist das bei anrollenden Seen und der Brandung in Lee anders. Im geschlossenen Cockpit mache ich es mir bequem, während der Regen auf die Persenning trommelt. Ich habe das Echolot und den Windmesser im Blick und treffe Sicherheitsvorkehrungen:

- Maschine warmlaufen lassen, damit sie notfalls gleich anspringt.
- Taschenlampe in die Jackentasche stecken.
- Ankerfernbedienung anschließen.
- Seekartenplotter hochfahren.
- Handscheinwerfer ausprobieren und die Dreierpricke anstrahlen, hinter der sich tiefes Wasser befindet. Einen beleuchteten Peilpunkt suchen, in dessen Richtung sicheres Ablaufen möglich ist.
- Kompasspeilung notieren. Wenn eine weiße Regenwand die Orientierung unmöglich macht, kenne ich die Fluchtrichtung. Sonst orientiert man sich am Leuchtfeuer Wangerooge, dessen roter Finger durch die Nach leuchtet.

Einen zweiten Anker bringe ich nicht aus. Ich halte nur einen Bügelanker an einer Leine mit Kettenvorlauf in Reserve bereit. Aus Erfahrung weiß ich, dass die anderen Boote auch keine Zweitanker in Gegenstromrichtung legen. Wenn alle in dieselbe Richtung driften, sollten wir uns nicht in den Weg kommen. Zudem ist es gut, wenn man notfalls verduften kann und seinen Anker mitnimmt, um einem unkontrolliert driftenden Kollegen aus dem Weg zu gehen. Zwei Jahre zuvor haben wir erlebt, wie ein 50 Tonnen schweres Traditionsschiff durch ein Ankerfeld gepflügt ist und unter den Flüchen der anderen Segler mit ausgebrachten Fendern Schlimmeres verhindert wurde.

Darauf habe ich keine Lust, besonders nicht nachts im Gewittersturm. Der Anker mit 30 Meter Kette wird bei 2 Meter Wassertiefe halten, da bin ich sicher – sofern kein Schäkel bricht. Aber wenn ich schnell weg muss, möchte ich einen zweiten Anker klarhaben. Den verlorenen Anker könnte ich bei der nächsten Ebbe wieder an Bord nehmen.

Wellentanz auf Legerwall

Um 2 Uhr ist das Hochwasser da und der Südwind setzt sich durch. Der Bug reißt an der Ankerkette, aber die Peilung bleibt unverändert.

Die anderen Ankerlieger, zwei Segel- und zwei Motoryachten, sind ausreichend weit entfernt. Aber die kleinere der beiden Segelyachten hat lediglich eine müde Petroleumfunzel gesetzt und ankert nur 100 Meter entfernt. Ich hätte Probleme, sie beim Ablaufen zu erkennen.

Tatsächlich verlegt sie unbemerkt in der Nacht ihre Position auf einen neuen Ankerplatz und kreuzt den Kurs, den wir als Fluchtrichtung vorgesehen haben. Probleme bekommt auch die große Yacht am hohen Ufer, deren Anker auf Legerwall nicht mehr hält. Er schliert nur ein paar Meter, dann gerät das Schiff bedrohlich nah an die Pfähle. Das Driften liegt nicht nur am Winddruck, sondern an den Wellen, die dazu führen, dass der hohe Bug die Kette ruckartig nach oben reißt. Bevor sie zu hoch treibt, hat der Ebbstrom wieder eingesetzt und die Yacht stoppt ein paar Meter vor dem höchsten Flutpunkt.

Auch wir bemerken, dass mal der Strom und mal der Wind die Oberhand hat. Mehrfach wechselt die Zugrichtung, doch der Anker gräbt sich immer wieder ein. Das ist ein Vorteil des friesischen Sandgrundes. Und auch ein Nachteil, wenn man zu weit auf einem Schlickfeld ankert. Ein Segler hat im letzten Jahr seinen Anker 100 Meter weiter in den Schlick geworfen. Tags darauf fand er sich auf dem höchsten Punkt des Wattenmeeres wieder. Bis zur nächsten Springtide durfte er eine Woche bleiben.

Schließlich zieht das Gewitter weiter Richtung Bremerhaven. Sturmböen bleiben aus. Um 03:30 Uhr wird der Seegang ruhiger und um 04:30 Uhr steht die Yacht wieder sicher auf ihren Kielen. Ich verziehe mich in die Koje.

Um 12:30 Uhr schwimmt *Fuchur* erneut auf. Zwei Stunden zuvor habe ich den Anker zum Boot getragen und vor dem Bug abgelegt. Als die Flut einen Meter hoch aufgelaufen ist, hole ich mit der Ankerwinde die 30 Meter Kette ein. So hängt kein großes Gewicht daran: Das spart Strom und der Sand wird abgespült. Ein paar Seegrasfäden pflücke ich in Ruhe ab, damit sie nicht im Kettenkasten muffeln. So ist der Anker wieder sicher auf der Rolle und das Boot ist seeklar zum Kurs nach Wangerooge, als es frei schwimmt.

Mit dem auflaufenden Strom driften wir den Prickenweg entlang, um bei 10 Zentimeter Wassertiefe unter dem Kiel gerade so rüber zu rutschen. Die Ankunft, eben nach der steigenden Tide über dem Wattenhoch, hat einen weiteren Vorteil: Wir kommen früh im Hafen an, während die ersten Segler gerade abgelegt haben. So bleiben uns die Dreierpäckchen erspart und wir finden mehrere freie Boxen vor.

Den Kiel einspülen

Der aufrechte Stand erleichtert das Bordleben. Es gibt jedoch mehrere Gründe, warum eine gewisse Neigung des Rumpfes von Vorteil sein kann. Darauf kann man Einfluss nehmen – auch ohne Klappspaten. Manche Boote haben im aufrechten Stand eine zum Bug hin steigende Liegefläche im Vorschiff – die Crew schläft dann mit den Köpfen nach unten. Oder man möchte eine Ruderwartung vornehmen und ein Lager austauschen? Statt des teuren Krantermins kann man sein persönliches Trockendock einrichten und die Kiele gezielt im Bugbereich einspülen.

Entscheidend ist, wie stark der Strom ab dem Zeitpunkt des Aufsetzens ist, wie lange er anhält und in welchem Winkel man die Kiele dazu abstellt. Dazu sucht man sich die Spülkante einer Ablaufrinne, in der der Strom besonders lange und stark läuft. Wenn man hier eine „hohe Kante" entdeckt und sein Boot quer zum Strom aufsetzt, kann man in den ersten Minuten durch Maschineneinsatz oder Ruderlegen den Bug etwas mit dem Strom drehen. Dann wird an den vorderen Kanten der Strom abreißen und die Kiele unterspülen. Das kann so weit gehen, bis der Bug aufsetzt und das Heck recht steil in die Höhe reicht.

Angst vor dem Umkippen brauchen unter solchen Verhältnissen nur Monokieler mit Wattstützen haben. Ihre Stützen sind schnell überfordert. Sie knicken weg oder sinken zu weit ein, wenn das Boot erst zu viel Lage erreicht hat. Das Umfallen ist dann nur noch durch einen querab ausgebrachten Anker am Fall zu verhindern.

Allerdings, und davor sei ausdrücklich gewarnt, ist die Statik eines Riggs für zu starke Zugkräfte am Masttop nicht ausgelegt. Auch diese Sicherung hat ihre Grenzen. Dann ist es besser, das Boot mit ablaufendem Wasser langsam umkippen zu lassen.

Schwenkkiel- oder Plattbodenskipper interessiert das kaum. Sie fallen stets aufrecht trocken, solange keine tiefen Spülrinnen vorhanden sind. Dafür haben sie andere Nachteile, etwa die Wartung der Schwertlager. Insofern sind Kimmkieler und Mehrrumpfboote stets eine gute Wahl, wenn es um die „Kunst des Trockenfallens" geht.

Eines ist bei jedem Trockenfallen zu bedenken, unabhängig von der Art des Bootes: Man sollte immer die zu erwartenden Wetter- und Lichtverhältnisse beim Aufschwimmen einkalkulieren.

Tiden- und Trockenfallzeiten genau berechnen

Gerade Mittelmeer- oder Ostseesegler haben eine gewisse Scheu vor der Nordsee. Die Vorstellung, mitten im Meer plötzlich auf Grund zu sitzen und dies auch zu genießen, erscheint ihnen zumindest ein wenig unheimlich. Wie die vorausgegangene Geschichte zeigt, gibt es ein paar einfache Regeln, wo und wie man am besten trockenfällt und wie man die Fahrzeiten berechnet.

Die folgende Checkliste hilft Einsteigern in das faszinierende Revier des Watts. Manches scheint auf den ersten Blick doch zu verwirren, aber nach ein paar Fahrten überschlagen Sie die Fahrtenstrategie in wenigen Sekunden im Kopf, weil die Höhe der Wattenhochs überall sehr ähnlich ist. Wer weiß, wie man die Fahrzeiten berechnet, kann auch die Trockenfallzeiten überschlagen.

Dazu benötigt man nicht mal Stromatlanten, denn allein ein Blick in die Seekarte reicht aus, um zu wissen, in welche Richtung der Strom zu welcher Zeit setzt. Dass Sie wissen, wie man ankert, setze ich voraus. Verzichten Sie möglichst auf schwere Ankergewichte, denn hier gibt es besten Sandgrund und das Boot soll beim Kentern des Stroms leicht über den Anker hinwegtreiben und seine neue Position finden. Auch von zusätzlichen Heckankern rate ich ab, denn ich habe noch kein Boot gesehen, auf dem er eingesetzt wird. Bei Einsatz eines Heckankers hätte man den einzigen Kahn, der seine Position nicht ändert. Noch ein Tipp für Monokieler: Wattstützen sind sperrig und benötigen Führungsleinen. Andererseits hat man nach der ersten Grundberührung genug Zeit, sie anzubringen. Wenn das Boot sicher auf Kiel und Ruder abgestellt werden kann, kann man damit experimentieren. Ich würde mit stabilen Holzkonstruktionen zum Test beginnen.

Tidennavigation:
Wattn'datt?

Ein Merkblatt für den praktischen Bordgebrauch

Über den Daumen gepeilt: Wie hoch steigt das Wasser bei Flut?
Im Bereich der friesischen Inseln steigt das Wasser etwa um 3 Meter, in den Flussmündungen und dem Jadebusen um circa 4 Meter.

Wann komme ich mit welchem Tiefgang über ein Wattenhoch?
Bitte sehen Sie sich den Kartenausschnitt auf der nächsten Seite an: Das „Wattenhoch" (Pfeil) fällt bei Niedrigwasser 1 Meter hoch trocken. Bei Hochwasser steigt das Wasser um durchschnittlich 3 Meter. Ergo ist es hier bei Hochwasser 2 Meter tief. *Paloma* hat 1,2 Meter Tiefgang. Somit haben wir bei Hochwasser noch 80 Zentimeter unter dem Kiel. Einfach, oder?

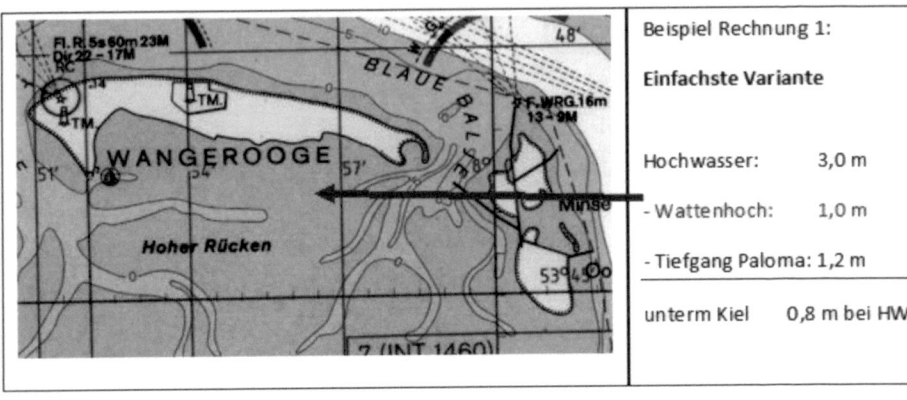

Beispiel Rechnung 1:	
Einfachste Variante	
Hochwasser:	3,0 m
- Wattenhoch:	1,0 m
- Tiefgang Paloma: 1,2 m	
unterm Kiel	0,8 m bei HW

Wann ist wieviel Wasser unter dem Kiel? Die Berechnung ist ganz einfach.

Wie hoch steigt das Wasser wirklich?

Hat das Boot 0,5 Meter Tiefgang, dann können die folgenden Berechnungen fast egal sein. Hat es 1,5 Meter Tiefgang, sind sie lebenswichtig. Hat es 2 Meter Tiefgang, sind viele Fahrten im Watt unmöglich. Für den Inselsprung muss man dann außen herum durch die Seegatten fahren.

Beispielrechnung

Windrichtung SW 5:

Hochwasser	3,00 m
+ Wind SW 5	0,25 m
=	3,25 m
- Wattenhoch	1,00 m
- Tiefgang	1,20 m

unterm Kiel	1,05 m bei HW

Faktor WINDRICHTUNG, hier bei Windstärke 5

Wind aus E senkt den Wasserstand um 0,5 m
Wind aus SW erhöht den Wasserstand um 0,25 m
Wind aus NW erhöht den Wasserstand um 0,5 m

Genaue Angaben gibt es im Seewetterbericht des Revierfunks, beispielsweise Jade-Traffic, Kanal 20, jeweils 10 Minuten nach der vollen Stunde. *„Das Abendhochwasser wird heute um 2 Dezimeter höher ausfallen ..."*

Faktor Spring- und Nipptide

In den sechs Tagen nach dem Neumond und den sechs Tagen nach dem Vollmond ist Springzeit. Der Höhenunterschied der Gezeiten fällt sowohl beim Hoch- als auch beim Niedrigwasser größer aus – bei diesem Bezugspunkt sind es immerhin 60 Zentimeter bei Hochwasser, wie die folgende Tabelle zeigt:

Unterschiedliche Wassertiefen bei Spring- und Nipptide

	NW	5	4	3	2	1	HW	1	2	3	4	5	NW
Springtide	0	0,5	1,5	2,1	2,5	2,9	3,2	2,8	2,2	1,5	0,9	0,4	0
Nipptide	0,3	0,8	1,2	1,7	2,1	2,4	2,6	2,3	2,0	1,5	1,1	0,7	0,3

Beispielrechnung

„Springflut nach Neumond oder Vollmond"

Hochwasser		3,20 m
+ Wind SW 5		0,25 m
	=	3,45 m
- Wattenhoch		1,00 m
	=	2,45 m
- Tiefgang		1,20 m

Wassertiefe unter dem Kiel   1,25 m bei HW

Merke

Bei voller Springflut stehen beim Hochwasser ca. 0,5 m mehr Wasser als bei Nippflut.

Die Mondphasen entnehmen wir dem Tidenkalender. In Bezug auf die Spring- und Nipptide sehen wir auf einen Blick auch die Voll-, Halb- und Neumondzeiten.

Die weiteren Berechnungen orientieren sich am Beispiel eines Törns am 26. Mai 2006 über das Wattenhoch von Wangerooge: Weil der 26. nur einen Tag vor dem Neumond liegt, geht die Kurve in Richtung einer höheren Gezeit und somit zu einer Springtide. Da sie gerade erst beginnt, liegt der Wasserstand circa 0,2 Meter höher.

Wilhelmshaven, Alter Vorhafen 2006

Breite: 53° 31' N, Länge: 8° 09' E

Tag	Mai HW - Zeit		Mai NW - Zeit		Tag	Juni HW - Zeit		Juni NW - Zeit	
1 Mo	4:03	16:15	10:05	22:23	1 Do	5:06	17:12	10:56	23:26
2 Di	4:42	16:51	10:38	22:59	2 Fr	5:46	17:52	11:32	
3 Mi	5:22	17:29	11:12	23:36	3 Sa	6:28	18:36	0:06	12:12
4 Do	6:03	18:10	11:48		4 So ❭	7:14	19:27	0:48	12:57
5 Fr ❭	6:50	19:02	0:19	12:32					
6 Sa	7:50	20:09	1:11	13:31	5 Mo	8:10	20:27	1:38	13:55
7 So	9:04	21:28	2:21	14:49	6 Di	9:14	21:34	2:40	15:04
					7 Mi	10:19	22:37	3:49	16:13
8 Mo	10:22	22:44	3:43	16:12	8 Do	11:15	23:32	4:51	17:13
9 Di	11:28	23:42	4:58	17:20	9 Fr		12:03	5:43	18:06
10 Mi		12:15	5:53	18:10	10 Sa	0:20	12:47	6:31	18:55
11 Do	0:25	12:53	6:35	18:54	11 So ○	1:07	13:30	7:16	19:40
12 Fr	1:04	13:30	7:14	19:34					
13 Sa ○	1:42	14:04	7:52	20:11	12 Mo	1:52	14:11	7:59	20:24
14 So	2:18	14:36	8:26	20:45	13 Di	2:38	14:54	8:44	21:10
					14 Mi	3:27	15:40	9:31	21:58
15 Mo	2:54	15:10	9:00	21:20	15 Do	4:16	16:25	10:15	22:43
16 Di	3:34	15:47	9:37	21:58	16 Fr	5:04	17:11	10:56	23:28
17 Mi	4:16	16:28	10:14	22:38	17 Sa	5:53	18:01	11:40	
18 Do	5:01	17:12	10:53	23:22	18 So ❬	6:45	18:56	0:19	12:31
19 Fr	5:49	18:01	11:38						
20 Sa ❬	6:44	18:59	0:11	12:29	19 Mo	7:39	19:55	1:13	13:26
21 So	7:48	20:08	1:11	13:33	20 Di	8:38	20:59	2:11	14:28
					21 Mi	9:41	22:07	3:15	15:36
22 Mo	9:02	21:25	2:24	14:50	22 Do	10:45	23:14	4:20	16:44
23 Di	10:17	22:39	3:43	16:08	23 Fr	11:46		5:22	17:48
24 Mi	11:23	23:43	4:54	17:15	24 Sa	0:17	12:43	6:22	18:51
25 Do		12:20	5:54	18:15	25 So ●	1:15	13:36	7:19	19:49
26 Fr	0:40	13:12	6:49	19:13					
27 Sa ●	1:34	14:00	7:42	20:05	26 Mo	2:07	14:22	8:09	20:36
28 So	2:24	14:41	8:27	20:48	27 Di	2:52	15:02	8:51	21:18
					28 Mi	3:32	15:41	9:30	21:59
29 Mo	3:06	15:17	9:05	21:27	29 Do	4:11	16:19	10:08	22:38
30 Di	3:45	15:55	9:42	22:07	30 Fr	4:48	16:55	10:43	23:12
31 Mi	4:26	16:33	10:19	22:47					

● Neumond   ❭ erstes Viertel   ○ Vollmond   ❬ letztes Viertel

Mitteleuropäische Sommerzeit

Wann und wo ist an welchem Tag Hoch- oder Niedrigwasser?
Wann Hoch- oder Niedrigwasser ist, das erfährt man aus dem
Tidenkalender: Hier suchen wir uns zunächst einen Bezugsort
aus der Nähe des Wattengebietes, welches wir befahren wollen.

Wilhelmshaven, Alter Vorhafen

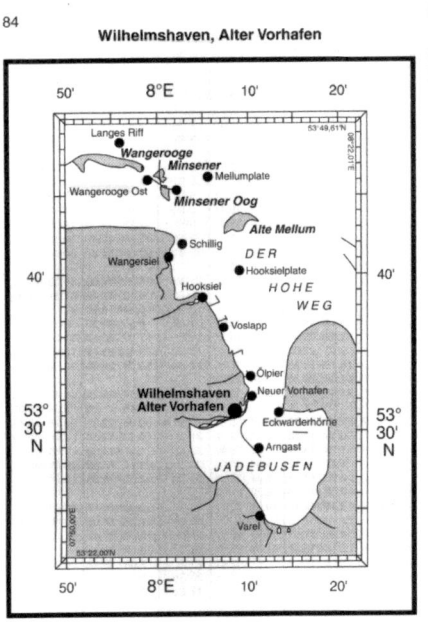

Mittlere Gezeitenunterschiede

Ort	Breite Nord	Länge Ost	HW h min	NW h mi
Wilhelmshaven, Alter Vorhafen	**53°31'**	**8°09'**		
Tonne Weser3/Jade2	53°52'	7°47'	-1 14	*
Wangerooge, Langes Riff	53°48'	7°56'	-1 08	-0 40
Wangerooge, Ost	53°46'	7°59'	-0 53	-0 33
Minsener Oog, Buhne C	53°45'	8°02'	-0 43	-0 19
Mellumplate, Leuchtturm	53°46'	8°06'	-0 44	-0 20
Schillig	53°42'	8°03'	-0 30	-0 14
Wangersiel	53°41'	8°01'	-0 28	*
Hooksielplate	53°40'	8°09'	-0 17	-0 0
Hooksiel	53°39'	8°05'	-0 20	-0 0
Voslapp	53°37'	8°07'	-0 12	-0 0
Wilhelmshaven, Ölpier	53°34'	8°10'	-0 08	-0 0
Wilhelmshaven, Neuer Vorhafen	53°32'	8°10'	-0 03	-0 0
Jadebusen				
Eckwarderhörne	53°31'	8°14'	+0 01	+0 0
Arngast, Leuchtturm	53°29'	8°11'	+0 03	*
Vareler Schleuse	53°25'	8°11'	+0 17	*

* : Zeitunterschied unbekannt

Mit SY Paloma planen wir einen Törn. 26. Mai 2006

Wir wollen im Wangerooger Wattfahrwasser das Wattenhoch überqueren und möchten nun feststellen, wann dort Hochwasser ist. Den nächsten Bezugsort finden wir im Tidenkalender unter:

Wilhelmshaven: Mai, 26 Fr, Hochwasser um 0:40 und 13:12

Der genaue Messort ist „Alter Vorhafen", aber so genau interessiert uns letzteres nicht. Was uns aber interessiert, ist der Zeitversatz des Hochwassers bei Wangerooge. Wir finden ihn im Tidenkalender hinter den Tabellen des jeweiligen großen Bezugsortes: Hochwasser Wilhelmshaven ist um am 26.05.2006 um 13:12 Uhr minus 53 Minuten für Wangerooge-Ost:

Hochwasser am Wattenhoch Wangerooge ist um 12:19 Uhr.

Genau genommen ist es um 12:15 Uhr, weil unser Wattenhoch noch eine Seemeile weiter westlich liegt.

Die „Zwölferregel"

In Seehandbüchern gibt es Tiefenangaben für jedes Fahrwasser. Als Richtwert gilt ungefähr: im Watt 300 Zentimeter Flutanstieg durch 12 = 25 Zentimeter / Teil.

6 Std nach NW: 1 Teil	=	25 cm	= Gesamt 3,00 m
5 Std nach NW: 2 Teile	=	50 cm	= Gesamt 2,75 m
4 Std nach NW: 3 Teile	=	75 cm	= Gesamt 2,25 m
3 Std nach NW: 3 Teile	=	75 cm	= Gesamt 1,50 m
2 Std nach NW: 2 Teile	=	50 cm	= Gesamt 0,75 m
1 Std nach NW: 1 Teil	=	25 cm	= Gesamt 0,25 m

Beträgt der Tidenhub in Frankreich beispielsweise 9 Meter, dann wären diese 900 Zentimeter durch 12 zu teilen, um einen Teil zu berechnen.

Tidentabelle für den praktischen Bordgebrauch
Leertabelle ostfriesisches Wattenmeer als Kopiervorlage

Datum: Hauptbezugsort	Korrektur- werte	Wasserst. Soll-HW	Wasserst. HW - 1	Wasserst. HW - 2	Wasserst. HW - 3	Wasserst. HW - 4
HW Bezugsort -/+ Wattenhoch						
- Zwölferregel			(- 0,25m)	(- 0,75m)	(- 1,50m)	(- 2,25m)
Korrektur Wind						
Korrektur Spring- / Nipptide						
- Wassertiefe Wattenhoch						
- Tiefgang (Boot ... m)						
- Reserve 0,5 m						
- im Seegatt halbe Wellenhöhe						
Wasserstand „Ist" unter dem Kiel						

Checkliste:
Die eisernen Grundsätze für das Segeln im Wattenmeer

- Wattenhochs und Seegatten sollten möglichst bei steigendem Wasser angelaufen werden. Sitzt man fest, kommt man mit der steigenden Flut auch wieder frei.
- Mit dem Flutstrom kann man lange Zeit fahren. Bei 1 Meter Tiefgang kann eine Segelyacht von Wangerooge aus über vier Wattenhochs bis Bremerhaven kommen. Man „reitet" dann auf der Welle. Da wo man hin will, tritt der höhere Wasserstand erst später ein.
- Mit dem Ebbstrom kann man nur kurze Strecken fahren. Da, wo man hin will, ist das Wasser schon früher gefallen (siehe Gezeitenunterschiede Wilhelmshaven / Wangerooge-Ost).
- Seegatten sollten bei auflandigem Wind ab Windstärke 5 nicht angelaufen werden. Meide Wind gegen Strom. Bei starkem Wind aus NW – NO besteht durch Grundseen Lebensgefahr.
- Durch tiefe Wellentäler bei stärkerem Wind können Boote frühzeitiger aufsetzen.
- Plane stets eine Reserve von 0,5 Meter ein.
- Kein Trockenfallen um Hochwasser bei hohem Wasserstand! Dreht der Wind auf Ost, kommt man vielleicht wochenlang nicht mehr weg. Ansonsten gilt: Rechtzeitig nach der Prielkante loten!
- Kein Trockenfallen, wenn eine Winddrehung erwartet wird, die einen auf Legerwall setzt. Wellen setzen das Boot dann beim Aufschwimmen immer wieder auf Grund.

Wer als Neuling im Wattenmeer segelt, wird zunächst wohl erst einmal ein paar Stunden im Tidenrevier segeln, um vielleicht ein oder zwei Wattenhochs zu überqueren. Es könnte sein, dass es den ein oder anderen Leser dann ebenso begeistert, wie den Segler, den ich jetzt beschreibe. Er liebt das Wattenmeer mehr als seine norwegischen Fjorde ...

Das Boot Seal Point des niederländischen Seglers Herman Veldhuizen.

Friesland statt Fjorde: Warum ein Niederländer aus Norwegen zum Segeln nach Ostfriesland fährt

Im Juni 2016 finde ich, dass die Seepocken am Unterwasserschiff von *Fuchur* ein wenig zu groß geworden sind, um in den Urlaub zu segeln. Nach zwei Jahren im Wasser wird es wieder Zeit, für drei Tage in die Werft zu fahren. Als das Boot steht, stelle ich fest, dass ich die Leiter vergessen habe. Aber es ist ja nur kurz, ein Tag unter der Woche und mein Nachbar scheint nicht da zu sein. So leihe ich mir die Leiter. Am nächsten Tag steht ein Mann neben meinem Boot: Hermann – der Eigner. Der 51-jährige Herman Veldhuizen lebt überwiegend an Bord seines Langkielers vom Typ Fisher 34. Obwohl er unter norwegischer Flagge segelt, ist sein Ziel immer wieder die ostfriesische Küste. Wir freunden uns an und er erzählt mir seine Geschichte.

Herman, Norwegen soll nach einer Umfrage unter Kapitänen die schönste Küste der Welt haben. Warum segelst du gerade hier in Ostfriesland?
Ich liebe die dreidimensionale Wasserwelt der Gezeiten. In Norwegen beträgt der Tidenhub nur einen halben Meter.

240

Du sagst, du magst die Kühe des Nordens. Gibt es die in Norwegen nicht?
In flacher Landschaft mit vielen Kühen fühle ich mich zu Hause. Schwarzbunte sind in Norwegen selten. Obwohl ich als Niederländer 1992 nach Deutschland ausgewandert bin und seit 1995 in Norwegen lebe, ziehe ich Wiesen und weite Sandstrände vor. Zudem liegt die ostfriesische Küste auf dem Besuchsweg zu meiner Mutter. Die Nordseeküste und die Menschen sprechen mich sehr an.

Was unterscheidet Friesen von Felsküstenseglern?
Sie sind kontaktfreudiger. Egal, wo ich unterwegs bin – im Wattenmeer winken mir sogar Fährkapitäne zu. Hier herrscht eine besondere Verbundenheit, das ist schwer zu beschreiben.

Versuchst du es trotzdem?
Emden war klasse, Borkum und Langeoog auch. Prickenwege faszinieren mich. Dann hat man mir die Werft Hooksiel empfohlen, idyllische Lage – und es ist erlaubt, selber am Boot zu arbeiten. Jede Menge netter Leute, die helfen und gerne plattdeutsch sprechen. Ich bin weit herumgekommen, aber in diesem Segelrevier gehört Abwechslung zum Tagesprogramm …

… zum Beispiel?
Im Dezember bin ich nachts wegen günstiger Tide durch das Seegatt der Accumer Ee zwischen Baltrum und Langeoog ausgelaufen. Auf der Barre fand ich mich im weißen Wasser brechender Wellen wieder – trotz Hochwasserphase. Noch nie hat mir die Natur so intensiv gezeigt, wie klein man angesichts ihrer Kraft ist.

Du segelst auch im Winter?
Gerade dann, obwohl die Kälte es nicht einfach macht. Es liegt an der Stille in den Häfen, ich bin zu der Jahreszeit völlig eins mit dem Boot. Außerdem liebe ich es, durch Holzhacken für Nachschub zu sorgen. In der Kajüte steht ein gewaltiger Ofen mit wassergekühlter Decksdurchführung. Überwintert habe ich auch schon in Bremen und Rendsburg. Meine Wohnung in Oslo habe ich jetzt vermietet und folge meinem Segeltraum.

Gab es da ein Schlüsselerlebnis?
Als Softwareentwickler hatte ich davor ein Sabbatjahr und fuhr
mit dem Fahrrad auf einer Route um die Erde. In der kasachi-
schen Steppe war es heiß und trocken, so weit weg vom Meer.
Da wurde mir wieder klar, wie sehr mir das Wasser fehlt. Ich
radelte dann nur noch bis Nepal und bog in die Niederlande
nach Scheveningen ab – Kurs Yachthafen.

Du hattest aber keine Segelerfahrungen mit Booten?
Gar keine, außer Windsurfen. Aufgefallen war mir nur eine
Fisher wegen ihres Deckshauses. So besichtigte ich vier Boote
und kaufte dann blind Nummer fünf über einen Makler in Nord-
irland. Von da aus segelte ich noch im selben Jahr durch den
Kaledonischen Kanal zu den Orkneys, ließ das Boot dort über
den Winter und verholte es im Frühling nach Norwegen. Der
Langkieler segelt nicht schnell, dreht aber hervorragend bei.
Und der 75-PS-Motor hat Reserven für schweres Wetter. Von
Seal Point werde ich mich niemals trennen.

Was hast du nun als Nächstes vor?
Ich muss mich erst daran gewöhnen, viel Zeit zu haben. Meine
Firma hat mich im Rahmen einer Personalreduzierung abgefun-
den, ein wenig früh mit 51. Vielleicht verliebe ich mich noch
weiter in die ostfriesischen Inseln und mache nur noch Abstecher
nach Norwegen. Sicher ist aber ein Platz, an dem ich jedes Jahr
ein paar Tage bleibe, weil er die Atmosphäre der „guten alten
Zeit" ausstrahlt. Dann genieße ich die Landschaft. Wie auf den
autofreien friesischen Inseln gibt es da keine Hintergrundgeräusche. Der Platz zeichnet sich durch den Schutz hoher Bäume aus.
Wenn man mal in sehr schlechtem Wetter auf dem Meer oder in
einem Schneesturm in den norwegischen Bergen war, dann weiß
man allein die Nähe von Bäumen zu schätzen.

Wo ist dieser Liegeplatz?
Am Steg der Schleuse des Giselaukanals, dem Stichkanal zur
Eider, der vom Nordostseekanal bei Kilometer 40 abzweigt. Ich
wechsele ab und zu zwischen Nord- und Ostsee – auf den Liegeplatz freue ich mich jedes Mal.

Die Ostsee: Familienroute für einen dreiwöchigen Ostseetörn.

Aus den Fehlplanungen der ersten Jahre habe ich meine Lehren gezogen. Gerade Nordseefahrer, die im Urlaub in die Ostsee wechseln, kommen in der Regel aus dem Nordostsee-Kanal und müssen wieder zurück.

Hier folgt meine bevorzugte Familienroute für einen dreiwöchigen Ostseetörn bei stürmischer Westlage ab Kiel. Den Törn haben wir im Juli 2016 mit *Fuchur* gesegelt.

Diese Route bietet sich auch für kleine Trailerboote an. Hintergrund: Damit man sich ohne absehbare Ostwindlage am Ende des Urlaubs nicht gegen den westlichen Wind von der schwedischen Küste zurückkämpfen muss, empfiehlt sich der

Beispiel für einen dreiwöchigen Ostsee-Törn mit Familie.

Törn entlang der deutschen Küste nach Norden. Pustet es nicht stärker als 6 Beaufort, wäre auch ein länger Schlag raumschots in die dänische Südsee mit dem ersten Zielhafen Marstal möglich.

244

Stellt man beim Verlassen der Kieler Förde fest, dass es der Seegang zu unangenehm ist, überquert man die Bucht von Eckernförde und findet ab Damp wieder Landschutz, um dann ab der Flensburger Förde den Westkurs rund Åerö-Nord nach Söby abzustecken. In der dänischen Südsee sind meine liebsten Ziele Ærøskøbing sowie die Inseln Birkholm, Avernakø und Lyø. Bei einem Wetterfenster ist danach nur eine Strecke auf offenem Westkurs von Lyø nördlich zur Insel Als abzustecken, um dann in der Dyvig-Bucht vor Anker zu gehen. Die Durchfahrt in die innere Bucht ist ein ganz besonderes Erlebnis.

Durch den schmalen Als-Sund segelt man wie auf einem Binnensee weiter nach Augustenborg und Sønderborg. An der Brücke befindet sich eine Anzeige, wann sie wieder öffnet. Um bei Starkwind familiengerecht unterwegs zu sein, kann man dann weiter alle Förden aussegeln. Daher sollte man ab Sønderborg „rechts abbiegen" und bis Flensburg segeln.

Die Flensburger Förde bietet viele Ankerplätze und die Flensburg Altstadt ist sehenswert. Ich mache am liebsten an einem Stegkopf fest und genieße den Blick auf die Stadt. Auf dem Törn zurück ist Glücksburg sehr schön. Hier lässt sich ein Fußmarsch zur gleichnamigen Burg einplanen. Im Anschluss kann man den seltsamen Hafen von Wackerballig ansteuern, der über einen langen Steg exponiert im freien Wasser angelegt wurde.

Danach unbedingt in die Schlei drehen – und zwar bis zum Ende der befahrbaren Strecke nach Schleswig. Wer es leid ist, beim Schwimmen auf Quallen zu achten: Ab der Enge von Arnis kommen sie kaum noch vor. Man hat hier auch zunehmend wärmeres Binnenwasser und findet traumhafte Ankerplätze. Auf dem weiteren Südkurs liegt Damp. Nur wenige Meter vom Liegeplatz entfernt liegt einer der besten Badestrände der Ostseeküste.

Zum Abschluss: Eckernförde habe ich 30 Jahre lang ignoriert und bin wegen des militärischen Warngebiets an der Bucht vorbeigesegelt. Das war ein Fehler! Die nahe Altstadt am Hafen mit ihrer Promenade gehört zu den schönsten Orten, die ich bislang an der Ostsee angesteuert habe.

Epilog.

Ein Sonntag Ende September 2016. Ich sitze in der Kajüte von *Fuchur* und stelle die neuen Vorträge für die Bootsmessen zusammen: *Mein Boot ist mein Zuhause* und *Wie wir im Norden segeln.* Meine Frau wird die erste Zuhörerin – sie ist meine beste Beraterin. Ich bin immer wieder erstaunt, wie viele Menschen auch davon träumen, an Bord zu leben.

Jüngst beim Besuch der Marina-Rasche-Werft in Seelze bei Hannover wurde mir berichtet, dass mittlerweile dort acht Boote ganzjährig bewohnt sind, eines davon von zwei Studenten – nun haben sie freien Blick auf das Wasser und einen Briefkasten am Werfttor. Der Geschäftsführer zeigte mir für eine Reportage, wie er seine Wohnideen auf dem Wasser in einem uralten Stahlkasko verwirklicht hat, den ich drei Jahre zuvor an der Bahnstrecke von Seelze entdeckt hatte. 30 Jahre lang war er von allen guten Geistern verlassen und von Dornen zugewachsen. Die Geschichte des unglaublichen Ausbaus des „Stahlmonsters von Seelze", das zu einem Spiegelkabinett wurde, wird ein Kapitel für mein nächstes Buch – V*on Menschen und von Booten.*

Beim Blick über die Stegreihe an unserem Sommerliegeplatz in Hooksiel fällt auf, dass die ersten Boote bereits ihre Masten verloren haben – eingelagert für den Winter. Dabei haben wir 24 Grad und allerschönsten Sonnenschein.

247

Ende Oktober folgt ein weiterer Familientörn zu den ost-friesischen Inseln: Tolles Herbstlicht, einsame Häfen.

Die Sehnsucht nach Dünen und Weite bleibt übermächtig. Wir brauchen ihn einfach, den weiten Blick, bis wir für die dunkleren vier Monate in den Winterhafen nach Bremen wechseln, nur zehn Minuten von der Altstadt mit ihrem Theaterschiff, dem Weihnachtsmarkt und den Glühweinbuden entfernt.

Fuchur mit ihrer schwerwettertauglichen Ausstattung im Aluminiumrumpf steht am Ende einer Reihe von kleinen und großen Booten, die mich mein Seglerleben lang durch unterschiedliche Segelreviere getragen haben. Hier oben, hoch im Norden wird es selbst bei Minusgraden und 6 Beaufort auf der Nordsee im Cockpit nicht kälter als 15 Grad. Ein geschützter Steuerstand und eine Bordheizung machen es möglich.

Doch bei allem Komfort, den *Fuchur* bietet: Es gibt kein Boot und kein Revier, auf dem wir nicht gleichermaßen glücklich waren. Und wenn ich so darüber nachdenke, werde ich im Frühjahr wieder mein 40 Jahre altes Faltboot vom Dachboden meiner Eltern holen und einen verwunschenen Fluss erkunden, den nie zuvor ein Segelboot befahren hat …

Ich wünsche Ihnen allzeit gute Fahrt.

Ihr Holger Peterson

Impressum

© 2016, 2025 millemari. UG (haftungsbeschränkt)
Verwaltungssitz: Nymphenburger Straße 101, D-80636 München.
Geschäftsleitungssitz: Osterseenstraße 10 B, D-82393 Iffeldorf.
Web: www.millemari.de   Mail: info@millemari.de

Autor: Holger Peterson.
Lektorat: Susanne Guidera – www.concepts4u.de.
Layout: Wolfgang Appun. Susanne Guidera.
Coverfoto & Bilder, sofern nicht anders angegeben: Holger Peterson.

Hinweis: Die in diesem Buch vorgestellten Problemlösungen und Hilfsmittel sind ausdrücklich nicht Empfehlungen der Redaktion. Verlag und Autor haften explizit nicht für in diesem Buch vorgestellte Verhaltensweisen, Beschreibungen oder technische Hilfsmittel. Ihre Anwendung, Umsetzung und ihr Gebrauch erfolgt daher stets auf eigene Gefahr und unter Anwendung der Seemannschaft.

978-3-946014-33-1   Wie wir im Norden segeln Buchausgabe
978-3-946014-31-7   Wie wir im Norden segeln eBook

www.millemari.de

Mehr von Holger Peterson bei millemari.

Holger Peterson
Von Menschen und von Booten
ca. 240 Seiten
ISBN 978-3-946014-43-0

Holger Peterson
Mein Boot ist mein Zuhause.
Technik und Tipps, um das
ganze Jahr in Deutschland an
Bord zu leben.
232 Seiten
ISBN 978-3-946014-39-3

millemari.

Darf man das?

Einfach einem Traum folgen?
Nur, weil er immer wiederkehrt?

Thomas Käsbohrer
Einmal München - Antalya, bitte.
Von der Kunst, langsam zu reisen
320 Seiten
ISBN 978-3-946014-27-0
24,95 €

Thomas Käsbohrer
Einmal München - Antalya, bitte. Der Film
Eine poetische Reise
in einem kleinen Boot.
DVD, 60 Minuten HD
ISBN ISBN 978-3-946014-29-4
24,95 €

Jetzt bestellen bei:
www.millemari.de

millemari.